21世纪应用型本科规划教材

经济法

（第四版）

马　瑄　主　编
朱　莉　邵文娟　副主编

东北财经大学出版社
Dongbei University of Finance & Economics Press
大　连

图书在版编目（CIP）数据

经济法 / 马瑄主编．—4版．—大连：东北财经大学出版社，2021.2（2022.3重印）
（21世纪应用型本科规划教材）
ISBN 978-7-5654-4095-3

Ⅰ．经…　Ⅱ．马…　Ⅲ．经济法-中国-高等学校-教材　Ⅳ．D922.29

中国版本图书馆CIP数据核字（2021）第028104号

东北财经大学出版社出版
（大连市黑石礁尖山街217号　邮政编码　116025）
网　　址：http://www.dufep.cn
读者信箱：dufep@dufe.edu.cn
大连雪莲彩印有限公司印刷　东北财经大学出版社发行
幅面尺寸：170mm×240mm　字数：329千字　印张：15.25
2021年2月第4版　2022年3月第2次印刷
责任编辑：孙晓梅　责任校对：肖　眉
封面设计：冀贵收　版式设计：钟福建
定价：42.00元

教学支持　售后服务　联系电话：（0411）84710309

如有印装质量问题，请联系营销部：（0411）84710711

第四版前言

本书是从事经济法教学和研究的老师们在总结多年教学经验的基础上集体编写的，其目的是适应我国经济建设、法制建设的需要，更好地为应用型本科院校的经济法教学服务。

本次修订根据新颁布的《中华人民共和国民法典》进行。在修订过程中，适逢《中华人民共和国专利法》第四次修正，在“专利法律制度”这一章中也体现了本次修正的相关内容。本书第四版在保留前三版主要结构、体系及特色的基础上，根据经济法领域的新发展进行了较大幅度的调整，更新了经济法律法规，以确保本书的时效性与实用性；同时，更加注重对基本理论、基本知识和基本技能的传授与训练。在阐述理论和法律制度的同时，本书还特别注意理论与实践相结合，对我国经济生活和司法实践中取得的新经验做了相应介绍，强调对学生综合素质和实践能力的培养。

本书根据教学规律设计了多个栏目，以拓展和深化知识点，主要包括：在每章开始设计“学习目标”，明确学生在本章学习中应达到的目标；设计“案例导入”，将与本章主要内容有关的典型案例编入教材，目的是通过案例对教学内容进行导入，激发学生的学习兴趣。正文中穿插“法律小知识”，介绍与教学内容有关的法律概念，加强学生对相关知识点的理解；穿插“小思考”，主要就容易引起混淆的概念提出一些问题并进行解答，巩固学生对相关知识点的掌握；穿插“小案例”，主要结合本章中不易掌握的知识点，设计成小案例或者事例，并进行分析，目的是培养学生对理论知识的实际运用能力；穿插“相关链接”，主要介绍实际发生的与本章教学内容相关的案例及法律规定，拓展学生的知识面，培养学生对知识融会贯通的能力。在每章最后，设计“本章小结”，对本章的重点内容进行概括；设计“复习与思考”，强化学生对本章重点内容的掌握，检验本章的教学效果，保持良好的教学状态。单项选择题、多项选择题、判断题采用二维码即测即评，案例分析题给出参考答案。本书配有电子课件，请登录东北财经大学出版社网站（www.dufep.cn）查询。

本教材由马瑄主编，并且负责统稿工作；由朱莉和邵文娟担任副主编。具体章节分工如下：马瑄负责第一、二、六、十二章以及第七章第二节，朱莉负责第三、四章，崔格豪负责第五、九章，张丹负责第七章第一、三、四、五节及第八章，刘红负责第十章，邵文娟负责第十一章。本次修订由马瑄负责，主要是更新法律条文，改正错漏之处。

本教材在编写和修订过程中，吸收引用了许多学者的学术观点，东北财经大学出版社的编辑付出了辛勤的劳动，在此一并致以衷心的感谢。书中可能会存在许多问题，甚至是错误，恳请专家、读者批评指正。

编　者

2021年1月

目 录

第一章
经济法基础理论

学习目标

通过本章学习，重点掌握经济法律关系的构成及经济法律责任；掌握经济法的渊源；理解经济法的特征；了解经济法的概念、调整对象、基本原则等基本理论。

案例导入

乙乘坐甲的出租车到市区办事，途中甲因疏忽大意撞伤路人丙。甲欲逃逸，遂催促乙下车并付款。乙误将一张50元的人民币当作10元交给甲，甲随即逃走。这一切被路人丁看在眼中。乙见丙伤势严重，将其送至医院，并支出医药费等200 000元。丙出院后，欲寻找肇事者甲，遂在报纸上发布悬赏广告，称有提供肇事者线索者愿付10 000元奖励。后丁向丙举报了甲。试问：本案中发生了哪些经济法律关系？

第一节 经济法概述

一、经济法的概念

（一）经济法的词源

“经济法”一词是18世纪法国空想社会主义的著名代表之一摩莱里在1755年出版的《自然法典》中首先提出来的。19世纪三四十年代，法国空想社会主义的著名代表之一德萨米在他的《公有法典》一书中专设“分配法和经济法”一章，系统论述经济法问题。1916年，德国学者赫德曼在《经济字典》中认为经济法是经济规律在法律上的反映，将经济法概念化并迅速成为各国通用的法律概念。美国、英国、日本等国家在20世纪二三十年代也广泛开展相关的经济立法，并形成了新的独立的法律部门。由此，经济法的概念流行开来且一直沿用至今。

在我国，自1979年以来，在全国人民代表大会的文件和中共中央、国务院的文件中，以及在第九届、第十届全国人民代表大会常务委员会制定的5年立法规划中，都使用了“经济法”这一概念，但我国至今没有一部法律以“经济法”命名。

【法律小知识1-1】

世界上第一部以“经济法”命名的法律是德国1919年颁布的《煤炭经济法》。1964年，捷克斯洛伐克颁布的《捷克斯洛伐克共和国经济法典》是目前世界上唯一一部经济法典。

（二）经济法的调整对象

由于法律部门的划分是以它们所调整的社会关系的不同为依据的，因此，从调整对象的角度入手研究经济法的含义是比较科学的。在给经济法下定义之前，我们先看一下经济法的调整对象。经济法的调整对象是指经济法调整的社会关系。与民法、婚姻法、继承法等部门法不同，经济法的调整对象在法学界一直存在较大争议。较为流行的说法有以下6种：

一是杨紫烜教授的经济协调关系说。该说将经济法的具体调整对象分为4种：企业组织管理关系；市场管理关系；宏观调控关系；社会保障关系。

二是李昌麒教授的需要干预经济关系说。该说将经济法的具体调整对象分为4种：微观经济调控关系，包括国家对经济组织的调控及经济组织内部的经济关系；市场调控关系；宏观经济调控关系；社会分配关系。

三是刘文华教授的经济管理与市场运行关系说。该说将经济法的具体调整对象分为4种：国家经济管理关系；市场运行关系；组织内部经济关系；涉外经济关系。

四是王保树教授的社会公共性说。该说将经济法的具体调整对象分为3种：市场管理关系；宏观经济管理关系；对外经济管理关系。

五是漆多俊教授的国家经济调节关系说。该说将经济法的具体调整对象分为3种：市场规制关系；国家投资经营关系；宏观调控关系。

六是史际春教授的国家管理经济领域说。该说将经济法的具体调整对象分为3种：经济管理关系；维护公平竞争关系；组织管理性的流转与协作关系。

综上所述，法学界已经达成了共识，即经济法不能调整所有的经济关系，它只能调整一定范围内的经济关系。此处的“一定范围内”不能过宽，也不宜过窄。本书倾向于将我国经济法的调整对象界定为宏观经济调控关系、市场规制关系和经济协作关系。

1.宏观经济调控关系是国家对国民经济和社会发展运行进行规划、调控过程中发生的经济关系，涉及国民经济的整体利益、社会公共利益和国家的根本利益，具体表现为国家通过税收、金融、物价调节、土地规划等活动对市场进行干预和控制。国家立法机关除了在宪法里规定了相关内容，还颁布实施了国有资产管理法、预算法、税法、中央银行法、会计法、对外贸易法等一批重要的法律，以实现国家的上述职能。

2.市场规制关系侧重于国家对市场的微观调控，发挥国家的引导和监督职能，确定经济法主体在经济管理和经营活动中的法律地位，通过制定行为准则约束市场主体的经济行为，同时也监督国民经济管理机关的市场监管行为，从而保证经济活动的有序进行。在我国，对此类关系的调整主要依靠产品质量法、商标法、专利法、破产法、劳动法、反不正当竞争法、消费者权益保护法等来开展。

3.经济协作关系是指在经济活动中，处于平等地位的法人、其他经济组织之间基于自愿、公平原则而发生的经济关系。根据经济协作关系所涉及范围的不同，可以将其分为国内经济协作关系和涉外经济协作关系。我国经济法调整的国内经济协作关系主要包括：（1）我国经济组织之间如何以合同形式确定彼此的权利与义务；（2）我国经济组织在进行横向经济联合时，应遵守的法律规范及国家采取的保护措施有哪些；（3）我国经济组织在经济协作活动中发生纠纷时的解决途径如何。我国经济法调整的涉外经济协作关系主要指我国的企业、其他经济组织同外国企业、经济组织或者个人之间开展经济活动时，如何以合同形式确定彼此的权利与义务关系。对此类关系的调整主要通过合同法等来进行。

（三）经济法的定义

关于经济法的定义，古今中外观点纷呈，可谓众说纷纭。为了方便教学，给“经济法”下一个简明扼要的定义是至关重要的。通过以上对经济法调整对象的分析，可将我国经济法的定义概括为：经济法是调整宏观经济调控关系、市场规制关系和经济协作关系的法律规范的总称。

二、经济法的特征

（一）经济性

经济法以一定范围内的经济关系为调整对象。需要强调的是，无论是国家对经济的调控、协调还是管理，其实质都是对国家参与社会经济活动的手段的描述，而非目的。可见，政府调控、协调、管理经济的行为是为了实现经济的可持续发展而采取的经济手段。而这种调控、协调、管理经济的行为必须依法进行，因此，经济法就是规制政府调控、协调、管理经济行为的法律。

（二）综合性

综合性是贯穿经济法的显著特征，无论是经济法的调整对象、经济法的主体、经济法律规范的内容还是经济法律责任，都具有明显的综合性。从调整对象上看，经济法既调整宏观经济领域的调控和规制关系，又调整微观经济领域的管理和协作关系。从经济法的主体上看，它既包括经济管理主体，也包括经济活动主体。从经济法律规范的内容上看，它兼具公法和私法的属性，大多属于强制性规范，小部分属于任意性规范；既包含实体法内容，也包含程序法内容。从经济法律责任上看，违反经济法律规范须承担的责任包括经济责任、行政责任和刑事责任。

【法律小知识1-2】

公法与私法的划分最早是由古罗马法学家乌尔比安提出的。按照他的解释，公法是以保护国家（公共）利益为目的的法律，私法是以保护私人利益为目的的法律。从调整对象来看，公法调整的是国家与公民之间、政府与社会之间的各种关系，主要体现为政治关系、行政关系及诉讼关系等。私法则调整私人之间的民商事关系，即平等主体之间的财产关系和人身关系。公法的基本内容是为规范国家权力和政府行为而存在的，其根本目的是通过控制公权力来维护私权利。与公法不同，私法所调整的民商事关系是平等主体之间的财产关系和人身关系，私法是人们日常私人生活状况的法律体现。

（三）政策性

经济法是国家对经济活动进行调控的重要手段，必然体现一定的经济体制和经济政策的具体要求，因此，调整经济关系的法律往往参照相关的经济政策而制定，经济法的很多内容实质上就是国家政策的法律化。

（四）不稳定性

经济法是经济政策的法律化，而政策是需要根据社会经济和市场的变化及时做出反应和调整的，这就决定了经济法的具体内容具有较强的灵活性和变动性。在现代经济法发展的过程中，我们除了可以鲜明地感受到经济法作为现代法所具有的时代特征之外，还可以认识到现行的政治制度、经济制度仍在不断完善与发展中，因而作为新兴部门法的经济法也必然不断随之完善。

三、经济法的渊源

法律渊源是指法的具体表现形式。经济法的渊源是指经济法律规范的表现形式。我国的经济法都是成文法，其渊源主要有以下6种：

（一）宪法

宪法是国家的根本法，具有最高的法律效力。在我国社会主义法律形式中，宪法居于首要地位，是经济法的重要渊源。宪法是经济法律规范的立法依据，与其他法律、法规、规章等一样，经济法律规范的内容不得与宪法的规定相违背。

（二）法律

法律是由全国人民代表大会及其常务委员会所制定的除宪法以外的规范性文件的总称，其地位和效力仅次于宪法。以法律形式表现的经济法主要有《中华人民共和国个人独资企业法》《中华人民共和国合伙企业法》《中华人民共和国公司法》《中华人民共和国企业破产法》《中华人民共和国商标法》《中华人民共和国专利法》《中华人民共和国产品质量法》《中华人民共和国消费者权益保护法》等。

（三）行政法规

行政法规是国务院根据宪法和法律制定的规范性文件。其使用的具体名称有条例、规定、办法、实施细则等，如《中华人民共和国外汇管理条例》《企业名称登记管理规定》《中华人民共和国税收征收管理法实施细则》等。

（四）地方性法规

地方性法规是指由省、自治区、直辖市以及省、自治区人民政府所在地的市和经国务院批准的较大的市的人民代表大会及其常务委员会，根据本行政区域的具体情况和实际需要，在不与宪法、法律、行政法规相抵触的前提下制定的规范性文件。地方性法规在本行政区域内有效，其效力低于宪法、法律和行政法规。

（五）规章

规章包括部门规章和地方政府规章，是指国务院组成部门及直属机构，省、自治区、直辖市人民政府及省、自治区政府所在地的市和经国务院批准的较大的市的人民政府，在它们的职权范围内，为执行法律、法规而制定的规范性文件。

（六）国际条约

国际条约是指我国作为国际法主体一方与外国（地区、国际组织）以国际法为准则，为确立彼此的权利和义务而缔结的书面协议。国际条约生效后对缔约方具有法律约束力。

【小思考1-1】

当国际条约与国内法在内容上发生冲突时，应该优先适用国际条约还是国内法？

答：应该优先适用国际条约，因为作为成员方，加入国际条约就得遵守它的条款。不过，成员方可以在加入时通过对个别条款进行保留的方法，避免此类冲突的发生。

四、经济法与其他法律部门的关系

（一）经济法与民法的关系

经济法与民法的联系最为密切。二者的区别主要表现在：首先，调整对象不同。经济法的调整对象是发生在国家经济管理机关和经济组织、公民个人之间的宏观经济调控关系、市场规制关系和经济协作关系；民法调整的是平等主体之间的人身关系和财产关系。其次，调整方式不同。经济法兼具公法和私法的属性，既强调市场之手，也强调国家之手，其调整方式既有意思自治的因素，也有强制性因素；民法是私法，以平等自由为核心，其调整方式采取意思自治原则。最后，调整方法不同。经济法以强制性规范为主，对违法行为综合运用经济责任、行政责任、刑事责任3种制裁措施，具有惩罚性；民法更多的是采用任意性规范，对违法行为采取民事制裁的形式，具有补偿性。

（二）经济法与商法的关系

经济法与商法的区别主要表现在：首先，调整对象不同。经济法的调整对象是发生在国家经济管理机关和经济组织、公民个人之间的宏观经济调控关系、市场规制关系和经济协作关系；商法调整营利性主体在商事经营过程中所发生的商事关系，这种商事关系的重要特点是它的主体的商人性、目的的营利性、方式的营业性、组织的企业性。其次，调整方法不同。经济法以强制性规范为主，其对经济运行的调节是积极的；商法主要由任意性、授权性规范构成，不具备对社会经济施加直接、导向性影响的功能，其对经济运行的调整是消极的。最后，体现的利益不同。经济法体现社会公共利益，强调个体为了社会整体利益必须做出牺牲，侧重于结果意义上的公平；商法属于私法，体现个体利益，以个体、权利本位为指导，强调社会个体的权利、平等和自由。

（三）经济法与行政法的关系

经济法与行政法的区别主要表现在：首先，立法宗旨不同。经济法以维护社会整体利益为立法宗旨，奉行的是社会责任本位；行政法强调依法行政，以维护国家利益为立法宗旨，奉行的是国家权力本位。其次，调整对象不同。经济法的调整对象是发生在国家经济管理机关和经济组织、公民个人之间的宏观经济调控关系、市场规制关系和经济协作关系；行政法的调整对象是行政管理关系，具体包括行政主体之间的关系，以及行政主体与行政相对人之间的关系。再次，调整方式不同。经济法是公私兼顾的法，其调整方式既有意志自治的因素，也有强制性因素；行政法是公法，强调国家机关和工作人员的强制性、隶属性和不平等性，其调整方式具有强行法特色。最后，调整方法不同。对于违反经济法引起的法律后果，可以采取追究多种经济责任和非经济责任的制裁措施；行政法则主要采取行政制裁措施。

第二节 经济法律关系

一、经济法律关系的概念

经济法律关系是指由经济法律规范所确认的，在经济管理和协调经济活动过程中所产生的权利义务关系。

经济法律关系具有如下特征：首先，其主体具有双重法律地位。经济法律关系一旦确立，主体各方都可享有一定的经济权利，同时都要承担一定的经济义务。经济法律关系的主体各方都具有双重法律地位，既是权利主体，又是义务主体。其次，以经济权利和经济义务为内容。当事人设立经济法律关系的目的是确定各方的经济权利和经济义务。再次，由国家强制力保证其实现。经济法律关系所确定的经济权利和经济义务一般是靠主体自觉履行实现的，当义务主体不履行义务、权利主体的权利无法实现时，就由国家强制力保证经济义务的履行和经济权利的实现。最后，受国家宏观经济政策调控。经济法律关系是主体各方根据市场经济情况，为获取一定经济利益而设立的，但主体各方设立经济法律关系还要受国家计划、税收、价格等宏观政策调控。

二、经济法律关系的构成要素

经济法律关系的构成要素是指构成经济法律关系所必不可少的组成部分，包括主体、客体和内容。

（一）经济法律关系的主体

经济法律关系的主体即经济法主体，是指参加经济法律关系、享有经济权利和承担经济义务的当事人。它具体可以分为经济管理主体和经济活动主体。

1.经济管理主体，即国家经济管理机关，是指在宏观经济调控和市场管理过程中，负有经济管理职责的国家机关。具体来讲，就是指中央及地方各级人民政府中的经济管理机关，包括国家权力机关、国家行政机关和国家司法机关等。国家机关在经济法律关系中行使的职能主要是经济管理，但在某些情况下，国家本身也可以成为特殊的经济法律关系主体，如国家发行债券、国库券等。此时，国家也需要承担相应的义务，即到期需向债权人还本付息。

2.经济活动主体，主要指各类企业、事业单位、社会团体、农村承包经营户、个体工商户和公民个人。

企业、事业单位和社会团体在频繁的经济活动中，大都是以法人的身份参加的。《中华人民共和国民法典》（以下简称《民法典》[①]）规定，法人是具有民事权利能力和民事行为能力，依法独立享有民事权利和承担民事义务的组织。需要明确的是，不是所有的社会组织都具有法人资格。法人应当依法成立，应当有自己的名称、组织机构、住所、财产或者经费。法人成立的具体条件和程序，以法律、行政法规的规定为依据。

《民法典》根据法人设立的宗旨和所从事的活动的性质，将法人分为3类：营利法人、非营利法人和特别法人。

（1）营利法人。营利法人是指以取得利润并分配给股东等出资人为目的成立的法人，包括有限责任公司、股份有限公司和其他企业法人等。营利法人经依法登记成立。依法设立的营利法人，由登记机关发给营利法人营业执照。营业执照签发日期为营利法人的成立日期。设立营利法人应当设立权力机构和执行机构。营利法人从事经营活动，应当遵守商业道德，维护交易安全，接受政府和社会的监督，承担社会责任。

（2）非营利法人。非营利法人是指为公益目的或者其他非营利目的成立，不向出资人、设立人或者会员分配所取得利润的法人，包括事业单位、社会团体、基金会、社会服务机构等。事业单位法人是指从事非营利性的、社会公益事业的各类法人，如从事文化、教育、卫生、体育、新闻、出版等公益事业的单位。社会团体法人是指由自然人或法人自愿组成，从事社会公益、文学艺术、学术研究、宗教等活动的各类法人。社会团体包括的范围十分广泛，如人民群众团体、社会公益团体、学术研究团体、文学艺术团体、宗教团体等。

（3）特别法人。特别法人包括机关法人、农村集体经济组织法人、城镇农村的合作经济组织法人、基层群众性自治组织法人。有独立经费的机关和承担行政职能的法定机构从成立之日起，具有机关法人资格，可以从事为履行职能所需要的民事活动。农村集体经济组织和城镇农村的合作经济组织依法取得法人资格。居民委员会、村民委员会具有基层群众性自治组织法人资格，可以从事为履行职能所需要的民事活动。未设立村集体经济组织的，村民委员会可以依法代行村集体经济组织的职能。

企业、事业单位和社会团体中不具有法人资格的，包括营利法人的内部分支机构、合伙企业、私营企业、非法人团体等，它们在参与经济活动时也是经济法律关系的主体，经市场监管部门核准登记，可以从事生产经营活动。

国家在特殊情况下也可以成为经济活动的主体，如国家向社会公众发行国库券。

---

① 《民法典》于2020年5月28日由第十三届全国人民代表大会第三次会议通过，于2021年1月1日起施行。该法典共7编、1 260条。

【法律小知识1-3】

权利能力是指能够依法享有权利和承担义务的资格。行为能力是指能够以自己的行为依法行使权利和承担义务的资格。自然人的权利能力自出生时起到死亡时结束。自然人的行为能力按照年龄和智力标准可以分为完全民事行为能力、限制民事行为能力和无民事行为能力。与自然人不同的是，法人的民事权利能力和民事行为能力同时产生、同时结束，从法人成立时产生，到法人终止时消灭。

农村承包经营户、个体工商户不具有法人资格，他们参加经济活动时的法律地位等同于公民。

中国公民是指具有中华人民共和国国籍的人。我国公民是经济法律关系的主体。中国境内的外国人、无国籍人在参加经济活动时，除法律另有规定外，与中国公民享有同样的权利，承担同样的义务。

（二）经济法律关系的客体

经济法律关系的客体是指经济法律关系主体的权利和义务所共同指向的对象，可概括为3类：物、经济行为及智力成果。

1.物。物是指具有一定的经济价值，能够为人类所控制和支配，且通过具体物质形态表现其存在的物品。它是经济法律关系中最重要、最常见的客体。物可分为动产和不动产，生产资料和生活资料，流通物、限制流通物和禁止流通物等不同种类。有的物，如矿藏、河流、草原、滩涂等，由于所有权属于国家，因此不能直接参与经济活动。有的物，如毒品、枪支弹药等，由于法律的特殊规定，只能参与特定主体间的经济活动。

2.经济行为。经济行为是指经济法律关系的主体为了达到一定的经济目的，实现其权利和义务所进行的经济活动。经济行为包括经济组织管理行为、完成一定工作的行为和提供一定劳务的行为。

3.智力成果。智力成果又称为精神财富，是指经济法律关系的主体从事智力劳动创造取得的成果。智力成果本身不直接表现为物质财富，但可以转化为物质财富。智力成果主要指知识产权，其具体的表现形式为商标权、专利权、专有技术、著作权等。

（三）经济法律关系的内容

经济法律关系的内容是指经济法律关系主体享有的经济权利和承担的经济义务。

经济权利是指经济法律关系主体依据经济法享有的各种权利，包括：

1.国家及经政府授权的其他组织在进行管理和监管的过程中所行使的经济权利，如宏观调控权、市场监管权。

2.国家作为经济活动主体直接参与经济活动所享有的经济权利，也包括接受国家调控与监管的组织和个人所享有的经济权利，如财产所有权、经营管理权、债权、知识产权等。

经济义务是指经济法律关系的主体依法应履行的某种经济责任。这种责任与经济法律关系主体的资格是相对应的，义务主体必须依照国家法律、法规或者当事人之间订立的合同，为或者不为一定的经济行为，以实现权利主体的利益要求。义务主体如果未能履行法定或者约定的义务，须承担相应的法律责任。

经济法律关系中的权利和义务构成经济法律关系内容的基本组成部分，它们相互依存、相互制约，缺一不可。享有权利的一方须承担相应的义务，履行义务的一方同时也享有某种权利。只享有权利而不履行义务或者只履行义务而不享有权利的情形都是法律禁止的。

三、经济法律关系的产生、变更与消灭

经济法律关系的产生，是指经济法律关系的主体之间依法形成的某种经济权利和义务关系。经济法律关系的变更，是指由于某种原因，原有的经济法律关系中的部分或者全部要素发生改变。经济法律关系的消灭，是指由于某种原因，经济法律关系主体之间原有的经济权利和义务归于终结，不复存在。

经济法律关系的产生、变更与消灭是有条件的，要有经济法律事实的存在。经济法律事实是指依照经济法的规定，能够引起经济法律关系产生、变更与消灭的客观情况。经济法律事实依照其发生与当事人的意志有无关系，分为经济行为和经济事件两类。

（一）经济行为

经济行为是经济法律关系的主体有意识开展的各种经济活动，按其是否合法可分为合法行为与违法行为。

合法行为符合法律规范的规定，具体包括经济管理行为、经济法律行为和经济司法行为。经济管理行为是指国家依法对国民经济活动所采取的对策性管理行为，如引入竞争机制、消除行业垄断的行为。经济法律行为是指经济法律关系的主体依法实施的旨在设立、变更、终止一定法律关系的行为。例如，当事人依法订立买卖合同，其合同的权利与义务即受国家法律的保护。经济司法行为是指国家司法机关及其公职人员依照法定的职权和程序处理经济纠纷案件和经济犯罪案件的活动，如对专利侵权案件的审判、对偷税案件的处理等。

违法行为是指违反经济法律规范的行为，如违约行为、商标侵权行为等。

合法行为受到国家法律的认可和保护。违法行为虽然也会引起相应经济法律关系的产生、变更或消灭，但行为人须为此承担相应的法律责任。

（二）经济事件

经济事件是指不以经济法律关系主体意志为转移的客观事实，具体包括自然现象和社会现象引起的事实。自然现象引起的事实又称为绝对事件，如自然灾害等。社会现象引起的事实又称为相对事件，如战争、政府封锁禁运等。相对事件虽是人为引起的，但它的出现不以经济活动当事人的意志为转移，且同样会导致特定经济法律关系的产生、变更或消灭。

第三节 经济法律责任

一、经济法律责任的概念和特征

（一）经济法律责任的概念

经济法律责任是指经济法律关系的主体违反经济法律规范所应承担的法律责任。

（二）经济法律责任的特征

1.追究经济法律责任主体的多元性。有权追究经济法律责任的机关是多元的，主要有国家司法机关、国家行政管理机关和仲裁机构等，它们均可在其职责范围内依法追究违法主体的经济法律责任。

2.承担经济法律责任主体的双重性。首先，在经济法律关系中，经济法的调控主体与受控主体分属不同层面，因而它们应分别承担不同的法律责任。其次，当法人违法时，可以在对法人进行经济制裁的同时，追究其直接责任人员的民事责任、行政责任甚至刑事责任。

3.经济法律责任构成的统一性。从经济法律责任的内部构成来看，它不是某种单一的法律责任，它由民事责任、行政责任和刑事责任组成，是三者的有机结合体。

二、经济法律责任的归责原则

经济法律责任的归责原则，是指确定经济法律责任主体对自己的行为所造成的损害承担经济法律责任的依据和标准。它在经济法律责任制度中处于核心地位，其任务是解决因违反经济法律规范所造成的损害结果应由谁承担赔偿责任的问题。经济法律责任作为一种独立的法律责任，确立起符合其自身特点的归责原则是十分必要的，因为它直接决定经济法律责任的构成要件、举证责任的内容、承担经济法律责任的方式以及赔偿责任的范围。

（一）过错责任原则

过错责任原则是以过错作为价值判断的标准，决定行为人对其造成的损害是否应承担责任的归责原则。以责任主体过错的大小为标准来确定其应承担责任的大小，过错责任原则侧重于对行为人主观过错的考量。其归责基础是行为人对于损害的发生在主观上欠缺应有的注意，通过对具有主观恶性的过错进行惩罚，实现法律责任的正义价值，同时促进被损害利益的恢复与补偿。此时，通常由原告一方承担举证责任，原告须证明被告没有尽到“合理注意”的义务，才有可能胜诉。但是，在很多情况下，这对原告来说是不公平的。例如，由于生产者生产的产品存在质量缺陷，消费者的合法权益受到损害，对消费者来说，他必须证明生产者没有尽到“合理注意”的义务，这是有一定难度的。

过错责任原则的构成要件有4个：一是行为人主观上有过错；二是行为人实施

了违法行为，具体表现为作为和不作为；三是行为人的行为造成了危害社会经济秩序或者损害他人利益的事实；四是违法行为与损害事实之间有因果关系。

（二）无过错责任原则

无过错责任原则是一个特殊的归责原则，是指在有法律明文规定的情况下，无论行为人主观上是否有过错，都要对其行为导致的损害结果承担经济法律责任的归责原则。此归责原则主要适用于经济法中的调控主体，即国家立法机关和行政机关，其做出调控行为时的主观状态不易为外界所知，因而对其主要适用无过错责任原则，只要其行为违法或造成国家、集体、个人利益的损害，就应当承担相应的法律责任。

（三）公平责任原则

公平责任原则在经济法中被广泛运用，尤其是在国家宏观调控、可持续发展以及劳动与社会保障领域，更是如此。这一原则强调经济法律关系的主体在法律地位、权利享有和义务承担等方面都是公平的。公平责任原则较好地弥补了过错责任原则和无过错责任原则的一些缺陷。

三、经济法律责任的形式

根据我国法律的规定，经济法律关系主体对其违法行为须承担的法律责任，概括起来主要有经济责任、行政责任和刑事责任。

（一）经济责任

经济责任是指对违反经济法律、法规的单位或个人所采取的具有经济或财产权益内容的经济制裁措施。作为经济法律责任的主要实现方式，经济责任具有惩罚性和补偿性双重功能。对于管理主体的国家机关，其在干预经济过程中的违法行为产生的经济法律责任，所适用的经济制裁措施主要指国家赔偿；对于管理受体的自然人、法人和其他组织，其在经济活动中的违法行为产生的经济法律责任，所适用的经济制裁措施主要有罚款、没收违法所得等。

（二）行政责任

行政责任是国家行政机关对违反经济法律、法规的单位或个人依法采取的行政制裁措施。行政责任包括行政处分和行政处罚。其中，行政处分主要适用于与国家机关、企事业单位有行政隶属关系的违法者，其种类有警告、记过、记大过、降职、撤职、留用察看、开除等；行政处罚适用于违反行政法律、法规但尚未构成犯罪的公民、法人或其他组织，其种类有警告、罚款、没收违法所得、没收非法财物、责令停产停业、暂扣或吊销许可证、暂扣或吊销营业执照、行政拘留等。

（三）刑事责任

刑事责任是指国家审判机关对严重违反经济法律规范并触犯刑律的单位或个人依法采取的刑事制裁措施。它是经济法律责任中最为严厉的一种。行为人触犯刑法，须承担相应的刑事责任，轻则限制人身自由、处以罚金或者没收财产，重则剥夺生命。单位违反经济法律，情节严重、构成犯罪的，同样应当承担刑事责任。《中华人民共和国刑法》对单位犯罪采取的是双罚制，即对单位判处罚金，对直接责任人员判处刑罚。

【法律小知识1-4】

根据我国法律的规定，刑罚有主刑和附加刑两种。主刑包括管制、拘役、有期徒刑、无期徒刑和死刑。附加刑包括罚金、剥夺政治权利、没收财产。主刑单独适用，附加刑可以单独适用也可以附加在主刑上适用。对犯罪的外国人、无国籍人，可以单独或者附加适用驱逐出境。

本章小结

我国经济法的调整对象是宏观经济调控关系、市场规制关系和经济协作关系。经济法具有经济性、综合性、政策性和不稳定性。经济法的渊源包括宪法、法律、行政法规、地方性法规、规章和国际条约。经济法律关系由主体、客体和内容三要素组成。经济法律关系主体对其违法行为须承担的法律责任主要有经济责任、行政责任和刑事责任。

复习与思考

即测即评

第一章单项选择题

第一章多项选择题

第一章判断题

第二章
个人独资企业法律制度

学习目标

通过本章学习，重点掌握个人独资企业的设立条件；理解个人独资企业的事务管理、解散和清算等相关法律规定；了解个人独资企业的概念及特征。

案例导入

张新从技校毕业后一直待业在家，今年年初他的父母拿出3万元助其创业。张新用这笔钱在当地市场监督管理局以个人名义申领了营业执照，开办了荣康五金电器制品厂。因为经营不善，该厂持续亏损，张新很快负债3.5万元。面对前来讨债的债权人，张新声称自己仅有厂里的这些商品（价值8 000元）可以抵债，剩下的债务自己无力偿还。债权人就如何实现自己的债权请教了律师。如果你是律师，你如何回答？

第一节　个人独资企业法概述

一、个人独资企业的概念和特征

（一）个人独资企业的概念

个人独资企业是指在中国境内设立，由一个自然人投资，财产为投资人个人所有，投资人以其个人财产对企业债务承担无限责任的经营实体。

（二）个人独资企业的特征

1. 企业的投资人为一个自然人。设立个人独资企业的只能是一个自然人，国家机关、国家授权投资的机构或者国家授权的部门、企事业单位等都不能作为个人独资企业的设立者。

【小思考2-1】

外国自然人能否成为个人独资企业的投资人？

答：《中华人民共和国个人独资企业法》第47条规定，外商独资企业不适用本法。因此，本法中的自然人应是中国公民。

2. 企业的财产为投资人个人所有。投资人对企业的财产拥有所有权，依法享有占有、使用、收益和处分的权利。

【小思考2-2】

张某出资设立了一家个人独资企业，那么自该个人独资企业设立时起，作为投资人出资的两台笔记本电脑的所有权归谁所有？

答：归张某所有。

3.个人独资企业的投资人对企业债务承担无限责任。

【法律小知识2-1】

无限责任是与有限责任相对的概念，是指当企业的全部财产不足以清偿到期债务时，投资人应将个人的全部财产用于清偿，实际上就是将企业的责任与投资人的责任连为一体。

4.个人独资企业不具有法人资格，其法律责任由投资人承担。

二、个人独资企业法的概念

个人独资企业法是指调整在国家经济运行过程中发生的关于个人独资企业的各种经济关系的法律规范的总称。为了保护个人独资企业的财产和其他合法权益，规范个人独资企业的生产经营活动，1999年8月30日，第九届全国人民代表大会常务委员会第十一次会议通过了《中华人民共和国个人独资企业法》（以下简称《个人独资企业法》），自2000年1月1日起施行。

第二节 个人独资企业的设立、解散和清算

一、个人独资企业的设立

（一）个人独资企业的设立条件

1.投资人为一个自然人。该自然人应当具有完全民事行为能力，且只能是中国公民。无民事行为能力人以及法律、行政法规禁止从事营利性活动的人，不得作为投资人申请设立个人独资企业，如国家公务员、党政机关领导干部、警官、法官、检察官、商业银行工作人员等。

【小思考2-3】

所有中国公民都可以成为个人独资企业的投资人吗？

答：不是。无民事行为能力人以及法律、行政法规禁止从事营利性活动的人，不得作为投资人申请设立个人独资企业。

2.有合法的企业名称。个人独资企业的名称应当与其责任形式及从事的营业相符合。个人独资企业的名称中不得使用“有限”、“有限责任”或者“公司”的字样。

3.有投资人申报的出资。投资人申报的出资是经营条件而不是注册资本，因此法律对其方式及数额均未予以规定。投资人可以个人财产出资，也可以家庭共有财产作为个人出资。投资人在设立登记时明确以家庭共有财产作为个人出资的，应当

以家庭共有财产对企业债务承担无限责任。

4.有固定的生产经营场所和必要的生产经营条件。

5.有必要的从业人员。

（二）个人独资企业的设立程序

申请设立个人独资企业，应当由投资人或者其委托的代理人向个人独资企业所在地的登记机关提出设立申请。委托代理人申请设立登记时，应当出具投资人的委托书和代理人的合法证明。

登记机关应当在收到设立申请文件之日起15日内，对符合《个人独资企业法》规定条件的予以登记，发给营业执照。个人独资企业营业执照的签发日期为个人独资企业成立日期。

个人独资企业设立分支机构的，应当由投资人或者委托的代理人向分支机构所在地的登记机关申请登记，领取营业执照。分支机构的民事责任由设立该分支机构的个人独资企业承担。

二、个人独资企业的解散和清算

（一）个人独资企业的解散

根据《个人独资企业法》的规定，个人独资企业有下列情形之一时，应当解散：

1.投资人决定解散；

2.投资人死亡或者被宣告死亡，无继承人或者继承人放弃继承；

3.被依法吊销营业执照；

4.法律、行政法规规定的其他情形。

【相关链接2-1】

宣告死亡是指自然人离开住所，下落不明达到法定期限，经利害关系人申请，由人民法院宣告其死亡的法律制度。被宣告死亡应当符合下列条件：

1.被申请人下落不明满4年，意外事件下落不明从事件发生日起满2年。因意外事件下落不明，经有关机关证明该自然人不可能生存的，申请宣告死亡不受2年时间的限制。

2.经利害关系人申请。申请人包括：（1）配偶；（2）父母、子女；（3）兄弟姐妹、祖父母、外祖父母、孙子女、外孙子女；（4）其他有民事权利义务关系的人，如债权人。

3.由人民法院宣告。

人民法院受理宣告死亡案件后，必须发出寻找下落不明人的公告。被申请宣告死亡的公民下落不明满4年或者因意外事故下落不明满2年的，公告期间为1年；被申请宣告死亡的公民因意外事故下落不明，经有关机关证明其不可能生存的，公告期间为3个月。

（二）个人独资企业的清算

1.个人独资企业解散时，应当进行清算。个人独资企业解散时，由投资人自行清算或者由债权人申请人民法院指定清算人进行清算。投资人自行清算的，应当在清算前15日内书面通知债权人，无法通知的，应当予以公告。债权人应当在接到通知之日起30日内，未接到通知的应当在公告之日起60日内，向投资人申报其债权。

2.清算期间，个人独资企业不得开展与清算无关的经营活动，在企业按规定清偿债务前，投资人不得转移、隐匿财产。

3.个人独资企业解散的，财产应当按照下列顺序清偿：（1）所欠职工工资和社会保险费用；（2）所欠税款；（3）其他债务。个人独资企业财产不足以清偿债务的，投资人应当以其个人的其他财产予以清偿。

4.个人独资企业解散后，原投资人对个人独资企业存续期间的债务仍应承担偿还责任，但债权人在5年内未向债务人提出偿债请求的，该责任消灭。

5.个人独资企业清算结束后，投资人或者人民法院指定的清算人应当编制清算报告，并于清算结束之日起15日内向原登记机关申请注销登记。经登记机关注销登记后，个人独资企业终止。

第三节 个人独资企业的事务管理及权利义务

一、个人独资企业的事务管理

（一）个人独资企业事务管理的方式

个人独资企业投资人可以自行管理企业事务，也可以委托或者聘用其他具有民事行为能力的人负责企业的事务管理。

投资人委托或者聘用他人管理个人独资企业的事务，应当与受托人或者被聘用的人员签订书面合同，明确委托的具体内容和授予的权利范围。受托人或者被聘用的人员管理个人独资企业事务时违反双方订立的合同，给投资人造成损害的，应承担民事赔偿责任。

投资人对受托人或者被聘用的人员职权的限制不得对抗善意第三人，即此限制仅对受托人或者被聘用的人员有效，对不知情的第三人并无约束力。

【小案例2-1】

甲投资设立了A个人独资企业，他委托乙为企业进货，并约定1万元以上的合同必须经过甲的特批。有一次，乙参加商品展销会，发现丙出售某种市场紧俏商品，且价格合理，乙觉得应抓住时机多进一些货。因未及时联系上甲，又怕贻误商机，乙私自与丙签订了3万元的买卖合同，但未向丙说明自己只能签1万元以下合同的事实。此合同是否对甲发生效力？

分析提示：投资人对受托人或者被聘用的人员职权的限制不得对抗善意第三人。本案中，投资人甲对受托人乙职权的限制不能对抗善意第三人丙。

（二）受托人或者被聘用管理人的义务

受托人或者被聘用管理人应当履行诚信勤勉的义务，按照与投资人签订的合同负责个人独资企业的事务管理。

《个人独资企业法》规定，受托人或者被聘用管理人不得有下列行为：（1）利用职务上的便利，索取或者收受贿赂；（2）利用职务或者工作上的便利，侵占企业财产；（3）挪用企业的资金归个人使用或者借贷给他人；（4）擅自将企业资金以个人名义或者以他人名义开立账户存储；（5）擅自以企业财产提供担保；（6）未经投资人同意，从事与本企业相竞争的业务；（7）未经投资人同意，同本企业订立合同或者进行交易；（8）未经投资人同意，擅自将企业商标或者其他知识产权转让给他人使用；（9）泄露本企业的商业秘密；（10）法律、行政法规禁止的其他行为。

二、个人独资企业的权利和义务

（一）个人独资企业的权利

国家依法保护个人独资企业的财产和其他合法权益。个人独资企业依法享有经营自主权，可以依法申请贷款，可以依法取得土地使用权，并享有法律、行政法规规定的其他权利。任何单位和个人不得违反法律、行政法规的规定，以任何方式强制个人独资企业提供财力、物力、人力；对于违法强制其提供财力、物力、人力的行为，个人独资企业有权拒绝。

（二）个人独资企业的义务

个人独资企业在享有权利的同时必须履行以下义务：（1）从事经营活动必须遵守法律、行政法规，遵守诚实信用原则，不得损害社会公共利益；（2）应当依法履行纳税义务；（3）应当依法设置会计账簿，进行会计核算；（4）招用职工，应当依法与职工签订劳动合同，保障职工的劳动安全，按时、足额发放职工工资；（5）应当按照国家规定参加社会保险，为职工缴纳社会保险费。

第四节　法律责任

一、投资人对个人独资企业违法行为应承担的法律责任

1.违反《个人独资企业法》的规定，提交虚假文件或采取其他欺骗手段，取得企业登记的，责令改正，处以5 000元以下的罚款；情节严重的，并处吊销营业执照。

2.违反《个人独资企业法》的规定，使用与其在登记机关登记的名称不相符合的名称的，责令限期改正，处以2 000元以下的罚款。

3.违反《个人独资企业法》的规定，涂改、出租、转让营业执照的，责令改正，没收违法所得，处以3 000元以下的罚款；情节严重的，吊销营业执照。伪造营业执照的，责令停业，没收违法所得，处以5 000元以下的罚款。构成犯罪的，依法追究刑事责任。

4.个人独资企业成立后无正当理由超过6个月未开业的，或者开业后自行停业连续6个月以上的，吊销营业执照。

5.违反《个人独资企业法》的规定，未领取营业执照，以个人独资企业名义从

事经营活动的，责令停止经营活动，处以3 000元以下的罚款。个人独资企业登记事项发生变更时，未按《个人独资企业法》的规定办理有关变更登记的，责令限期办理变更登记；逾期不办理的，处以2 000元以下的罚款。

6. 违反《个人独资企业法》的规定，侵犯职工合法权益，未保障职工劳动安全，不缴纳社会保险费用的，按照有关法律、行政法规予以处罚，并追究有关责任人员的责任。

7. 在清算前或清算期间隐匿或转移财产，逃避债务的，依法追回其财产，并按照有关规定予以处罚；构成犯罪的，依法追究刑事责任。

8. 违反《个人独资企业法》的规定，应当承担民事赔偿责任和缴纳罚款、罚金，其财产不足以支付的，或者被判处没收财产的，应当先承担民事赔偿责任。

二、投资人委托或聘用的人员违反《个人独资企业法》的法律责任

投资人委托或者聘用的人员管理个人独资企业事务时，违反双方订立的合同，给投资人造成损害的，承担民事赔偿责任。

投资人委托或者聘用的人员违反规定，侵犯个人独资企业财产权益的，责令退还侵占的财产；给企业造成损失的，依法承担赔偿责任；有违法所得的，没收违法所得；构成犯罪的，依法追究刑事责任。

三、登记机关及直接责任人员违反《个人独资企业法》的法律责任

登记机关对不符合《个人独资企业法》规定条件的企业予以登记，或者对符合规定条件的企业不予登记的，对直接责任人员依法给予行政处分；构成犯罪的，依法追究刑事责任。

登记机关的上级部门的有关主管人员强令登记机关对不符合规定条件的企业予以登记，或者对符合规定条件的企业不予登记的，或者对登记机关的违法登记行为进行包庇的，对直接责任人员依法给予行政处分；构成犯罪的，依法追究刑事责任。

本章小结

个人独资企业是我国经济活动中较为普遍的企业类型。个人独资企业的投资人只能是我国公民，且投资人对企业的债务承担无限责任。个人独资企业没有独立的法律人格，因此不能独立承担法律责任，其法律责任是由投资人承担的。我国法律对设立个人独资企业没有最低注册资本的要求，这有利于个人独资企业的发展。

复习与思考

一、即测即评

第二章单项选择题

第二章多项选择题

第二章判断题

二、案例分析题

1.2020年10月5日，王某出资设立个人独资企业A，聘请李某管理企业事务，约定李某对外签约标的额超过1万元须经王某同意。11月12日，李某未经王某同意，以A的名义向赵某购买了价值2万元的商品。随后，A因管理不善，无法继续经营，决定解散。王某将财产和债权债务清算如下：(1) A有银行存款2万元，实物折价5.5万元；(2) 王某个人其他可执行财产共计2万元；(3) A欠职工工资5 000元，欠社会保险费3 000元，欠缴税款2 000元，欠债权人丁10万元。请问：(1) 李某于11月12日以A的名义向赵某购买价值2万元商品的行为是否有效？为什么？(2) A的财产应按什么顺序清偿？(3) A解散后，未清偿的债务是否还应继续清偿？为什么？

2.李某是某高校心理学专业的研究生，毕业后向当地市场监督局申请设立专门提供心理咨询服务的个人独资企业。请问：(1) 该个人独资企业成立后，作为李某投资的两台电脑的所有权属于谁？(2) 该企业在李某的经营下，业务规模越来越大。某高校MBA毕业的吴某能否以其管理才能作为出资来扩大企业的经营规模？为什么？

第三章
合伙企业法律制度

学习目标

通过本章学习，重点掌握普通合伙企业设立的条件、财产份额转让的限制、入伙及退伙的法律规定；理解特殊的普通合伙企业及有限合伙企业的特殊性；了解合伙企业财产的构成、事务管理、合伙企业的清算。

案例导入

2015年1月，赵甲、钱乙、孙丙、李丁4人决定设立一家合伙企业，并签订书面合伙协议，内容如下：（1）赵甲以货币出资10万元，钱乙以实物折价出资9万元，经其他人同意孙丙以劳务出资6万元，李丁以货币出资4万元。（2）赵甲、钱乙、孙丙、李丁4人按2：2：1：1的比例分配利润和承担亏损。（3）由赵甲执行合伙企业事务，对外代表企业，但签订大于5万元的合同应经其他合伙人一致同意。协议未约定合伙企业的经营期限。合伙企业在存续过程中发生了以下事件：

1.2015年5月，赵甲擅自以合伙企业名义与红天公司签订合同，合同金额8万元。红天公司不知道合伙企业内部对赵甲权利的限制。钱乙获知该合同后，向红天公司说明情况并表示不承认该合同。

2.2017年1月，李丁病逝，仅留有一未成年儿子李壬。同年3月，新合伙人周庚出资4万元入伙。

3.赵甲为了改善企业的经营管理，于2017年9月独自聘任田某为合伙企业的经营管理人，并以合伙企业的名义为蓝海公司提供担保。

4.2020年5月，合伙企业的债权人绿光公司就37万元欠款要求全体合伙人承担连带责任。李丁的儿子李壬以自己是有限合伙人为由、周庚以自己新入伙为由拒绝承担。

5.2020年6月，因合伙人钱乙无法偿还其与黄河公司的买卖合同产生的8万元到期债务，黄河公司向人民法院提起诉讼。黄河公司胜诉，于2020年8月申请人民法院强制执行钱乙在合伙企业中的财产份额。

请运用《中华人民共和国合伙企业法》（以下简称《合伙企业法》）的规定分析上述事件。

第一节　合伙企业法概述

一、合伙企业的概念和分类

（一）合伙企业的概念

合伙企业是指自然人、法人和其他组织依照《合伙企业法》在中国境内设立的，由两个或两个以上合伙人订立合伙协议，为经营共同事业，共同出资、合伙经营、共享收益、共担风险的营利性组织。

合伙是一种古老的经营方式，起源于家庭共有。中世纪时期，地中海沿岸的商业发达城市中出现了一种叫作“柯曼达”的合伙组织，合伙人分别承担无限责任和有限责任。它是由合伙人共同约定出资，为了共同的目的，实行共同经营的联合体。这种联合体是在个人经营活动的基础上形成的，联结他们的纽带是共同订立的协议。因此，在很长一段时期内，法学理论和实践均将合伙视为一种合同，其只能产生合伙人之间的权利义务关系，形成合伙人内部的统一，不能对外。随着资本主义商品经济的迅速发展，合伙制度渐渐发生了变革，出现了有利于交易迅速达成的变化，合伙不再是简单的自然人从事商业活动的媒体。人们越来越习惯于只问商号，不问合伙人，这就使合伙经营以一个统一的企业面貌出现。对于合伙企业，现代各国多赋予其非法人经营主体的地位，但不承认其具有法人资格，仅承认合伙企业有团体能力，使之在商业活动中与自然人有区别。

【法律小知识3-1】

柯曼达是与索塞塔斯并称的重要的合伙形式。11世纪在意大利商港发展起来的柯曼达契约规定：一方合伙人被称为stans，只提供资金但留在家里；另一方合伙人被称为tractator，从事航行。出资方与从事航行的一方按3∶1的比例分配利润。柯曼达后来逐渐演变为两合公司和隐名合伙。最早规定隐名合伙制度的国家是德国，《德国商法典》明确界定隐名合伙是作为隐名合伙的出资者与商业企业业主之间的一种契约。根据该契约，隐名合伙人负责向企业提供一定数额的资金，并相应地参与企业利润的分配，分担企业的亏损。大多数大陆法系国家和地区的民法都对隐名合伙做了相关的规定，而英美法系国家虽没有“隐名合伙”这一术语，但其关于有限合伙的规定与隐名合伙制度较为接近。

（二）合伙企业的分类

1.普通合伙企业和有限合伙企业。

合伙企业根据合伙人的责任承担方式不同，可以分为普通合伙企业和有限合伙企业。普通合伙企业是指由普通合伙人组成，合伙人对合伙企业债务承担无限连带责任的合伙企业；有限合伙企业是指由一名以上普通合伙人即负担无限连带责任的合伙人和一名以上负有限责任的有限合伙人组成的合伙企业。

普通合伙源于古罗马的索塞塔斯，各合伙人对于合伙的债务承担无限连带责任，每个合伙人都是其他合伙人的代理人，整个合伙属于一种契约关系。在没有特指的情况下，本章所称的合伙均指普通合伙。

2.隐名合伙和显名合伙。

合伙企业根据其是否公开其合伙人身份和姓名或名称，可以分为隐名合伙和显名合伙。这主要是大陆法系国家的分类方法。显名合伙是指所有合伙人都公开合伙人身份和姓名，并参与合伙企业的经营管理活动的合伙；隐名合伙是指一个或一部分合伙人不公开其姓名，也不参与合伙企业的经营管理活动的合伙。也就是说，隐名合伙是隐名合伙人只对他人的经营出资并分享利益、分担损失，而由其他合伙人经营的合伙。其中，经营人为出名营业人，隐名合伙人在合伙企业中承担以自己的出资额为限的有限责任，不直接对企业债务承担责任。

二、合伙企业的特征

1.合伙企业是两个以上合伙人的集合，是经过商事登记程序设立的经营性主体，具有团体的属性。这表现在合伙企业的人格、财产、利益和商事主体都具有相对的独立性。当然，合伙企业的独立性没有法人那么高，团体的属性没有法人那么强，是一种低级的组织形态。

2.合伙企业的成立基于合伙人之间的书面协议。协议是合伙企业设立的基础，是实质要件，也是确定合伙人内部关系的法律依据。合伙关系的内容，如出资额、合伙宗旨、利润分配比例、解散条件等均由合伙协议加以规定。可以说，合伙协议是确定合伙人之间权利义务关系的依据。在合伙协议与法律规定的关系上，合伙协议优先适用，法律规定起补充作用。

3.合伙企业是各合伙人共同出资、共同经营、共担风险、共负盈亏的组织。合伙企业是各合伙人为了共同的商业目的而组成的团体或组织，因此法律赋予合伙企业商号权及诉讼权，以相对独立的组织体的名义享有权利、承担义务，具有独立的商事组织地位。这一法律特征使合伙企业得以与个人独资企业相区别。个人独资企业固然也是一个组织，但这种组织并非一个商人联合的组织，而只是一个商人雇佣自然人进行经营的组织，可以说是商自然人的延伸。

4.合伙的财产由合伙企业独立支配。合伙人的出资以及经营积累的财产为全体合伙人的共同财产。虽然合伙企业没有独立的财产权，但是各合伙人不得任意处置合伙财产，而应当由全体合伙人共同管理、使用。

5.合伙企业是一种连带责任主体。这是普通合伙企业最为显著的特征，即在合伙企业的财产不足以清偿其对外债务时，各普通合伙人须以其个人财产对合伙企业的债务承担无限连带责任。

三、合伙企业法

为了规范合伙企业的行为，保护合伙企业及其合伙人的合法权益，维护社会经济秩序，促进我国社会主义市场经济的发展，1997年2月23日第八届全国人民代表大会常务委员会第二十四次会议通过了《合伙企业法》，于1997年8月1日起实施。2006年8月27日第十届全国人民代表大会常务委员会第二十三次会议修订通过了《合伙企业法》，自2007年6月1日起施行。

第二节　普通合伙企业

一、合伙企业的设立

《合伙企业法》规定，普通合伙企业的设立应当满足以下条件：

1.有两个以上的合伙人。合伙人包括法人、自然人和其他组织。

（1）法人。目前，大多数国家并不限制法人以合伙组织的形式进行再投资。在我国，法人可以成为合伙人。

【小思考3-1】

是不是所有法人都可以成为普通合伙企业的合伙人？

答：并不是所有法人均可以成为普通合伙企业的合伙人，根据《合伙企业法》第3条的规定，国有独资公司、国有企业、上市公司以及公益性的事业单位、社会团体不能成为承担无限连带责任的普通合伙人。

（2）自然人。合伙人首先应当是能够从事经营活动的自然人，即必须是完全民事行为能力人。合伙是一种特定的民事法律行为，签订合伙协议、进行营利性活动，都需要合伙人独立完成，非完全民事行为能力人从事这些行为会导致行为无效。同时，合伙人还必须不是法律、行政法规禁止从事营利性活动的人。

（3）其他组织。与法人一样，非法人组织的有限合伙人资格没有限制。对其是否能够成为普通合伙人，同法人一样，各国也存在许可主义与限制或禁止主义两种不同的立法体例。就《合伙企业法》的规定看，我国已经承认非法人组织，包括合伙企业的普通合伙人资格。

【小思考3-2】

在中国设立合伙企业的合伙人是否必须为中国人？

答：《合伙企业法》对合伙人的国籍并无任何要求。根据2010年3月1日起实施的《外国企业或个人在中国境内设立合伙企业的管理办法》的规定，外国企业或个人之间、外国企业或个人与中国自然人、法人、其他组织可以设立合伙企业；外国企业或个人也可以加入中国自然人、法人、其他组织设立的合伙企业。

2.有书面合伙协议。合伙协议是指两个以上合伙人为了设立合伙企业，实现共同的经济目的而达成的协议。合伙协议应当记载以下事项：合伙企业的名称和主要经营场所的地点，合伙目的和合伙经营范围，合伙人的姓名或者名称及住所，合伙人的出资方式、出资数额和缴付期限，利润分配和亏损分担方式，合伙事务的执行，入伙与退伙，争议解决办法，合伙企业的解散与清算，违约责任。合伙协议经全体合伙人签名、盖章后生效。

3.有合伙人认缴或者实际缴付的出资。根据《合伙企业法》的规定，合伙人出资的方式包括货币、实物、土地使用权、知识产权、其他财产权利以及劳务。

4.有合伙企业的名称和生产经营场所。普通合伙企业的名称应当标明“普通合伙”的字样。

5.法律、行政法规规定的其他条件。

二、合伙企业的财产

（一）合伙企业财产的构成

合伙企业的财产由两部分构成：一是原始财产，即合伙人实际缴付的出资；二是合伙的积累，即合伙企业存续期间，以合伙企业的名义取得的各种收益以及依法取得的其他财产。需要注意的是，并不是所有合伙人出资都可以构成合伙企业的财产，劳务由于其“行为性”特征而不能成为合伙企业的财产。

（二）合伙企业财产的性质

合伙企业不具有法人资格，没有独立承担债务责任的能力。在法律上，合伙企业不拥有合伙企业的独立财产权，但是，合伙企业作为相对独立的组织，应该有权占有并使用与其经营有关的财产。各国普遍认为合伙企业的财产属于合伙人共同所有，合伙人对合伙企业的财产享有最终所有权。可以这样理解合伙企业的财产性质：不拥有完整意义上的财产权（所有权），只拥有财产权的部分权能；对于合伙企业，合伙财产权既不属于合伙企业，也不再属于各合伙人个人，而是让渡给了合伙人全体。当然，如果合伙人以劳务出资，因为该出资具有人身属性，则不能构成合伙企业的共有财产。

【法律小知识3-2】

合伙人以财产所有权以外的其他财产权利出资的，财产的所有权仍然归属于合伙人所有，但用于出资的财产权利构成合伙企业财产，应认定为准共有性质。所谓“准共有”，即两个或两个以上共有人共同享有财产所有权以外的其他权利。《日本民法典》第264条明确规定了准共有，“准用于数人有所有权之外的财产权情形”。我国台湾地区“民法”规定，关于共有及共有之规定，于所有权以外之财产权，由数人共有或者共同共有者准用之。

（三）合伙企业财产的保全

合伙企业财产是合伙企业存续的物质基础，是合伙企业对外承担责任的一般保障，因而合伙企业必须保全其财产。由于合伙人对合伙企业财产是共同共有的关系，因此每个合伙人在处分合伙企业财产时，都应得到其他合伙人的一致同意，不能擅自决定。

1.财产分割的禁止。在合伙企业存续期间，合伙人对合伙企业财产权益的表现形式仅仅是按照合伙协议所确定的财产收益份额或者比例。《合伙企业法》规定，在合伙企业进行清算前，合伙人不得请求分割合伙企业的财产，即不得请求返还出资，也不得请求分配其他财产中的应有份额。合伙人在合伙企业清算前私自转移或处分合伙企业财产的，合伙企业不得以此对抗不知情的善意第三人。合伙人在退伙时，有权要求分割合伙企业财产。

2.合伙人财产份额转让的限制。在合伙企业存续期间，合伙人向合伙人以外的人转让其在合伙企业中的全部或部分财产份额时，应当经过其他合伙人的一致同意。合伙人之间转让在合伙企业中的全部或部分财产份额的，应当通知其他合伙人。合伙人依法转让其财产份额的，在同等条件下，其他合伙人有优先受让权。但合伙协议另有约定的除外。

【小思考3-3】

合伙人向外转让其在合伙企业中的财产份额后，受让人取得了合伙企业财产的相应份额，此时，该受让人是否就成为合伙人？

答：此时的受让人不能被认定为合伙人。财产份额的受让使得他具备了加入合伙企业的资格，须修改合伙协议后，他方能成为合伙企业的合伙人。这是由合伙企业财产共同共有、合伙人相互信任的特性决定的。

3.财产份额质押的限制。《合伙企业法》规定，合伙人以其在合伙企业中的财产份额出质的，须经其他合伙人一致同意。未经其他合伙人一致同意，其行为无效；由此给善意第三人造成损失的，由行为人依法承担赔偿责任。

4.代位权行使的限制。合伙人个人负有债务的，其债权人不得代位行使该合伙人在合伙企业中的权利。这里所说的权利，是指合伙人对合伙企业财产的管理权、使用权、事务执行权以及利益分配权。这是因为合伙人对合伙企业的权利是以其合伙人身份为前提的，具有专属性，不能与合伙人身份、地位相分离。

另外，《合伙企业法》还明确规定，合伙人中某一合伙人的债权人，不得以该债权抵销其对合伙企业的债务，否则就是提前分割合伙企业的财产。

三、合伙企业的事务执行

合伙企业的事务执行，是指为了实现设立合伙企业的目的而进行的业务活动。合伙企业的事务执行属于合伙企业的内部关系，分为决策、执行和监督3部分。在决策时，由于合伙企业没有独立的人格，由合伙人共同经营，因此，所有合伙人享有充分的自主权，体现为完全平等的决策权，即共同决策原则。《合伙企业法》规定，合伙人在决策时，按照合伙协议约定的表决办法办理。合伙协议未约定或者约定不明确的，实行合伙人一人一票并经全体合伙人过半数通过的表决办法。但该法对合伙企业的表决办法另有规定的，从其规定。合伙企业事务执行的具体规则如下：

1.每个合伙人对合伙企业的事务执行享有同等的权利。全体合伙人基于合伙协议确定的共同利益、经营目的而形成相互信任的合作经营关系，每个合伙人均有平等的共同经营权，而不论合伙企业中是否有负责人，也不论合伙人出资数额的多寡。在合伙企业经营范围内，每个合伙人均有权对外以合伙企业的名义从事经营行为，其行为在法律上应当视为全体合伙人的行为，其行为的结果由全体合伙人承担。

2.合伙协议约定或者其他合伙人决定，可以委托一个或数个合伙人执行合伙企业事务，对外代表合伙企业。在这种情况下，其他合伙人就不再执行合伙企业事务，但有权监督执行事务的合伙人执行合伙企业事务的情况。执行事务合伙人应当定期报告事务执行情况、企业经营情况以及财务情况，执行合伙企业事务产生的经营收益归合伙企业，所产生的亏损和费用也由合伙企业承担。

【小案例3-1】

甲、乙、丙、丁4人设立了某普通合伙企业，约定由甲、丙负责合伙企业的经营，乙和丁有权每季度查阅企业的会计账簿等。某日，乙偶然知悉一商机，因时间比较仓促，在未通知其他合伙人的情况下擅自签订了交易合同，但因经验不足被骗。请问：合伙企业是否应履行该合同？

分析提示：合伙协议仅对全体合伙人有约束力，对外则不具有效力，不能约束善意第三人。所以，合伙企业内部对合伙人职权的限制不得对抗善意第三人，乙所签订的合同在合同相对方善意的情况下，对合伙企业具有约束力。

3.除合伙协议另有约定外，以下事务必须经全体合伙人一致同意：（1）改变合伙企业的名称；（2）改变合伙企业的经营范围、主要经营场所的地点；（3）处分合伙企业的不动产；（4）转让或者处分合伙企业的知识产权和其他财产权利；（5）以合伙企业名义为他人提供担保；（6）聘任合伙人以外的人担任合伙企业的经营管理人员。

4.竞业禁止。合伙人不得自营或者同他人合作经营与本合伙企业相竞争的业务。除合伙协议另有约定或者经全体合伙人一致同意外，合伙人不得同本合伙企业进行交易。合伙人不得从事损害本合伙企业利益的活动，即任何为了牟取私利而与第三人恶意串通损害合伙企业利益的活动都是法律禁止的。合伙人违反法律规定或者合伙协议的约定，从事与本合伙企业相竞争的业务或者与本合伙企业进行交易的，该收益归合伙企业所有；给合伙企业或者其他合伙人造成损失的，依法承担赔偿责任。

四、合伙企业的债务清偿

合伙企业的债务是指合伙企业存续期间，以合伙企业的名义与第三人发生的商事法律关系中所产生的债务。合伙企业没有独立的法人资格，因此，其债务最终只能由合伙人承担无限清偿责任。债权人在请求清偿其债权时，是必须先向合伙企业请求，用合伙企业财产清偿；还是可以选择向合伙企业或合伙人请求，直接要求合伙人以其个人财产进行清偿？在此问题上存在两种观点：一是并存主义；二是补充主义。前者认为，既然合伙人对合伙企业的财产享有最终的所有权，谁先谁后没有分别，债权人可以做任意选择；后者认为，对于合伙企业的债务，应当首先用合伙企业的财产进行清偿，合伙企业的财产不足以清偿时，各合伙人就不足的部分承担无限连带责任。

我国采取补充主义，认为合伙人承担的是一种无限连带责任，即每个合伙人对合伙企业的财产不足以清偿的合伙企业的债务，都负有全部清偿的责任。合伙人的这种连带责任在本质上源于合伙人利润共享和相互代理原则。当合伙企业的财产不足以清偿债务时，企业的债权人可以任意选择其中一个或数个合伙人要求其清偿，被请求的合伙人必须全部清偿。合伙人清偿合伙企业债务超过其应分担的份额的，该合伙人有权就其多清偿的部分向其他合伙人追偿。

【小思考3-4】

若某普通合伙企业的债权人在向合伙人进行债务追偿时，其中某一合伙人同时有个人债务正面临个人债权人的追偿，此时应当如何处理？

答：在处理这一问题时，《合伙企业法》坚持了双重优先原则。其含义是：合伙企业债权人优先从合伙企业的财产中受偿，合伙人的个人债权人优先从合伙人的个人财产中受偿，即两种债权人分别优先受偿。合伙企业的财产还债后的剩余部分按比例分配给合伙人，并视为合伙人的个人财产的一部分用以偿还其个人债务；合伙人的个人财产还债后剩余的财产也应当用来清偿合伙企业的债务。

五、入伙与退伙

（一）入伙

入伙是指合伙企业成立后，合伙人之外的第三人加入合伙企业并取得合伙人资格或地位的法律行为。合伙企业是典型的人合组织，其存续的基础是合伙人之间的相互信赖关系，强调主体的稳定性。接纳新的合伙人涉及合伙企业中各合伙人的出资比例、盈亏分配比例、债务分担比例等重要事项的变动，因此除非合伙协议另有约定，第三人的加入应当得到全体合伙人的一致同意，并在平等、自愿的基础上就入伙以及入伙后的权利义务问题达成书面入伙协议。《合伙企业法》规定，在订立入伙协议时，原合伙人应当向新合伙人如实告知合伙企业的经营情况、财务状况。入伙后，新合伙人和原合伙人享有同等权利，承担同等责任，入伙协议另有约定的除外。

【小思考3-5】

新合伙人是否承担其入伙前合伙企业已经存在的债务？

答：《合伙企业法》第44条明确规定，新合伙人对入伙前合伙企业的债务承担无限连带责任。这一规定是强制性规定，合伙协议中如果有不同约定，则该约定仅在合伙企业内部有效，不得对抗善意第三人。

（二）退伙

退伙是指合伙人退出合伙企业，从而丧失其合伙人资格的法律行为。合伙人退伙应当有正当理由，擅自退伙是违反合伙协议的违约行为，行为人应当赔偿由此给其他合伙人造成的损失。根据发生的原因不同，退伙可以分为3类：

1.法定退伙。法定退伙是指非依合伙人本人的意思，而依法律规定的条件进行的退伙，即在出现法律规定的原因时，合伙人当然地丧失合伙人资格。《合伙企业法》规定了以下几种法定退伙情形：作为合伙人的自然人死亡或被依法宣告死亡；个人丧失偿债能力；作为合伙人的法人或者其他组织依法被吊销营业执照、责令关闭撤销，或者被宣告破产；法律规定或者合伙协议约定合伙人必须具有相关资格而丧失该资格；合伙人在合伙企业中的全部财产份额被人民法院强制执行。对于法定退伙，退伙事由实际发生之日是退伙的生效日。

【小思考3-6】

合伙人应当具备相应的行为能力，若合伙人被依法认定为无民事行为能力人或者限制行为能力人，应当如何处理？

答：根据《合伙企业法》第48条的规定，若合伙人被依法认定为无民事行为能力人或者限制行为能力人，经其他合伙人一致同意，可以依法转为有限合伙人；如果全体合伙人未能达成一致意见，该合伙人应当退伙。

2.除名退伙。除名退伙是指某一合伙人因其行为，经其他合伙人一致要求而被强制退出合伙企业的退伙。《合伙企业法》规定了以下经其他合伙人一致同意，可以决议除名退伙的情形：未履行出资义务；因故意或重大过失给合伙企业造成损失；执行合伙企业事务时有不正当行为；发生合伙协议约定的事由。

对合伙人的除名决议，应当书面通知被除名人。被除名人自接到除名通知之日起，除名生效，被除名人退伙。如果被除名人对除名决议有异议，可以在接到除名通知之日起30日内，向人民法院起诉。

3.任意退伙。任意退伙也称声明退伙，是指依据合伙人自己的意思表示所为的退伙，具体分两种情况：

（1）合伙协议中没有约定合伙期限。如果合伙协议没有约定合伙期限，则合伙人在不给合伙企业的事务执行造成不利影响的情况下，可以随时退伙，但应当提前30日通知其他合伙人。

（2）合伙协议中约定了合伙期限。如果合伙协议约定了合伙期限，合伙人如要退伙必须具备以下条件之一：合伙协议约定的退伙事由出现；经全体合伙人一致同意；发生合伙人难以继续参加合伙的事由；其他合伙人严重违反合伙协议约定的义务。

4.退伙的效力。合伙人退伙并不当然影响合伙企业的存续，仅发生终止退伙人与其他合伙人的关系，退伙人丧失合伙人资格，合伙企业返还其出资以及分配权益的法律效力，是一种内部效力。《合伙企业法》规定，合伙人退伙，其他合伙人应当与退伙人一起按退伙时合伙企业的财产状况进行结算，退还退伙人的财产份额。若退伙人对给合伙企业造成的损失负有赔偿责任，应当在退还的财产份额中扣除其应当赔偿的数额。合伙人退伙时有未了结的合伙企业事务的，可以待该事务了结后进行清算。退还退伙人在合伙企业的财产份额的方法，由合伙协议约定或全体合伙人决定，可以退还货币，也可以退还实物。合伙人退伙时，合伙企业的财产少于合伙企业债务的，退伙人应当按照损益分担比例，分担企业的亏损。

六、特殊的普通合伙企业

（一）特殊的普通合伙企业的概念

特殊的普通合伙企业是某种在债务承担方面存在特殊规则的普通合伙企业。根据《合伙企业法》的规定，在特殊的普通合伙企业中，一个合伙人或者数个合伙人在执业活动中因故意或者重大过失造成合伙企业债务的，应当承担无限责任或者无限连带责任，其他合伙人以其在合伙企业中的财产份额为限承担责任。特殊的普通合伙企业大大限制了普通合伙人的无限连带责任的承担，但这种限制并不是完全取消了普通合伙人的无限连带责任，对于合伙人在执业活动中非因故意或者重大过失造成的合伙企业债务以及合伙企业的其他债务，全体合伙人仍然要承担无限连带责任。当然，合伙人执业活动中因故意或者重大过失造成的合伙企业债务，以合伙企业财产对外承担责任后，该合伙人应当按照合伙协议的约定对给合伙企业造成的损失承担赔偿责任。

（二）特殊的普通合伙企业的管理要求

特殊的普通合伙企业，其合伙人对特定合伙企业债务只承担有限责任，为保护交易相对人的利益，应当对这一情况予以公示。特殊的普通合伙企业名称中应当标明“特殊普通合伙”字样。

在特殊的普通合伙企业中，合伙人对特定合伙企业债务只承担有限责任，对合伙企业的债权人的保护相对削弱。为了保护债权人的利益，《合伙企业法》规定了对特殊的普通合伙企业债权人的保护制度，即执业风险基金制度和职业保险制度。特殊的普通合伙企业应当建立执业风险基金，办理职业保险。执业风险基金用于偿付合伙人在执业活动中发生的债务，执业风险基金应当单独立户管理，执业风险基金的具体管理办法由国务院规定。

此外，特殊的普通合伙企业实质上仍然是普通合伙企业，《合伙企业法》未作专门规定的，适用《合伙企业法》关于普通合伙企业的规定。

第三节 有限合伙企业

一、有限合伙企业的设立

（一）合伙人

根据《合伙企业法》的规定，有限合伙企业由2个以上50个以下合伙人设立，法律另有规定的除外。有限合伙企业至少应当有一个普通合伙人，即在有限合伙的人数上我国采取的是限制主义。

（二）合伙协议

合伙协议除符合《合伙企业法》的规定外，还应当载明下列事项：（1）普通合伙人和有限合伙人的姓名或者名称、住所；（2）执行事务合伙人应具备的条件和选择程序；（3）执行事务合伙人权限与违约处理办法；（4）执行事务合伙人的除名条件和更换程序；（5）有限合伙人入伙、退伙的条件、程序以及相关责任；（6）有限合伙人和普通合伙人相互转变程序。

（三）合伙人的出资

有限合伙企业的合伙人负有依据合伙协议出资的义务。根据《合伙企业法》的规定，有限合伙人可以用货币、实物、知识产权、土地使用权或者其他财产权利作价出资，但不得以劳务出资。《合伙企业法》还规定，有限合伙人应当按照合伙协议的约定按期足额缴纳出资；未按期足额缴纳的，应当承担补缴义务，并对其他合伙人承担违约责任。有限合伙企业登记事项中应当载明有限合伙人的姓名或者名称及认缴的出资数额。

（四）有限合伙企业的名称

有限合伙企业名称中应当标明“有限合伙”字样。

二、有限合伙企业的事务执行

有限合伙企业的事务执行，原则上仅由普通合伙人享有，有限合伙人不得享有合伙企业的经营管理权和业务执行权。《合伙企业法》规定，有限合伙企业由普通合伙人执行合伙事务。有限合伙人不执行合伙事务，不得对外代表有限合伙企业。

根据《合伙企业法》的规定，有限合伙人的下列行为不视为执行合伙事务：（1）参与决定普通合伙人入伙、退伙；（2）对企业的经营管理提出建议；（3）参与选择承办有限合伙企业审计业务的会计师事务所；（4）获取经审计的有限合伙企业财务会计报告；（5）对涉及自身利益的情况，查阅有限合伙企业财务会计账簿等财务资料；（6）在有限合伙企业中的利益受到侵害时，向有责任的合伙人主张权利或者提起诉讼；（7）执行事务合伙人怠于行使权利时，督促其行使权利或者为了本企业的利益以自己的名义提起诉讼；（8）依法为本企业提供担保。

【小思考3-7】

若有限合伙人实施了经营行为，与第三人进行了交易，该第三人能否要求有限合伙人承担无限连带责任？

答：第三人能否要求有限合伙人承担无限连带责任取决于该第三人是否为善意。根据《合伙企业法》第76条的规定，如果第三人有理由相信有限合伙人为普通合伙人并与其交易，该有限合伙人对该笔交易承担与普通合伙人同样的责任。

三、有限合伙人的特殊权利

与普通合伙人相比，有限合伙人的权利没有受到太多的限制。根据《合伙企业法》的规定，有限合伙人享有以下特殊权利：

1.有限合伙人可以同本有限合伙企业进行交易，但是合伙协议另有约定的除外。

2.有限合伙人可以自营或者同他人合作经营与本有限合伙企业相竞争的业务，但是合伙协议另有约定的除外。

3.有限合伙人可以将其在有限合伙企业中的财产份额出质，但是合伙协议另有约定的除外。

4.有限合伙人可以按照合伙协议的约定向合伙人以外的人转让其在有限合伙企业中的财产份额，但应当提前30日通知其他合伙人。

5.有限合伙人可以获取经审计的有限合伙企业财务会计报告；对涉及自身利益的情况，查阅有限合伙企业财务会计账簿等财务资料。

四、有限合伙人的债务承担

有限合伙人对合伙企业的债务承担有限责任，以自己承诺出资额为限对第三人承担责任。但在以下例外中，有限合伙人也要对合伙企业的债务承担无限责任：

1.有限合伙人违反有关法律的规定而参与合伙事务的管理；

2.对合伙企业的设立陈述中的虚假陈述承担个人责任；

3.合伙企业没有依法予以登记的，有限合伙人被认为是普通合伙人，承担无限责任。

五、有限合伙人的入伙、退伙及身份转变

根据《合伙企业法》第60条的规定，有限合伙企业及其合伙人适用本法第3章的规定；第3章未做规定的，适用本法第2章第1节至第5节关于普通合伙企业及其合伙人的规定。因此，《合伙企业法》关于普通合伙人入伙、退伙的规定同样适用于有限合伙人的入伙、退伙。《合伙企业法》第63条规定，合伙协议中应包括“有限合伙人入伙、退伙的条件、程序以及相关责任”等内容，即在入伙、退伙问题上，《合伙企业法》的强制性规定很少，仅在第78条对有限合伙人的法定退伙进行了规定。

（一）入伙

《合伙企业法》规定，新入伙的有限合伙人对入伙前有限合伙企业的债务，以其认缴的出资额为限承担责任。

（二）退伙

《合伙企业法》规定，有限合伙人有下列情形之一的，当然退伙：

1.作为合伙人的自然人死亡或者被依法宣告死亡；

2.作为合伙人的法人或者其他组织依法被吊销营业执照、责令关闭撤销，或者被宣告破产；

3.法律规定或者合伙协议约定合伙人必须具有相关资格而丧失该资格；

4.合伙人在合伙企业中的全部财产份额被人民法院强制执行。

作为有限合伙人的自然人死亡、被依法宣告死亡或者作为有限合伙人的法人及其他组织终止时，其继承人或者权利承受人可以依法取得该有限合伙人在有限合伙企业中的资格。

有限合伙人退伙后，对基于其退伙前的原因发生的有限合伙企业债务，以其退伙时从有限合伙企业中取回的财产承担责任。

（三）合伙人身份转变

根据《合伙企业法》的规定，除合伙协议另有约定外，有限合伙企业的合伙人可以转变其合伙人身份，即由普通合伙人转变为有限合伙人，或者由有限合伙人转变为普通合伙人。这种合伙人的身份转变应当经全体合伙人一致同意。

有限合伙人转变为普通合伙人的，对其作为有限合伙人期间有限合伙企业发生的债务承担无限连带责任。普通合伙人转变为有限合伙人的，对其作为普通合伙人期间合伙企业发生的债务承担无限连带责任。

第四节 合伙企业的解散、清算和破产

一、合伙企业的解散

合伙企业的解散是指合伙企业因某些法律事实（法律规定或当事人约定）的发生，而使合伙协议中止，合伙企业的事业终结，合伙关系归于消灭。《合伙企业法》规定了合伙企业应当解散的情形：合伙期限届满，合伙人决定不再经营；合伙协议约定的解散事由出现；全体合伙人决定解散；合伙人已不具备法定人数满30天；合伙协议约定的合伙目的已经实现或者无法实现；依法被吊销营业执照、责令关闭或者被撤销；法律、行政法规规定的其他原因。

合伙企业解散，应当由清算人进行清算。

【小思考3-8】

合伙企业解散后，合伙企业的商主体资格是否消灭？

答：清算期间，合伙企业存续，但不得开展与清算无关的经营活动。此时，合伙企业的行为能力限定于从事与清算有关的活动，但商主体资格并不因此消灭。等到合伙企业完成清算，办理了注销登记后，商主体资格才消灭。

二、合伙企业的清算

（一）清算人的选任

《合伙企业法》规定了以下4种清算人的选任方法：（1）清算人由全体合伙人担任。（2）指定部分合伙人担任清算人。合伙企业解散后，经全体合伙人过半数同意，可以自合伙企业解散事由出现后15日内指定一个或者数个合伙人，担任清算人。（3）第三人担任清算人。合伙企业解散后，经全体合伙人过半数同意，可以委

托第三人担任清算人。(4) 人民法院指定清算人。若全体合伙人自合伙企业解散事由出现之日起15日内仍未确定清算人，合伙人或者其他利害关系人可以申请人民法院指定清算人。

(二) 清算人在清算期间执行的事务及职权

根据《合伙企业法》的规定，清算人在清算期间执行下列事务：清理合伙企业财产，分别编制资产负债表和财产清单；处理与清算有关的合伙企业未了结事务；清缴所欠税款；清理债权、债务；处理合伙企业清偿债务后的剩余财产；代表合伙企业参加诉讼或者仲裁活动。

《合伙企业法》规定，清算人应当自被确定之日起10日内将合伙企业解散事项通知债权人，并于60日内在报纸上公告，以便债权人进行债权申报。债权人应当自接到通知书之日起30日内，未接到通知书的自公告之日起45日内，向清算人申报债权。债权人申报债权，应当说明债权的有关事项，并提供证明材料。清算人应当对债权进行登记。

根据《合伙企业法》的规定，清算结束，清算人应当编制清算报告，经全体合伙人签名、盖章后，在15日内向企业登记机关报送清算报告，申请办理合伙企业注销登记。合伙企业清算结束后，向原企业登记机关申请注销登记时，应提供以下材料：清算人签署的注销登记申请书；全体合伙人签署的清算报告；营业执照正、副本（在异地设有分支机构的合伙企业，应当提交分支机构所在地企业登记机关核发的分支机构注销登记决定书）；税务注销证明；公章、财务章、合同章；国家市场监管部门规定提交的其他文件。

(三) 清偿顺序以及法律效果

合伙企业财产在支付清算费用和职工工资、社会保险费用、法定补偿金以及缴纳所欠税款、清偿债务后的剩余财产，依照合伙企业的利润、亏损分配比例进行分配。

需要说明的是，退伙人在合伙企业中财产份额的退还办法，由合伙协议约定或者由全体合伙人决定，可以退还货币，也可以退还实物。对于非货币财产出资，如房屋、车辆、设备、商标、专利技术等，返还时只能全部返还。因此，返还时应当注意要求以非货币财产出资的合伙人按照约定的损益分配比例承担企业的债务。而在分配合伙企业剩余财产时，如果合伙企业的财产不足以清偿债务，则由各合伙人按照约定的损益比例以个人出资清偿或平均分担。

合伙企业注销后，原普通合伙人对合伙企业存续期间的债务仍应承担无限连带责任。

(四) 清算人的法律责任

清算人未依照《合伙企业法》的规定向企业登记机关报送清算报告，或者报送的清算报告隐瞒重要事实，或者有重大遗漏的，由企业登记机关责令改正，由此产生的费用和损失，由清算人承担和赔偿。

清算人执行清算事务，牟取非法收入或者侵占合伙企业财产的，应当将该收入或侵占的财产退还合伙企业；给合伙企业或者其他合伙人造成损失的，依法承担赔偿责任。

清算人违反《合伙企业法》的规定，隐匿、转移合伙企业财产，对资产负债表或者财产清单作虚假记载，或者在未清偿债务前分配财产，损害债权人利益的，依法承担赔偿责任。

三、合伙企业的破产

《中华人民共和国企业破产法》在破产能力方面采取企业法人破产主义，根据这一立法例，合伙企业应当不具有破产能力，但作为具有相对独立性的市场经济主体，合伙企业在经营中也会出现无力偿债的情况，此时合伙企业的破产就成为必然。由于合伙企业具有较强的人合性，加之合伙企业的财产为全体合伙人共同共有，合伙财产在一定意义上也是合伙人的个人财产，在合伙企业财产不足以清偿债务时，普通合伙人对合伙企业的债务承担无限连带责任，这些都使得合伙企业的破产与普通合伙人的破产息息相关。正是因为合伙企业不是一个独立的责任主体，不存在完全独立的财产、独立的责任、独立的人格，合伙企业的破产必然延伸到合伙人。

根据《合伙企业法》的规定，合伙企业不能清偿到期债务的，债权人可以依法向人民法院提出破产清算申请，也可以要求普通合伙人清偿。合伙企业依法被宣告破产的，普通合伙人对合伙企业债务仍应承担无限连带责任。这意味着当合伙企业无法清偿到期债务时，可以适用《中华人民共和国企业破产法》规定的破产清算程序来对企业债务进行清理，但这并不排除普通合伙人的无限连带责任。

本章小结

合伙企业的合伙人可以是自然人、法人和其他组织，且没有国籍的限制。设立合伙企业没有最低注册资本的要求，合伙人的投资由全体合伙人共同所有，这有利于合伙企业的发展。合伙企业的经营较为灵活，各普通合伙人在合伙企业的经营范围内享有平等的经营权。在债务承担方面，普通合伙人对合伙企业债务承担无限连带责任，有限合伙人对合伙企业债务以在合伙企业中的财产份额为限承担有限责任。

复习与思考

一、即测即评

第三章单项选择题　　第三章多项选择题　　第三章判断题

二、案例分析题

2016年4月，甲、乙、丙3人合伙开办了一家普通合伙企业。甲出资8万元；

乙出资15万元；丙以劳务出资，作价5万元。他们约定3人共同管理企业，但未对利润分配和亏损分担做出约定。2018年11月，甲提出把自己的一部分合伙企业财产份额转让给丁，但遭到丙的反对。因占少数意见，丙遂提出退伙，甲和乙表示同意，于是丙退伙，丁入伙。此时，合伙企业有7万元债务尚未偿还。2020年6月，甲伪造了全体合伙人一致同意的决议文书，擅自以合伙企业的名义为其朋友的8万元贷款提供担保，银行对甲是擅自行为这一事实不知情。2020年12月，因经营不善，该合伙企业解散，此时合伙企业又负债15万元无法清偿。

请问：(1) 丁对其入伙时该合伙企业的7万元债务是否应承担清偿责任？(2) 丙认为其已经退伙，故而合伙企业的债务与其无关，该说法是否正确？(3) 若甲的朋友到期不能清偿贷款，银行是否有权要求合伙企业承担担保责任？(4) 若其他合伙人在知悉甲擅自以合伙企业财产设定担保后一致同意将其除名，该决议是否有效？(5) 因合伙企业财产不足以清偿债务，而乙的个人财力雄厚，合伙企业的债权人、贷款银行能否要求其清偿全部债务？(6) 若乙满足了合伙企业债权人的要求，甲的朋友向乙支付了8万元，乙应如何向其他合伙人追偿？

第四章
公司法律制度

学习目标

通过本章学习，重点掌握公司的设立条件及股权转让的规定；掌握公司的组织机构，董事、监事、高级管理人员的任职资格和义务，股票、债券发行的相关法律规定；了解《中华人民共和国公司法》（以下简称《公司法》）对国有独资公司和上市公司的各项规定；能运用所学知识分析和解决有关公司的具体法律问题。

案例导入

张甲是某有限责任公司的股东，其出资占公司注册资本的8%，并担任公司监事一职。2020年2月5日该公司召开股东会，经出席会议股东过半数同意做出两项决议：一是为确保该公司的经营秘密，所有股东不得查阅该公司的会计账簿；二是该公司监事在调查经营情况时，如果没有证据证明该公司存在违法乱纪的行为，其调查费用一律由监事自行承担。张甲认为该公司的这两项决议违反了《公司法》的规定，在股东会投票前阐述了反对理由，但没有被其他股东所接受。由于张甲的出资比例太小，虽然他投了反对票，但没能阻止股东会通过上述两项决议。为此，张甲非常苦闷，想拿起法律武器维护自己的合法权益。如果你是律师，应如何帮助张甲维权？

第一节 公司和公司法概述

一、公司的概念和法律特征

（一）公司的概念

传统公司法理论认为，公司是人们为了达到某种目的而组织的一种营利性团体。由于各国法律文化及公司法律制度的差异，各国对公司的概念并不完全一致。大陆法系国家认为“公司是依照法定条件和程序设立的以营利为目的的社团法人”，强调其法人性、营利性和社团性；而英美法系国家只强调法人性和团体性，对于营利性并不强求。

我国对公司未作任何定义，但从《公司法》第3条的规定可以看出，我国强调公司是企业法人，有独立的法人财产，享有法人财产权。

【法律小知识4-1】

世界各国对法人的范围规定并不一致，主要可以分为3种：责任独立型法人、责任半独立型法人、责任非独立型法人。责任独立型法人是指法人以其名下拥有的财产为限独立对外承担责任，法人成员原则上不对法人的债务负有责任。责任半独立型法人是指法人以其名下拥有的财产对外承担责任的同时，法人的部分成员（无限责任者）应当与其承担连带责任。责任非独立型法人是指法人在以其名下拥有的财产对外承担责任的同时，法人所有成员均应当与其承担无限连带责任。

（二）公司的法律特征

1.法定性。公司应当按照《公司法》规定的种类、条件和程序设立。此外，公司还应当依照法律的规定设置组织机构。公司的经营也必须合法。

2.集中管理性。公司的集中管理这一特征是所有权和控制权分离的结果。规模经济要求专业化、技术化、经验化的集中管理，投资者对企业管理的直接控制能力变弱，专门的管理者负责企业的经营活动。公司股东对公司的日常事务无直接控制权，公司事务管理权被法律或公司章程授予了公司董事会，董事会又以一定的方式将公司日常事务的管理权委托给了公司的高级管理人员。

3.法人性。公司的法人性和股东的有限责任相对应。对于公司而言，其享有基于股东出资所形成的公司财产，有自己的名称和组织机构，可以通过公司机关行使权利，独立从事民商事活动，并以公司的全部财产承担债务。而股东只是单纯的投资者，无须对公司的债务承担除出资之外的责任。这是公司与个人独资企业、合伙企业的最根本的区别。

4.营利性。公司的营利性体现在以下3个方面：（1）股东设立公司的目的是实现资本增值；（2）公司成立后应不间断地从事某种性质的经营活动，有固定的营业内容和确定的经营项目，即以营业的方式实现营利目标；（3）公司是股东营利的工具，将经营所得分配给股东是其最终目的和最高价值目标。

5.社团性。公司的社团性体现在以下两个方面：（1）人的集合，即公司一般应由多名股东组成，不同类型的公司股东人数要求不同；（2）资本的集合，公司是从事营利性经营活动的商主体，股东必须向公司出资，才能使公司具有独立的财产，作为经营和承担责任的物质基础。

二、公司的种类

（一）基于公司的责任方式

1.无限责任公司。这是自然人股东对公司的债务承担无限连带责任的公司形式，具有以下特点：股东风险大，公司不公开募集资本，公司的财务状况不公开，股东出资转让受到严格限制，股东都有执行公司事务并代表公司的权利，决定公司重大事项应经全体股东同意。

2.两合公司。这是由一人以上无限责任股东和一人以上有限责任股东组成，其无限责任股东对公司债务承担无限连带责任，有限责任股东以其出资为限对公司债务承担有限责任的公司形式。两合公司是无限责任公司的变形，有限责任股东没有事务执行权和代表权，享有监督权；决定公司重大事项应经全体股东同意；有限责任股东出资转让应经全体无限责任股东同意。无限责任股东是公司的实际控制者和管理者，而有限责任股东是不参与经营管理的出资者。

3.股份有限公司。这是将全部资本划分为等额股份，股东以其认购的股份为限对公司承担责任，公司以全部财产对公司债务承担责任的公司形式。股份有限公司可以向社会公开发行股票筹资，其股票可以依法转让；法律对股东人数只有最低限度要求，无最高限度规定。

4.有限责任公司。这是股东以其认缴的出资额为限对公司承担责任，公司以全部资产为限对公司债务承担责任的公司形式。法律对有限责任公司的股东人数有最高限度要求，公司不能公开募集股份，不能发行股票。

【法律小知识4-2】

基于公司的责任方式不同对公司进行分类是大陆法系国家通常采用的方法，英美法系国家则根据公司股份发行、持有和转让方式的不同将公司分为封闭式公司和开放式公司两种。封闭式公司又称非公开招股公司或私公司，是指在其公司章程中做了以下限制的公司：股东人数有最低和最高双重限制；禁止向公众募集股份；股票不上市，股份转让受到严格限制。这种限制可以通过股东大会或全体股东协商同意的方式随时改变。开放式公司也称公开招股公司，股东人数没有限制，公司按照法定的条件和程序公开发行股份，股份可以自由转让。

（二）基于公司的信用基础

1.人合公司。人合公司的对外信用不在于公司资本的多少，而在于股东的个人信用，原因在于该种公司的所有权和经营权不分离。

2.资合公司。资合公司以资本的结合作为公司对外信用的基础，一般实行所有权和经营权分离，原则上股东不参与公司经营，公司由第三人经营。公司的注册资本、实有资产越多，公司的对外信用就越高。

3.人合兼资合公司。这是信用基础兼具股东个人信用及公司资本和资产信用的公司，公司既有人合性又有资合性，原因在于公司由有限责任股东和无限责任股东两种股东组成。

（三）基于公司之间的控制关系

1.母公司。母公司是指拥有另一个公司一定比例以上的股份或资本达到实际控股程度，能够实际控制另一个公司，即对其经营活动有控制权，直接掌管其经营的公司。

2.子公司。子公司是指大部分资产或股份被另一个公司所拥有或通过协议方式受到另一个公司实际控制的公司。

（四）基于公司的内部管辖关系

1.总公司。总公司也称本公司，是指从组织上、业务上管辖和控制其他公司的总机构，即对分公司的业务经营、资金配置、财产调度、人事安排均有统一决定权的公司。

2.分公司。分公司是指从组织上、业务上受到其他公司控制和管辖的分支机构。它没有法人资格，并非实际上的公司，而是总公司的组成部分或业务机构。分公司没有独立的名称，其名称中应冠以总公司的名称并缀以分公司的字样。

【小思考4-1】

子公司和分公司有哪些不同？

答：子公司和分公司的不同之处有以下4点：（1）主体资格不同。子公司具有独立的法人地位；分公司不是独立的民商事主体，不具有独立法人资格。（2）财产关系不同。子公司具有自己独立的财产；分公司的全部财产属于本公司，在法律上不存在独立的财产。（3）意志关系不同。子公司的意志是独立于母公司的，母公司并不能直接干预子公司的经营管理活动；分公司则完全受命于本公司，与本公司是管理与被管理的关系。（4）财产责任不同。子公司具有独立经营、独立核算、独立承担责任的能力；分公司无自己独立的财产和意志，因此也无独立的责任能力，其财产责任归属于本公司。

三、公司法

（一）公司法的概念

公司法是国家制定的调整公司的设立、组织、活动、终止以及其他内部、外部关系的法律规范的总称，有广义、狭义之分。广义公司法（实质意义）包括民法、企业破产法、企业法、外资企业法、民事诉讼法、证券法等各类法律、法规中涉及公司的内容以及单项法规，是有关公司规定的一切法律、法规的总称。狭义公司法是指经国家立法机关制定并以“公司法”名称命名的单项法规。

（二）公司法的性质

1.公司法是组织法。公司法是以公司为调整对象的组织法，尽管公司法中也规定公司的对内对外关系及活动，但这些行为是使公司成为一个组织所必需的，与公司组织特点直接相关，如发起人的设立行为、章程制定行为、认股或出资行为等。

公司法对公司的性质、宗旨、地位、种类、组织机构、公司与其股东的关系等均有具体规定，明确规定了公司的设立、变更、终止、法律地位、组织机构设置及权利分配、名称、住所、章程、股东权利义务等。

2.公司法是一种活动法。公司在设立过程中以及设立之后，必须进行一系列活动。有的活动由民商法调整，如对外商品交易活动由买卖法、合同法调整；有的活动较为特殊，如公司设立、发起人制定章程、认购公司股份或出资额的义务、招股说明书的制作和公开、股票的印刷发行、公司债券的发行转让等，就属于公司法的调整范畴。也就是说，公司特有的行为或活动由公司法专门规定，而与公司组织特点没有直接关联的行为由其他商行为法调整。

3.公司法是一种制定法。在这一点上，从大陆法系的特点来看不算突出，但对于以判例和习惯法为法律渊源的英美法系来说，公司法以一种不可变更的成文法或法典形式出现，是具有特殊价值和意义的。首先，因为公司法是组织法、主体法，对公司的法律地位、权利能力、行为能力、设立、变更、终止以及活动，必须有系统的、明确的法律规范加以明示。其次，公司的一些形式，如有限责任公司，并非依照商业习惯法形成，而是以德国1892年颁布的《有限责任公司法》为标志，由法学家所创设。

4.公司法是私法与公法的结合。公司的设立及活动不仅关系到公司、股东的私人利益，还会影响社会各方面的利益。为了保障社会交易的安全、保证社会经济秩序的稳定，国家不允许公司任意设立、任意经营、任意发行股票和债券等，必须加以强制性规范。同时，公司是经济主体，也要强制保护。因此，尽管公司法是调整公司的法律规范，属于私法范畴，但从公司法的内容来看，它又兼容了公法的多种调整手段，并有较多强制性规范，体现了现代商法“公法化”的特点。

5.公司法是具有较强国际性的国内法。公司法发源于欧洲，由于各国的经济发展水平不同，政治、文化、民族习惯各异，公司制度细节差别很大，但有关公司的基本制度非常相似。第二次世界大战之后，各国公司法的融合不断加快。跨国公司的出现及公司国外上市，都促进了较为统一的国际通行惯例或做法的形成，这有利于规范跨国公司以及公司跨越国境进行经营管理活动。由于公司法主要是组织法、主体法，相对于其他活动法而言，其国际性要弱些，它更依赖国内法赋予其何种法律地位。

（三）我国的公司立法

1993年12月29日，第九届全国人民代表大会常务委员会第十三次会议通过并颁布了《公司法》，于1994年1月1日起实施。该法从法律上确认了公司这种现代股份制企业的典型形式，打破了中国传统企业立法的所有制性质分类立法、使企业处于不平等的法律地位的状况，同时也标志着中国的公司进入了有法可依的规范化阶段。1999年和2004年我国对《公司法》做了两次小范围调整。2005年10月27日，第十届全国人民代表大会常务委员会第十八次会议通过了修订后的《公司法》，自2006年1月1日起实施。修订后的《公司法》借鉴和引进了各国公司法行之有效的最先进的制度和规则，最大限度地适应我国现代化建设的需要，在立法理念和公司制度上有所突破和创新。2013年12月28日，第十二届全国人民代表大会常务委员会第六次会议审议通过了《公司法修正草案》，于2014年3月1日起施行。这次修订仅涉及公司资本制度的重大变化。随后，第十三届全国人民代表大会常务委员会第六次会议于2018年10月26日通过了《关于修改〈中华人民共和国公司法〉的决定》，对《公司法》进行了第四次修正。

自2006年3月以来，最高人民法院在总结公司审判经验的基础上，先后颁布了4个《关于适用〈中华人民共和国公司法〉若干问题的规定》，为《公司法》的具体运用和解决司法实践中涉及公司的纠纷提供了具有可操作性的依据。

四、公司法人财产权

《公司法》第3条规定，公司是企业法人，有独立的法人财产，享有法人财产权。公司以其全部财产对公司的债务承担责任。但是，立法上并没有对什么是“法人财产权”予以明确。

（一）财产权概述

财产权在经济学上又被称为“产权”。一种观点认为财产权就是所有权，是包括不同权能的权利。另一种观点则将财产权分为所有权和与所有权有关的权利。“与所有权有关的权利”是在所有权权能与所有人发生分离的基础上产生的，是指非所有人在所有人的财产上享有的占有、使用和收益权以及在特殊情况下依法享有的一定处分权，也被称为“他物权”。

（二）公司法人财产权的性质

“法人财产权”是20世纪90年代在我国依法建立现代企业制度的历史进程中经济学界和法学界提出的术语和相关理论。人们一般认为，公司法人财产权不限于公司所有权，但以公司所有权为核心，主要包括物权、股权、债权、专利权、商标权、名誉权等其他权利形式。在公司所有权下，公司财产的所有权人只有一个，即公司。也就是说，公司财产的所有人是公司，股东不能单独享有或共同享有公司财产的所有权。

我国公司制度赋予公司作为财产所有人的地位：（1）股东在完成出资后即不能抽回其出资，而且是“永远”不能抽回其出资。这就是说，股东因其出资行为已经不对其出资享有所有权，因为任何所有权权能的分离都只是暂时的，最终要回归所有权人。（2）股东出资应当依法进行财产权转移手续。这种手续的办理，无论是从实际来看还是从物权法的原则来看，都会发生所有权的转移，即股东因出资而丧失其所有权。同时，公司因此取得所有权。（3）股东在出资后，不能就其出资直接主张任何物上的权利，这也说明公司取得的不是他物权而是所有权。（4）公司处分其财产的行为由股东大会或董事会的决议决定，股东个人的意志并不对其产生影响，而股东大会或董事会的决议就是公司意志本身。因此，法律已经肯定并保证了公司以所有权人的身份行使其对财产的权利。

如果不认为公司对其财产享有所有权，就意味着公司不是完全按照其意志支配其财产，或者说公司在支配其财产时受到了股东意志的干涉。如果这样，一个自然的结论就是，公司没有独立的人格，那么现代公司制度也就不存在了。

（三）公司法人财产权的特征

1.公司法人财产权是公司具备法人资格的集中体现。公司是现代企业制度中最为重要和最为普遍的组织形式，也是最富有代表性的企业法人。作为企业法人，公司必须拥有自己独立的财产，享有相应的权利，承担相应的责任；否则，公司就不能成为法人。因此，公司依法享有法人财产权是公司具备法人资格的集中体现。

2.公司法人财产权具有排他性。公司法人财产权的享有者只能是公司，而不能是公司的股东，更不能是其他组织或个人。公司依靠股东的出资得以成立，但在公司成立后，公司又以自己的名义独立于股东。公司完全以自己的意志独立享有法人财产权，除法律规定外，不受股东和他人的非法干预和限制。

3.公司法人财产权的客体是公司的全部财产。公司法人财产权的客体涉及公司所拥有的一切财产，不仅包括股东注入公司的资本，而且包括公司从事生产经营活动的增值财产，甚至还包括公司所创造的工业产权、非专利技术和商誉等无形资产。因此，公司享有的法人财产权是公司法人的全部财产权，而不是一部分财产权。

4.公司法人财产权的内容是公司对其全部财产的独立支配权。公司作为独立的法人，对自己的全部财产享有独立的支配权，即享有占有、使用、收益和处分的权利。公司的法人财产权是公司最主要和最基本的权利，是来源于公司本身的一种比较完整、充分的民事权利。

5.公司法人财产权具有恒定性。公司的法人财产权对公司来说具有恒定性，它产生于公司的依法成立，消灭于公司的依法终止。只要公司法人没有终止，法人财产权就始终存在。不仅股东不能以公司章程限制公司的这种权利，政府和有关监督机构也不得非法剥夺这种权利。

五、公司人格否认制度

（一）公司人格否认制度的概念

公司人格否认制度是指为了制止滥用公司法人独立人格，就具体法律关系中的特定事实，否认公司与其背后的股东各自独立的人格及股东的有限责任，责令公司的股东对公司债权人或公共利益直接负责的制度。

一般情况下，法律应维护公司人格独立，阻止公司债权人直接追究公司背后的股东的责任。可以说，公司人格独立和有限责任制度就是股东责任的一道天然屏障。借着这道屏障，股东既享有支配公司财产的利益，又享有有限责任的保护，而这极大地增加了公司债权人利益受损的可能性，也使公司人格制度公平正义的价值目标受到挑战。为此，美国首创了公司人格否认制度，也称为“揭开公司面纱”制度，该制度被大陆法系国家所采纳。

（二）公司人格否认制度的特征

1.公司已经合法取得法人资格。公司人格否认制度适用的前提在于公司独立人格的存在。公司只有按照法定条件和程序设立并完成登记取得法人资格之后，才有被否认人格的可能性。

2.公司人格被滥用。赋予公司独立的法人地位是法律为适应经济发展的需要而做出的一项制度安排，股东因此获得了有限责任的特权。如果股东滥用这种特权，使法律所追求的公平正义被显著歪曲，使法人制度的实效性受到显著损害，那么否定该制度也就理所当然。

3.公司人格的滥用侵害了债权人的权利或者社会公共利益。公司法人制度的价值在于它对股东权利、债权人权利以及社会公共利益的平衡，如果这种平衡被打破，保护一方的利益而损害相对方以及社会公共利益，那么这种制度就应该被纠正。

4.公司人格否认制度是一种个案否定。公司人格否认制度不是对法人人格彻底的、终极的否定，而是在特定法律关系中暂时被否定，此后法人继续存在。

（三）公司人格否认制度的适用条件

《公司法》第20条和第63条均有公司人格否认制度的规定，前者是一般性规定，后者专门针对一人公司而设计。根据《公司法》第20条的规定，公司股东应当遵守法律、行政法规和公司章程，依法行使股东权利，不得滥用股东权利损害公司或者其他股东的利益，不得滥用公司法人独立地位和股东有限责任损害公司债权人的利益。公司股东滥用股东权利给公司或者其他股东造成损失的，应当依法承担赔偿责任。公司股东滥用公司法人独立地位和股东有限责任，逃避债务，严重损害债权人利益的，应当对公司债务承担连带责任。该条并非全部规定公司人格否认制度，仅第1款后半段和第3款中的规定属于公司人格否认制度。就《公司法》第20条的规定看，我国公司人格否认制度的适用条件如下：

1.主体条件。原告必须是债权人，被告是实施了滥用公司法人独立地位和股东有限责任行为的股东。

2.行为条件。存在滥用行为，一般认为以下行为可以被认定为是对法人独立地位和股东有限责任的滥用：利用公司人格欺诈债权人；公司资本严重不足致使公司风险过大，股东财产、业务或人事安排与公司混同；控股股东过度控制等。

3.结果条件。严重损害债权人利益且不能通过公司自身财产进行补偿。

【小思考4-2】

适用公司人格否认制度，责令滥用公司法人独立人格的股东对公司债权人或公共利益直接负责。能否在适用公司人格否认制度时，强调由公司直接承担滥用其独立人格的股东的责任呢?

答：可以。公司人格被否认后，即丧失独立人格，其与背后的股东被视为一体，共同承担相应的法律责任。因此，也存在反向适用该法理的情形。从实践来看，成功判例比例仍较低。

第二节　有限责任公司

一、有限责任公司的概念和特征

（一）有限责任公司的概念

《公司法》所称的有限责任公司是指在中国境内设立的，股东以其认缴的出资额为限对公司承担责任，公司以其全部资产为限对公司的债务承担责任的企业法人。有限责任公司具有人资兼合性，现代公司法多将其视为类似合伙企业的企业主体，更加注重其人合性。

（二）有限责任公司的特征

1.公司资本的封闭性。有限责任公司不能采取募集方式设立，也不能发行股票，公司发给股东的书面出资证明称为“出资证明书”，亦称股单。股单只是一种权利证书，不能在证券市场上自由转让。同时，由于有限责任公司不向社会募集股份，公司经营情况、财务状况不公开；股东向外转让出资有一定限制。

2.股东人数的限制性。《公司法》规定有限责任公司的股东人数不得超过50人。这主要是因为有限责任公司在一定程度上具有人合的特点，股东相互间要有信任关系，这就决定了股东人数不可能太多。

3.股东出资的非股份性。有限责任公司的资本一般不分为等额的股份，股东出资并不以股份为单位计算，而直接以出资额计算。股东权利和义务的范围也不以股份数额来计算，公司章程甚至可以规定其他表决权行使方式。

4.公司组织的简便性。有限责任公司的设立程序简便；组织结构灵活，可设董事会、监事会，也可以只设1名执行董事以及1~2名监事来行使董事会、监事会的职权；股东会表决方式灵活。

5.资合与人合的统一性。有限责任公司的资合性主要表现为公司注册资本为全体股东认缴资本的总和；股东可以用货币出资，也可以能以货币估价并可以依法转让的非货币财产作价出资，股东仅以自己认缴的出资额为限对公司负责。其人合性主要表现在各股东之间的相互关系较为密切，股东人数不多；股东向股东以外的其他人转让出资额，应当经其他股东过半数同意；全体股东可以约定不按照出资比例分取红利；公司章程可以规定股东不按照出资比例行使表决权。

二、有限责任公司的设立

1.股东符合法定人数。因为有限责任公司具有人合性和封闭性，法律设置了最高人数限制。《公司法》规定，有限责任公司由50个以下股东出资设立。

对于股东的资格，《公司法》没有做出任何限制性规定，这表明有限责任公司的自然人股东不必是完全民事行为能力人。同时，《公司法》关于“外商投资的有限责任公司和股份有限公司适用本法”的规定表明，对公司的股东也没有任何国籍方面的要求。

【小思考4-3】

当有限责任公司因股权转让、继承等原因导致股东人数超出50人时，应如何处理？

答：对于这种情况，《公司法》未做规定，结合其他国家的规定来看，可以做如下处理：（1）因股权转让导致有限责任公司股东人数超过50人，应当认定转让无效。（2）因继承导致股东人数超出的，有关股东的继承人可以申请人民法院定出合理期限，将公司变更为股份有限公司，否则公司须解散。

2.有符合公司章程规定的全体股东认缴的出资额。有限责任公司的注册资本为在公司登记机关登记的全体股东认缴的出资额。法律、行政法规以及国务院决定对有限责任公司注册资本实缴、注册资本最低限额另有规定的，从其规定。

股东可以用货币出资，也可以用实物、知识产权、土地使用权等可以用货币估价并可以依法转让的非货币财产作价出资，但是，法律、行政法规规定不得作为出资的财产除外。对作为出资的非货币财产应当评估作价，核实财产，不得高估或者低估作价。法律、行政法规对评估作价有规定的，从其规定。

股东应当按期足额缴纳公司章程规定的各自所认缴的出资额。股东未按照规定缴纳出资的，除应向公司足额缴纳外，还应向已按期足额缴纳出资的股东承担违约责任。

【小思考4-4】

若股东出资的非货币财产出现了贬值，可否要求其补足出资？

答：根据《公司法》的规定，有限责任公司成立后，发现作为设立公司出资的非货币财产的实际价额显著低于公司章程所定价额的，应当由交付该出资的股东补足差额；公司设立时的其他股东承担连带责任。《最高人民法院关于适用〈中华人民共和国公司法〉若干问题的规定（三）》规定，出资人以符合法定条件的非货币财产出资后，因市场变化或者其他客观因素导致出资财产贬值，该出资人不承担补足出资责任。当事人另有约定的除外。

3.股东共同制定公司章程。公司章程是公司必须具备的规定公司宗旨、资本、组织机构、名称以及公司组织活动基本规则的法律文件，是公司行为的根本准则，是以书面形式固定下来的全体股东共同一致的意思表示。

4.有公司名称，建立符合有限责任公司要求的组织机构。有限责任公司的名称中应标明“有限责任公司”或者“有限公司”字样。

公司的组织机构是公司的必设机构，其建立必须符合法律的要求。有限责任公司的组织机构由发起人确定，设立股东会、董事会和监事会。股东人数较少或者规模较小的有限责任公司，可以作变通调整。

5.有公司住所。住所是指公司主要办事机构所在地的法定地址，用以确定司法管辖、登记管辖、税收管辖、涉外民事纠纷的准据法以及相关法律文书受送达的地点。

有限责任公司由全体股东指定代表或共同委托代理人向公司登记机关报送公司登记申请书、公司名称预先核准通知书、公司章程等文件，申请设立登记。

有限责任公司成立后，应当向股东签发由公司盖章的出资证明书。出资证明书应载明下列事项：（1）公司名称；（2）公司成立日期；（3）公司注册资本；（4）股东的姓名或者名称、缴纳的出资额和出资日期；（5）出资证明书的编号和核发日期。

有限责任公司应当置备股东名册，记载下列事项：（1）股东的姓名或者名称及住所；（2）股东的出资额；（3）出资证明书编号。记载于股东名册的股东可以依股东名册主张行使股东权利。公司应当将股东的姓名或者名称向公司登记机关登记；登记事项发生变更的，应当办理变更登记。未经登记或者变更登记的，不得对抗第三人。

三、有限责任公司的组织机构

（一）股东会

有限责任公司股东会由全体股东组成，是依照法定的（或者公司章程规定的）方式和程序决议《公司法》或者公司章程规定的重大事项的公司权力机关。

1.股东会的职权。股东会依照《公司法》和公司章程的规定行使下列职权：（1）决定公司的经营方针和投资计划；（2）选举和更换非由职工代表担任的董事、监事，决定有关董事、监事的报酬事项；（3）审议批准董事会的报告；（4）审议批准监事会或者监事的报告；（5）审议批准公司的年度财务预算方案、决算方案；（6）审议批准公司的利润分配方案和弥补亏损方案；（7）对公司增加或者减少注册资本做出决议；（8）对发行公司债券做出决议；（9）对公司合并、分立、解散、清算或者变更公司形式做出决议；（10）修改公司章程；（11）公司章程规定的其他职权。

2.股东会的类型。股东会并非常设机构，主要通过召开股东会会议的方式行使其职权。股东会会议分为定期会议和临时会议。定期会议应当依照公司章程的规定按时召开，《公司法》对定期会议的召开不作任何要求。代表1/10以上表决权的股东、1/3以上的董事、监事会或者不设监事会的公司的监事提议召开临时会议的，应当召开临时会议。

3.股东会的召集和主持。首次股东会会议由出资最多的股东召集和主持。此后的股东会，公司不设董事会的，股东会会议由执行董事召集和主持。公司设立董事会的，股东会会议由董事会召集，董事长主持；董事长不能履行职务或者不履行职务的，由副董事长主持；副董事长不能履行职务或者不履行职务的，由半数以上董事共同推举一名董事主持。董事会或者执行董事不能履行或者不履行召集股东会会议职责的，由监事会或者不设监事会的公司的监事召集和主持；监事会或者监事不召集和主持的，代表1/10以上表决权的股东可以自行召集和主持。

召开股东会会议，应当于会议召开15日前通知全体股东，但是，公司章程另有规定或者全体股东另有约定的除外。

4.股东会的表决。股东会决议分为普通决议和特别决议。普通决议是决定公司普通事项时采用的，以简单多数就可以通过的决议。特别决议是公司决定特别事项时采用的，以绝对多数通过的决议。《公司法》规定，股东会会议做出修改公司章程、增加或者减少注册资本的决议，以及公司合并、分立、解散或者变更公司形式的决议，必须经代表2/3以上表决权的股东通过。

一般而言，股东按照出资比例行使表决权还是采取其他方法由公司章程规定。股东会的议事方式和表决程序，除《公司法》有规定外，也由公司章程规定。

股东会应当对所议事项的决定作成会议记录，并由出席会议的股东签名。

（二）董事会

董事会是由股东会选举产生、代表公司并行使公司经营决策权的公司常设机关。法律对于董事会的组成、人员的选任、权利和义务都做了具体细致的规定。

1.董事会的人员组成及任期。有限责任公司设董事会，其成员为3~13人。两个以上的国有企业或者两个以上的其他国有投资主体投资设立的有限责任公司，其董事会成员中应当有公司职工代表；其他有限责任公司董事会成员中可以有公司职工代表。董事通常由股东选任，职工代表董事由公司职工通过职工代表大会、职工大会或者其他形式民主选举产生。董事会设董事长1人，可以设副董事长。董事长、副董事长的产生办法由公司章程规定。

董事任期由公司章程规定，但每届任期不得超过3年。董事任期届满，连选可以连任。董事任期届满未及时改选，或者董事在任期内辞职导致董事会成员低于法定人数的，在改选出的董事就任前，原董事仍应当依照法律、行政法规和公司章程的规定，履行董事职务。

2.董事会的职权。董事会对股东会负责，行使下列职权：（1）召集股东会会议，并向股东会报告工作；（2）执行股东会的决议；（3）决定公司的经营计划和投资方案；（4）制定公司的年度财务预算方案、决算方案；（5）制定公司的利润分配方案和弥补亏损方案；（6）制定公司增加或者减少注册资本以及发行公司债券的方案；（7）制定公司合并、分立、解散或者变更公司形式的方案；（8）决定公司内部管理机构的设置；（9）决定聘任或者解聘公司经理及报酬事项，并根据经理的提名决定聘任或者解聘公司副经理、财务负责人及报酬事项；（10）制定公司的基本管理制度；（11）公司章程规定的其他职权。

3.董事会的召集及表决。董事会会议由董事长召集和主持；董事长不能履行职务或者不履行职务的，由副董事长召集和主持；副董事长不能履行职务或者不履行职务的，由半数以上董事共同推举一名董事召集和主持。

董事会的议事方式和表决程序，除《公司法》有规定外，由公司章程规定。董事会决议的表决，实行一人一票。董事会应当对所议事项的决定作成会议记录，出席会议的董事应当在会议记录上签名。

对于公司股东会或者股东大会、董事会的决议效力瑕疵，《公司法》规定，公司股东会或者股东大会、董事会的决议内容违反法律、行政法规的无效。股东会或者股东大会、董事会的会议召集程序、表决方式违反法律、行政法规或者公司章程，或者决议内容违反公司章程的，股东可以自决议做出之日起60日内，请求人民法院撤销。股东依照前款规定提起诉讼的，人民法院可以应公司的请求，要求股东提供相应担保。公司根据股东会或者股东大会、董事会决议已办理变更登记的，人民法院宣告该决议无效或者撤销该决议后，公司应当向公司登记机关申请撤销变更登记。

此外，根据《最高人民法院关于适用〈中华人民共和国公司法〉若干问题的规定（四）》，股东会或者股东大会、董事会决议存在下列情形之一的，决议不成立：（1）公司未召开会议的，但依据《公司法》第37条第2款或者公司章程的规定可以不召开股东会或者股东大会而直接做出决定，并由全体股东在决定文件上签名、盖章的除外；（2）会议未对决议事项进行表决的；（3）出席会议的人数或者股东所持表决权不符合《公司法》或者公司章程规定的；（4）会议的表决结果未达到《公司法》或者公司章程规定的通过比例的；（5）导致决议不成立的其他情形。

（三）监事会

监事会是大陆法系国家创设的，负责对董事和经理的经营管理行为及公司财务进行监督的机关，是公司的必设机关。

1.监事会的组成及任期。有限责任公司设监事会，其成员不得少于3人。监事会应当包括股东代表和适当比例的公司职工代表，其中职工代表的比例不得低于1/3，具体比例由公司章程规定。监事会中的职工代表由公司职工通过职工代表大会、职工大会或者其他形式民主选举产生。董事、高级管理人员不得兼任监事。

监事会设主席1人，由全体监事过半数选举产生。监事会主席召集和主持监事会会议；监事会主席不能履行职务或者不履行职务的，由半数以上监事共同推举1名监事召集和主持监事会会议。

监事的任期为每届3年。监事任期届满，连选可以连任。监事任期届满未及时改选，或者监事在任期内辞职导致监事会成员低于法定人数的，在改选出的监事就任前，原监事仍应当依照法律、行政法规和公司章程的规定，履行监事职务。

2.监事会的职权。监事会、不设监事会的公司的监事行使下列职权：（1）检查公司财务；（2）对董事、高级管理人员执行公司事务的行为进行监督，对违反法律、行政法规、公司章程或者股东会决议的董事、高级管理人员提出罢免的建议；（3）当董事、高级管理人员的行为损害公司利益时，要求董事、高级管理人员予以纠正；（4）提议召开临时股东会会议，在董事会不履行《公司法》规定的召集和主持股东会会议职责时召集和主持股东会会议；（5）向股东会会议提出提案；（6）依照《公司法》的规定，对董事、高级管理人员提起诉讼；（7）公司章程规定的其他职权。

监事可以列席董事会会议，并对董事会决议事项提出质询或者建议。监事会、不设监事会的公司的监事发现公司经营情况异常，可以进行调查；必要时，可以聘请会计师事务所等协助其工作，费用由公司承担。

3.监事会的表决。监事会每年度至少召开1次会议，监事可以提议召开临时监事会会议。监事会的议事方式和表决程序，除《公司法》有规定外，由公司章程规定。监事会决议应当经半数以上监事通过。监事会应当对所议事项的决定作成会议记录，出席会议的监事应当在会议记录上签名。

（四）经理

有限责任公司可以设经理，由董事会决定聘任或者解聘。这表明，在我国，经理并非有限责任公司的法定机关，由公司自行决定是否设置。

经理对董事会负责，行使下列职权：（1）主持公司的生产经营管理工作，组织实施董事会决议；（2）组织实施公司年度经营计划和投资方案；（3）拟订公司内部管理机构设置方案；（4）拟订公司的基本管理制度；（5）制定公司的具体规章；（6）提请聘任或者解聘公司副经理、财务负责人；（7）决定聘任或者解聘除应由董事会决定聘任或者解聘以外的负责管理人员；（8）董事会授予的其他职权。公司章程对经理职权另有规定的，从其规定。

（五）有限责任公司组织机构的变通规定

1.股东会决议方式的变通规定。若股东对其职权范围内的事项以书面形式一致表示同意，可以不召开股东会会议，直接做出决定，并由全体股东在决定文件上签名、盖章。

2.董事会、监事会设置的变通规定。股东人数较少或者规模较小的有限责任公司，可以设1名执行董事，不设董事会；执行董事可以兼任公司经理；执行董事的职权由公司章程规定；可以设1~2名监事，不设监事会。

四、有限责任公司的股权转让

（一）股权转让的一般规则

1.股权的内部转让。有限责任公司的股权内部转让，无论是全部股权转让还是部分股权转让，都不引发新股东加入公司的法律后果，进而不会影响公司的人合性。故而，有限责任公司的股东之间可以自由相互转让其全部或者部分股权。

2.股权的外部转让。当股东向股东以外的人转让股权时，涉及公司的人合性，因此《公司法》规定了转让的条件和程序。

根据规定，股东向股东以外的人转让股权，应当经其他股东过半数同意。股东应就其股权转让事项书面通知其他股东征求同意，其他股东自接到书面通知之日起满30日未答复的，视为同意转让。其他股东半数以上不同意转让的，不同意的股东应当购买该转让的股权；不购买的，视为同意转让。经股东同意转让的股权，在同等条件下，其他股东有优先购买权。两个以上股东主张行使优先购买权的，协商确定各自的购买比例；协商不成的，按照转让时各自的出资比例行使优先购买权。

需要注意的是，这一规定不是强制性的，公司章程可以做出不同规定。

【小案例4-1】

2020年2月，李某、方某以及许某3人共同出资成立某有限责任公司。2020年7月，3位股东召开股东会，并达成协议，方某、许某两位股东一致同意将其各占34%的公司股权全部转让给李某，并约定了股权转让的费用、支付时间等事项，但未对方某、许某何时协助李某办理股东变更登记手续做出明确约定。李某按约定向方某、许某支付转让费用后，多次催告方某、许某到市场监督管理部门协助办理股东变更登记手续，但方某以各种理由推托，一直不协助办理股东变更手续。此时股权是否已经转让？

分析提示：股权转让合同的生效并不等同于股权转让生效。股权转让合同的生效是指对合同当事人产生法律约束力的问题，而股权转让的生效则是指股权何时发生转移，即受让方何时取得股东身份，其关注的是股权转让合同签订后的适当履行问题。有限责任公司应当将股东的姓名或者名称及出资额向公司登记机关登记；如公司股东发生变更，则应当办理变更登记；未经登记或者变更登记的，不得对抗第三人。

（二）股权转让的特殊规则

1.股权强制执行。股权作为股东享有的财产权，可以成为债务履行和强制执行的标的。股权因人民法院的强制执行而发生转让。《公司法》规定，当人民法院依照法律规定的强制执行程序转让股东的股权时，应当通知公司及全体股东，其他股东在同等条件下有优先购买权。其他股东自人民法院通知之日起满20日不行使优先购买权的，视为放弃优先购买权。

2.股权继承。根据《中华人民共和国继承法》（以下简称《继承法》）的规定，自然人股东死亡或被宣告死亡后，其个人遗留的合法财产依法由他人继承。《继承法》规定的继承仅限于财产权范围，而有限责任公司的人合性使得成为股东不仅要出资，还要与其他股东之间存在信赖关系。因此，法律需要对继承人能否成为有限责任公司股东做出规定。《公司法》规定，在公司章程没有规定的情况下，自然人股东死亡后，其合法继承人可以继承股东资格。

3.股权回购。股权回购实质上是在特定形态下，法律赋予持异议的股东请求公司以公平价格回购其股权的权利。它是发生在异议股东和公司之间的股权转让，是防止特定交易中大股东滥用权利欺压少数股东的一种救济手段。

《公司法》规定，有下列情形之一的，对股东会该项决议投反对票的股东可以请求公司按照合理的价格收购其股权：（1）公司连续5年不向股东分配利润，而公司该5年连续盈利，并且符合本法规定的分配利润条件的；（2）公司合并、分立、转让主要财产的；（3）公司章程规定的营业期限届满或者公司章程规定的其他解散事由出现，股东会会议通过决议修改章程使公司存续的。

当发生上述情形时，异议股东可以向公司提出收购其股权的请求，与公司协商确定股权收购的协议。如果自股东会会议决议通过之日起60日内，股东与公司不能达成股权收购协议，股东可以自股东会会议决议通过之日起90日内向人民法院提起诉讼。

五、一人有限责任公司

（一）一人有限责任公司的概念和特征

一人有限责任公司是指由一名股东持有公司的全部出资的有限责任公司。一人有限责任公司具有如下特征：

1.股东的唯一性。公司只有一名股东，可以是法人或自然人。

2.责任的有限性。一人有限责任公司具有独立人格，以其法人财产对公司债务承担责任。股东在出资后，股东的其他财产与公司的财产分离，无须以出资以外的财产对公司的债务负责。

3.所有权与经营权难以分离。一人有限责任公司无法也没有必要奉行《公司法》所确立的三权分立的组织体系，其内部治理结构简单灵活。唯一股东通常身兼数职，难以实现所有权与经营权的分离。

（二）一人有限责任公司的管理措施

1.对一人有限责任公司股东的限制。《公司法》规定：（1）一个自然人只能投资设立一个一人有限责任公司，以避免自然人将自己的财产分割成若干份，以小量资本承担较大风险，损害债权人的利益。（2）该一人有限责任公司不能投资设立新的一人有限责任公司，目的在于防止一人有限责任公司的连锁结构。

2.一人有限责任公司股东的登记、公示制度。由于《公司法》对自然人一人有限责任公司和法人一人有限责任公司的规定不同，为便于债权人在与公司进行交易时充分了解公司的状况，一人有限责任公司应当在公司登记中注明自然人独资或者法人独资，并在公司营业执照中载明。

3.股东会职权的行使限制。一人有限责任公司章程由股东制定。一人有限责任公司不设股东会。股东做出《公司法》第37条第1款所列决定时，应当采用书面形式，股东签名后置备于公司。

4.依法进行财务审计制度。有限责任和独立人格以公司和股东的分离为前提，因此公司和其一人股东应当明确区分业务活动和活动范围，一人有限责任公司应当持续、真实记录经营情况和财务状况。《公司法》规定，一人有限责任公司应当在每一会计年度终了时编制财务会计报告，并经会计师事务所审计。

5.公司人格否认推定制度。一人有限责任公司只有一名股东，该股东自行担任公司的董事、经理并实际控制公司。这种情况对公司人格否认制度有着更加迫切的设立和完善要求。《公司法》进一步规定，一人有限责任公司的股东不能证明公司财产独立于股东自己的财产的，应当对公司债务承担连带责任。

六、国有独资公司

（一）国有独资公司的概念和特点

国有独资公司是指国家单独出资、由国务院或者地方人民政府授权本级人民政府国有资产监督管理机构履行出资人职责的有限责任公司。

国有独资公司是《公司法》特有的概念，其特点为：(1) 公司形式的特定性，国有独资公司只能采取有限责任公司形式。(2) 股东的单一性，股东只能是一个。(3) 股东的特定性，股东只能为国有资产监督管理机构。

(二) 国有独资公司的组织机构

1.权力机关。国有独资公司不设股东会，由国有资产监督管理机构行使股东会职权，负责决定公司的合并、分立、解散、增加或者减少注册资本和发行公司债券等重大事项。重要的国有独资公司（按照国务院的规定确定）合并、分立、解散、申请破产的，应当由国有资产监督管理机构审核后，报本级人民政府批准。其余属于一般有限责任公司股东会的职权可以授权董事会代行。

国有独资公司的章程由国有资产监督管理机构依照《公司法》制定，或者由董事会制定报国有资产监督管理机构批准。

2.经营管理机关。国有独资公司设董事会，其成员部分由权力机构委派，部分由职工民主选举产生，具体比例由公司章程规定。董事任期不得超过3年。公司的董事长、副董事长由权力机构指定。

3.执行机关。国有独资公司的执行机关为经理，由董事会聘任或者解聘，经国有资产监督管理机构同意，公司的董事会成员可以担任经理。

4.监督机关。国有独资公司设监事会，监事会的成员不得少于5人，由国有资产监督管理机构委派的人员组成，并有公司职工代表参加。其中，职工代表的比例不得低于1/3（具体比例由公司章程规定），由公司职工代表大会选举产生。监事会主席由国有资产监督管理机构从监事会成员中指定。监事会行使《公司法》第53条规定的职权和国务院规定的其他职权。

需要指出的是，董事会成员、高级管理人员负有专职义务，或称国有独资公司的专职原则，即未经权力机构同意，不得在其他公司或经济组织兼职。

第三节 股份有限公司

一、股份有限公司的概念和特征

(一) 股份有限公司的概念

股份有限公司又称股份公司，是指将全部资本分为均等的股份，股东以其拥有的股份为限对公司承担责任，公司以其全部资产对公司债务承担责任的公司。股份有限公司是典型的资合性企业。

(二) 股份有限公司的特征

1.最典型的资合公司。股份有限公司从设立到运营完全建立在资本组合的基础上，至于资本由谁投入、股东的身份如何、个人的信用如何均无关紧要。公司的信用基础在于资本，公司的股份可以自由转让，股东的频繁变动不影响公司的存续及经营。

2.资本具有股份性。公司全部资本平均划分为股份，股份是公司资本的最小计算单位，在股东手中表现为股票。股份有限公司贯彻同股同额、同股同权、同股同利的原则，股东权的大小依据所持股份的多少而定，以适应向全社会募集资本和股东权行使及利润分配的需要。

3.资本募集具有公开性。股份的划分便于资本的募集，股份有限公司能够通过法定程序向社会公开招股、发行股票、筹集公司的资本。公司资本的公开募集有助于广泛吸收社会资金，形成规模经济。

4.股东人数的广泛性。股份有限公司具有典型的团体性，各国公司法都规定股份有限公司的股东人数必须达到法定人数以上。《公司法》规定，股份有限公司应当有2人以上200人以下的发起人。股东的人数或者等同于或者多于发起人且没有上限。

5.组织行为的高度规范性。鉴于公司团体性的特征，股份有限公司特别重视公司组织的构建，不仅强调公司组织机构健全，还对公司内部组织机构之间的职能划分有着明确的规定。同时，也规定了详尽的程序性规范，用以规范公司从设立、运行、解散到清算等组织行为。

6.实行严格公示主义原则。由于资本公开募集，股份有限公司必须依法将与股东和公众投资者利益密切相关的财务和营业状况，以及其他重大事情向社会公开。这是现代商法发展的一个重要特点和趋势。一方面，它有力地保护了公众投资者的知情权，从而间接保护投资者的权益；另一方面，它也构成了对股份有限公司商业秘密保护的限制。

二、股份有限公司的设立

（一）设立方式

股份有限公司的设立方式有两种：一是发起设立。发起设立又称共同设立，是指公司应发行的全部资本由发起人认购，不向其他人募集而设立公司。二是募集设立。募集设立是指发起人仅认购公司应发行的资本总额的一部分，其余部分向外公开募集或者向特定对象募集而设立公司。募集设立有公开募集和定向募集两种形式。

（二）设立条件

1.发起人符合法定人数。设立股份有限公司，应当有2人以上200人以下的发起人，其中须有半数以上的发起人在中国境内有住所。发起人为自然人时，必须为完全民事行为能力人；对发起人的国籍不作要求。

【法律小知识4-3】

发起人是为设立公司而签署公司章程、向公司认购出资或者股份并履行公司设立职责的人。在有些情况下，发起人在公司发起过程中的诸多行为会导致其承担相应的法律责任。发起人承担的责任主要包括：出资不实的股款连带认缴责任；公司不成立时返还股份有限公司认股人的认股款及利息的法律责任、承担公司发起和设立的费用的法律责任；对公司的损害赔偿责任。

2.有符合公司章程规定的全体发起人认购的股本总额或者募集的实收股本总额。发起人的出资方式适用《公司法》有关有限责任公司股东出资方式的规定。以发起设立方式设立股份有限公司的，发起人应当书面认足公司章程规定其认购的股份，并按照公司章程的规定缴纳出资。由于发起人在公司设立中责任重大，各国公司法对采取募集方式设立公司时发起人的认购股份比例大多有所限制。《公司法》规定，以募集设立方式设立股份有限公司的，发起人认购的股份不得少于公司股份总数的35%，但是，法律、行政法规另有规定的除外。

3.股份发行、筹办事项符合法律规定。以向社会公开募集股份方式设立公司的，应当公告招股说明书、认股书，由依法设立的证券公司承销发行，并与银行签订代收股款协议，股款缴足后按时召开创立大会。

4.发起人制定公司章程，采用募集方式设立的经创立大会通过。股份有限公司采取发起设立方式时，股东人数相对较少且确定，故而由发起人制定公司章程，股东签章后生效；当采取募集设立方式时，公众认股人是无法亲自签署公司章程的，因此，法律要求由发起人制定公司章程，并经创立大会通过即可。创立大会应于股款缴足之日起30日内由发起人主持召开。创立大会由发起人和认股人组成，应有代表股份总数过半数的发起人、认股人出席，方可举行。

5.有公司名称，建立符合股份有限公司要求的组织机构。股份有限公司的名称中必须标明“股份有限公司”或者“股份公司”字样。作为最典型的公司法人，股份有限公司应当设立股东会、董事会和监事会。

6.有公司住所。住所是指公司主要办事机构所在地的法定地址，用以确定司法管辖、登记管辖、税收管辖、涉外民事纠纷的准据法以及相关法律文书受送达的地点。

三、股份有限公司的组织机构

（一）股东大会

1.会议形式。股份有限公司的股东大会也可以分为定期会议和临时会议。其中，定期会议应当每年召开1次。出现下列情况时，应当在2个月内召开临时股东大会：（1）董事人数不足《公司法》规定人数或者公司章程所定人数的2/3；（2）公司未弥补的亏损达实收股本总额1/3；（3）单独或者合计持有公司10%以上股份的股东请求；（4）董事会认为必要；（5）监事会提议召开；（6）公司章程规定的其他情形。

2.会议的召集、主持。首次股东大会即创立大会，由发起人召集、主持；公司成立后的股东大会由董事会召集、董事长主持；董事长不能履行职务或者不履行职务的，由副董事长主持；副董事长不能履行职务或者不履行职务的，由半数以上董事共同推举1名董事主持。董事会不能履行或者不履行召集股东大会会议职责的，监事会应当及时召集和主持；监事会不召集和主持的，连续90日以上单独或者合计持有公司10%以上股份的股东可以自行召集和主持。

召开股东大会会议，应当将会议召开的时间、地点和审议的事项于会议召开

20日前通知各股东；临时股东大会应当于会议召开15日前通知各股东；发行无记名股票的，应当于会议召开30日前公告会议召开的时间、地点和审议事项。单独或者合计持有公司3%以上股份的股东，可以在股东大会召开10日前提出临时提案并书面提交董事会；董事会应当在收到提案后2日内通知其他股东，并将该临时提案提交股东大会审议。

3.股东大会的表决。股东出席股东大会，所持每一股份有一表决权。公司持有的本公司股份没有表决权。股东可以委托代理人出席股东大会，代理人应当向公司提交股东授权委托书，并在授权范围内行使表决权。

股东大会不得对通知中未列明的事项做出决议。股东大会做出决议，必须经出席会议的股东所持表决权过半数通过。但是，股东大会做出修改公司章程、增加或者减少注册资本的决议，以及公司合并、分立、解散或者变更公司形式的决议，必须经出席会议的股东所持表决权的2/3以上通过。

股东大会选举董事、监事，可以依照公司章程的规定或者股东大会的决议，实行累积投票制。累积投票制是指股东大会选举董事或者监事时，每一股份拥有与应选董事或者监事人数相同的表决权，股东拥有的表决权可以集中使用。

【法律小知识4-4】

股份有限公司所奉行的股份平等和一股一权原则使得持有少数股份的股东（小股东）几乎无法通过表决权来表达自己不同于大股东的意见，特别是对于董事会、监事会的人选问题，在没有发言权的前提下，根本无法选出代表自己利益的人替自己经营公司，最终使小股东沦为被大股东剥削的对象。为了克服大股东拥有支配性决策地位所造成不公平结果的弊端，英美等国家推出了累积投票制。在累积投票制下，股东的每一股并非仅使该股东拥有一表决权，一股的表决权数量取决于所要选任（或者候选）的公司董事等的数量，股东的表决权数量=持股数×要选任的公司董事等的数量。累积投票制可以增加小股东支持的人当选董事等的概率，这可以在一定程度上抑制大股东的操纵行为。

（二）董事会

1.组成及任期。股份有限公司的董事会由5~19人组成，董事会成员中可以有公司职工代表。董事会中的职工代表通过职工代表大会、职工大会或者其他形式民主选举产生，董事长、副董事长由全体董事过半数选举产生。

董事的任期由公司章程规定，但每届不得超过3年，连选可以连任。董事任期届满未及时改选，或者董事在任期内辞职导致董事会成员低于法定人数的，在改选出的董事就任前，原董事仍应当依照法律、行政法规和公司章程的规定，履行董事职务。

2.职权。董事会的职权包括：（1）召集股东大会会议，并向股东大会报告工作；（2）执行股东大会的决议；（3）决定公司的经营计划和投资方案；（4）制定公司年度财务预算方案、决算方案；（5）制定公司利润分配方案和弥补亏损方案；（6）制定公司增加或者减少注册资本以及发行公司债券的方案；（7）制定公司合并、分立、解散或者变更公司形式的方案；（8）决定公司内部管理机构的设置；（9）决定聘任或者解聘公司经理及报酬事项，并根据经理的提名决定聘任或者解聘公司副经理、财务负责人及报酬事项；（10）制定公司的基本管理制度；（11）公司章程规定的其他职权。

3. 表决。董事会每年度至少召开2次会议，每次会议应当于会议召开10日前通知全体董事和监事。代表1/10以上表决权的股东、1/3以上董事或者监事会，可以提议召开董事会临时会议。董事长应当自接到提议后10日内，召集和主持董事会会议。董事会召开临时会议，可以另定召集董事会的通知方式和通知时限。

董事会会议应有过半数董事出席方可举行。董事会做出决议，必须经全体董事的过半数通过。董事会决议的表决实行一人一票。董事会应当对会议所议事项的决定作成会议记录，出席会议的董事应当在会议记录上签名。董事应当对董事会的决议承担责任。董事会的决议违反法律、行政法规或者公司章程、股东大会决议，致使公司遭受严重损失的，参与决议的董事对公司负赔偿责任，但经证明在表决时曾表明异议并记录于会议记录的，该董事可以免除责任。

【小思考4-5】

董事可否像股东一样，委托他人代为行使表决权？

答：根据《公司法》的规定，董事会会议应由董事本人出席。董事因故不能出席，可以书面委托其他董事代为出席，委托书中应当载明授权范围。

（三）监事会

1. 组成及任期。监事会成员不少于3人，由股东代表和适当比例的职工代表组成。职工代表的比例由公司章程规定，但不得低于1/3。监事会设主席一人，由全体监事过半数选举产生，负责召集和主持监事会会议。监事会还可以设副主席。当监事会主席怠于履行职务时，可以由监事会副主席，直至由半数以上监事共同推举一名监事召集和主持监事会会议。

监事的任期为3年，连选可以连任。监事会中的职工代表通过职工代表大会、职工大会或者其他形式民主选举产生。监事任期届满未及时改选，或者监事在任期内辞职导致监事会成员低于法定人数的，在改选出的监事就任前，原监事仍应当依照法律、行政法规或者公司章程的规定，履行监事职务。

2. 职权。监事会行使以下职权：（1）检查公司的财务；（2）对董事、高级管理人员执行公司职务的行为进行监督，对违反法律、行政法规、公司章程或者股东会决议的董事、高级管理人员提出罢免的建议；（3）当董事、高级管理人员的行为损害公司利益时，要求董事、高级管理人员予以纠正；（4）提议召开临时股东大会，在董事会不履行《公司法》规定的召集和主持股东大会会议职责时召集和主持股东大会会议；（5）向股东大会会议提出提案；（6）依照《公司法》的规定对董事、高级管理人员提起诉讼；（7）公司章程规定的其他职权。

监事可以列席董事会会议，并对董事会决议事项提出质询或者建议。董事、高级管理人员应当如实向监事会或者不设监事会的公司的监事提供有关情况和资料，不得妨碍监事会或者监事行使职权。

为了保证监事会顺利行使职权，《公司法》规定，监事会、不设监事会的公司的监事行使职权所必需的费用，由公司承担。监事会、不设监事会的公司的监事发现公司经营情况异常，可以进行调查；必要时，可以聘请会计师事务所等协助其工作，费用由公司承担。

3.表决。监事会每6个月至少召开1次会议。监事可以提议召开临时监事会会议。监事会的议事方式和表决程序，除《公司法》有规定外，由公司章程规定。监事会决议应当经半数以上监事通过。监事会应当对所议事项的决定作成会议记录，出席会议的监事应当在会议记录上签名。

（四）经理

在股份有限公司，经理的设置是法定的。经理的聘任或者解聘，由董事会决定。

经理有以下职权：（1）主持公司的生产经营管理工作，组织实施董事会决议；（2）组织实施公司年度经营计划和投资方案；（3）拟定公司内部管理机构设置方案；（4）拟定公司的基本管理制度；（5）制定公司的具体规章；（6）提请聘任或者解聘公司副经理、财务负责人；（7）决定聘任或者解聘除应由董事会聘任或者解聘以外的负责管理人员；（8）董事会授予的其他职权。公司章程对经理职权另有规定的，从其规定。

经理列席董事会会议。

四、股份有限公司的股份发行和转让

股份是股份有限公司的专有概念。股份是公司资本的最小计算单位和基本成分，即公司的全部资本划分为等额股份，公司全部股份的总和为公司资本额的总额。对于股东来说，股份是其股权的象征和计量单位，即股东享有的股权大小与其持有的股份数量成正比。股票则是股份的表现形式，是股份有限公司签发的，证明股东所持股份的书面凭证。

（一）股份有限公司的股份发行

股份的发行是股份有限公司依法向社会募集资本的行为。

1.股份发行原则。股份发行遵循公平、公正原则。公平原则是指股份发行对所有投资者应平等对待，投资者享有平等的投资机会。同次发行的同种类股票，每股的发行条件和价格应当相同。投资者不论身份，其所认购的股份，每股应当支付相同的金额。同种类的每一股份应当具有同等权利，即同股同价、同股同权、同股同利。公正原则是指对股份发行活动的监督和对争议的处理，应公正对待当事人，处理结果应客观公正。

2.股份发行分类。

（1）设立发行和新股发行。设立发行包括发起设立和募集设立所发行的股份，目的是募集公司成立所需的资本；新股发行是指公司成立后为获得更多资本而再次发行股份，目的是增加公司资本、改变股权结构。新股发行的条件通常更为严格。

（2）公开发行和不公开发行。公开发行是指向不特定对象发行证券或者向累计超过200人的特定对象发行股份。不公开发行也称私募，是指向未累计超过200人的特定对象发行股份。公开发行条件严格，并由《中华人民共和国证券法》（以下简称《证券法》）进行专门调整。

（3）平价发行、折价发行、溢价发行、中间价发行。所谓平价发行、折价发行、溢价发行，是指发行价格与票面金额相比较，是相同、低于还是高于票面金额。从资本维持的角度来看，各国都禁止折价发行股份。采取溢价发行时，其发行价格由发行人与承销的证券公司协商确定，溢价款列入资本公积金。中间价发行是指按股票面额与市场价格之间的某一中间价发行，主要用于向上市公司现有股东配送股份。

（二）股份有限公司的股份转让

股份有限公司为资合公司，其股份转让并不影响公司的资本确定性，故而实行自由转让原则，即股东持有的股份可以依法在证券交易场所进行转让，或者按照国务院规定的其他方式进行转让。

1.股份转让的方式。股份有限公司发行的股份可以是记名股票，也可以是无记名股票。二者的转让方式不同。

（1）记名股票由股东以背书方式或者法律、行政法规规定的其他方式转让。转让后由公司将受让人的姓名或者名称及住所记载于股东名册。股东大会召开前20日内或者公司决定分配股利的基准日前5日内，不得进行前款规定的股东名册的变更登记。法律对上市公司股东名册变更登记另有规定的，从其规定。

（2）无记名股票的转让，当股东将该股票交付给受让人后即发生转让的效力。

2.股份转让的限制。

（1）对发起人股东的限制。发起人持有的本公司股份，自公司成立之日起1年内不得转让。公司公开发行股份前已发行的股份，自公司股票在证券交易所上市交易之日起1年内不得转让。

（2）对管理人员的限制。公司董事、监事、高级管理人员应当向公司申报所持有的本公司的股份及变动情况，在任职期间每年转让的股份不得超过其所持有本公司股份总数的25%；其所持有的本公司股份自公司股票上市交易之日起1年内不得转让。上述人员离职后半年内，不得转让其所持有的本公司股份。公司章程可以对公司董事、监事、高级管理人员转让其所持有的本公司股份做出其他限制性规定。

（3）对股份回购的限制。公司不得收购本公司股份，但是，有下列情形之一的除外：①减少公司注册资本；②与持有本公司股份的其他公司合并；③将股份用于员工持股计划或者股权激励；④股东因对股东大会做出的公司合并、分立决议持异议，要求公司收购其股份；⑤将股份用于转换上市公司发行的可转换为股票的公司债券；⑥上市公司为维护公司价值及股东权益所必需。公司因前款第①、②项规定的情形收购本公司股份的，应当经股东大会决议。公司因前款第③、⑤、⑥项规定的情形收购本公司股份的，可以依照公司章程的规定或者股东大会的授权，经2/3以上董事出席的董事会会议决议。公司依照规定收购本公司股份后，属于第①项情形的，应当自收购之日起10日内注销；属于第②、④项情形的，应当在6个月内转让或者注销；属于第③、⑤、⑥项情形的，公司合计持有的本公司股份数不得超过本公司已发行股份总额的10%，并应当在3年内转让或者注销。上市公司收购本公司股份的，应当依照《证券法》的规定履行信息披露义务。上市公司因第③、⑤、⑥项规定的情形收购本公司股份的，应当通过公开的集中交易方式进行。

【小思考4-6】

股份有限公司的股份回购与有限责任公司的股份回购有什么区别？

答：《公司法》规定，有限责任公司的股份回购仅限于发生股东对公司的特定行为持有异议时，其实质是一种股东权利的救济手段。股份有限公司的股份回购则不仅局限于对异议股东的股份回购，更多的是从公司经营的实际情况出发。例如，在减少公司注册资本时，或与持有本公司股份的公司合并时，或将股份用于员工持股计划或者股权激励等情形时，从技术层面不得不回购股份。

（4）公司不得接受本公司的股票作为质押权的标的。质押的意义在于当债权无法实现时，公司有权将质押物变卖以实现质权。当本公司的股票作为质押权的标的时，如果没有人购买该股票，则公司变相收购了本公司的股份，这不利于公司的资本维持。

五、上市公司

上市公司是指其股票在证券交易所上市交易的股份有限公司。对于上市公司，《公司法》在股份有限公司的规定基础上，又增加了下列特殊规定：

（一）董事会秘书

根据《公司法》的规定，上市公司负有信息公开的义务，必须依照法律、行政法规的规定，公开其财务状况、经营情况及重大诉讼，在每会计年度内半年公布一次财务会计报告。为了保证上市公司这一信息公开义务顺利、有效履行，《公司法》要求上市公司设董事会秘书一职。上市公司董事会秘书负责公司股东大会和董事会会议的筹备、文件保管以及公司股东资料的管理，办理信息披露事务等事宜。

上市公司董事会秘书是公司高级管理人员，是对董事会负责、协助董事会成员处理日常事务的人员。其主要职责包括：（1）筹办股东大会和董事会的召开，准备和提交有关的会议文件和资料，负责保管董事名册，记录和保管股东大会和董事会的会议文件和会议记录等；（2）负责公司股东资料的管理，即股东名册、股权变动资料等；（3）负责办理信息披露等事宜。

（二）独立董事制度

独立董事又称非利害关系董事、外部董事，是指不在公司担任除董事之外的其他职务，并与其所受聘的上市公司及其主要股东不存在可能妨碍其进行客观判断关系的董事。我国于1997年开始在上市公司中引入独立董事制度。2001年中国证监会颁布《关于在上市公司建立独立董事制度的指导意见》，对独立董事制度做了具体规定。

1.独立董事的任职资格。独立董事除了符合一般董事的任职条件外，还应具备上市公司运作的基本知识，熟悉相关法律、行政法规、规章及规则，具有5年以上法律、经济或者其他履行独立董事职责所必需的工作经验。下列人员不得担任独立董事：（1）在上市公司或者其附属企业任职的人员及其直系亲属、主要社会关系；（2）直接或间接持有上市公司已发行股份1%以上或者是上市公司前10名股东中的自然人股东及其直系亲属；（3）在直接或间接持有上市公司已发行股份5%以上的股东单位或者在上市公司前5名股东单位任职的人员及其直系亲属；（4）最近1年内曾经具有前3项所列举情形的人员；（5）为上市公司或者其附属企业提供财务、法律、咨询等服务的人员；（6）公司章程规定的其他人员；（7）中国证监会认定的其他人员。

2.独立董事的职权。独立董事除应当具有《公司法》和其他相关法律、法规赋予董事的职权外，上市公司还应当赋予独立董事以下特别职权：（1）重大关联交易应由独立董事认可后，提交董事会讨论；独立董事做出判断前，可以聘请中介机构出具独立财务顾问报告，作为其判断的依据。（2）向董事会提议聘用或解聘会计师事务所。（3）向董事会提请召开临时股东大会。（4）提议召开董事会。（5）独立聘请外部审计机构和咨询机构。（6）在股东大会召开前公开向股东征集投票权。

独立董事行使上述职权应当取得全体独立董事的1/2以上同意。

独立董事还应当对以下事项向董事会或股东大会发表独立意见：（1）提名、任免董事；（2）聘任或解聘高级管理人员；（3）公司董事、高级管理人员的薪酬；（4）上市公司的股东、实际控制人及其关联企业对上市公司现有或新发生的总额高于300万元或高于上市公司最近经审计净资产值的5%的借款或其他资金往来，以及公司是否采取有效措施回收欠款；（5）独立董事认为可能损害中小股东权益的事项；（6）公司章程规定的其他事项。

（三）董事表决权排除制度

董事是股东利益的代表，董事也可能同时兼任其他公司的董事或者高级管理人员，因此当一项董事会决议事项涉及的企业与某个董事有关联关系时，该董事就可能失去客观立场。为避免董事因为关联关系做出错误的表决，法律规定其必须回避，其表决权必须被排除，表决须在无关联关系的董事所召开的会议中进行。

《公司法》对上市公司董事的表决权进行了一定的限制。上市公司董事与董事会会议决议事项（包括交易和非交易，如投资、借贷、担保等事项）所涉及的企业有关联关系的，不得对该项决议行使表决权，也不得代理其他董事行使表决权。该董事会会议由过半数的无关联关系董事出席即可举行，董事会会议所作决议须经无关联关系董事过半数通过。出席董事会的无关联关系董事人数不足3人的，应将该事项提交上市公司股东大会审议。

此外，《公司法》还规定，上市公司在1年内购买、出售重大资产或者担保金额超过公司资产总额30%的，应当由股东大会做出决议，并经出席会议的股东所持表决权的2/3以上通过。这一规定表明，上市公司通常事务的表决机构是董事会而非股东大会。

第四节　公司董事、监事、高级管理人员的资格和义务

一、公司董事、监事、高级管理人员的资格

《公司法》对公司的董事、监事以及其他高级管理人员的任职资格做了明确的限制规定，共有5项，有其中之一的，不得担任公司的董事、监事、高级管理人员：（1）无民事行为能力或者限制民事行为能力。（2）因贪污、贿赂、侵占财产、挪用财产或者破坏社会经济秩序，被判处刑罚，执行期满未逾5年；或因犯罪被剥夺政治权利，执行期满未逾5年。（3）担任破产清算的公司、企业的董事或者厂长、经理，对该公司、企业的破产负有个人责任的，自该公司、企业破产清算完结之日起未逾3年。（4）担任因违法被吊销营业执照、责令关闭的公司、企业的法定代表人，并负有个人责任的，自该公司、企业被吊销营业执照之日起未逾3年。（5）个人所负数额较大的债务到期未清偿。

公司违反前款规定选举、委派董事、监事或者聘任高级管理人员的，该选举、委派或者聘任无效。董事、监事、高级管理人员在任职期间出现上述所列情形的，公司应当解除其职务。

二、公司董事、监事、高级管理人员的义务

《公司法》对董事、监事、高级管理人员的义务和责任做了专门规定。董事、监事、高级管理人员对公司负有忠实义务和勤勉义务，不得利用职权收受贿赂或者其他非法收入，不得侵占公司的财产。

《公司法》列举了董事和高级管理人员的禁止行为，具体包括：（1）挪用公司资金；（2）将公司资金以其个人名义或者以其他个人名义开立账户存储；（3）违反公司章程的规定，未经股东会、股东大会或者董事会同意，将公司资金借贷给他人或者以公司财产为他人提供担保；（4）违反公司章程的规定或者未经股东会、股东大会同意，与本公司订立合同或者进行交易；（5）未经股东会或者股东大会同意，利用职务便利为自己或者他人谋取属于公司的商业机会，自营或者为他人经营与所任职公司同类的业务；（6）接受他人与公司交易的佣金归为己有；（7）擅自披露公司秘密；（8）违反对公司忠实义务的其他行为。

此外，根据《公司法》的规定，董事、高级管理人员有义务在被要求时列席股东会会议并接受股东质询，也有义务如实向监事会提供有关情况和资料，并不得妨

碍监事会或者监事行使职权。

三、公司董事、监事、高级管理人员责任的追究

如果董事或高级管理人员违反了《公司法》的规定，实施了禁止行为，其将要承担的责任是由公司行使收益归入权，即董事或高级管理人员因违反规定所获得的收入归公司所有。

如果董事、高级管理人员执行公司职务时违反法律、行政法规或者公司章程的规定，给公司造成损失，应当承担赔偿责任。

公司的控股股东、实际控制人、董事、监事、高级管理人员不得利用其关联关系损害公司利益。违反前款规定，给公司造成损失的，应当承担赔偿责任。

董事、高级管理人员违反法律、行政法规或者公司章程的规定，损害股东利益的，股东可以向人民法院提起诉讼。

第五节 公司债券及财务会计

一、公司债券

（一）公司债券的概念和特征

公司债券是公司依照法定程序发行的，约定在一定期限内还本付息的有价证券。公司债券有时也被称为公司债。公司债券具有以下特点：

1.公司债券是一种要式证券。公司债券必须依法记载一定事项。《公司法》规定，公司以实物券方式发行公司债券的，必须在债券上载明公司名称、债券票面金额、利率、偿还期限等事项，并由法定代表人签名，公司盖章。

【法律小知识4-5】

债券有3种形式：（1）实物债券。实物债券是最古老的债券形式，即最标准的有价证券，按照标准格式和形式记录债权，安全可靠。（2）凭证式债券。凭证式债券是指以填写“债券收款凭证”的形式记录债权的一种收款凭证，从购买日开始计息，可以记名、挂失，但不能上市流通。（3）记账式债券。此种债券无须书面印制，而是通过电脑系统监控交易全过程，可以记名、挂失，发行成本低，效益高，手续简便，也比较安全。

2.公司债券是表彰已经发生的公司债债权的证券。公司债不是因为发行公司债券而产生的，不是设权性债券。

3.公司债券具有可转让性。公司债券的转让价格由转让人与受让人约定。转让公司债券应当在依法设立的证券交易所或者国务院批准的其他证券交易场所进行。记名公司债券由债券持有人以背书方式或者法律、行政法规规定的其他方式转让，无记名公司债券由债券持有人将该债券交付给受让人后即发生转让的效力。

4.公司债券具有可回赎性。公司债券可以由公司进行回赎，回赎的价格是高于该债券面值的溢价。

（二）公司债的种类

1.担保公司债和非担保公司债。担保公司债是指以公司资产的全部或者部分作为偿还本息的担保而发行的公司债券，债券到期如果不能还本付息，债券持有人可以就担保财产自由处分。非担保公司债是指仅以公司信誉而无其他财产担保所发行的债券。因为无担保设定，发行时常附带条款以约束公司的行为，如不得设定抵押、债券所筹集资金只能供指定用途而不得偿还旧债或者分配股利等。

2.可转换公司债和非转换公司债。可转换公司债是指发行人依照法定程序发行的在一定期间内依照约定的条件可以转换成股票的公司债券。可转换公司债兼有公司债券和股票的双重性质。非转换公司债是指发行人依照法定程序发行的不能转换成公司股份，按照约定还本付息的公司债。一般来说，未明确记载为“可转换公司债”的公司债应视为非转换公司债。

3.普通公司债和参加公司债。普通公司债是指仅按照原定利率支付利息，而不管公司盈余分配比例大小的公司债。参加公司债是指当公司股利分配的比例超过债券利率时，按照一定比例增加债券利息的公司债。

此外，公司债还有其他种类，如记名公司债、无记名公司债等。

二、公司财务会计

（一）建立财务会计制度

公司的财务制度和会计制度统称为公司的财会制度。财务制度是关于公司资金管理、成本费用的计算、销售收入的分配、货币的管理、公司的财务报告、公司的清算以及纳税等方面的规程。会计制度是会计记账、核算等方面的规程，是公司生产经营过程中各种财务制度的具体反映。公司的财务制度是通过会计制度来实现的。

根据《公司法》的规定，公司应当依照法律、行政法规和国务院财政部门的规定建立财务会计制度。公司除法定的会计账簿外，不得另立会计账簿。公司应在每一会计年度终了时编制财务会计报告，财务会计报告应当依照法律、行政法规和国务院财政部门的规定编制并依法经会计师事务所审计。有限责任公司应当依照公司章程规定的期限将财务会计报告送交各股东。股份有限公司的财务会计报告应当在召开股东大会年会的20日前置备于本公司，供股东查阅；公开发行股票的股份有限公司必须公告其财务会计报告。《证券法》还规定，上市公司和公司债券上市交易的公司，应当在每一会计年度的上半年结束之日起2个月内公告包括财务会计报告等内容的中期报告，并在每一会计年度结束之日起4个月内公告包括财务会计报告等内容的年度报告，同时要向国务院证券监督管理机构和证券交易所报送上述报告。

公司聘用、解聘承办公司审计业务的会计师事务所，依照公司章程的规定，由股东会、股东大会或者董事会决定。公司应当向聘用的会计师事务所提供真实、完整的会计凭证、会计账簿、财务会计报告及其他会计资料，不得拒绝、隐匿、谎报。

（二）公司的盈余分配

盈余分配是指税后利润的分配。公司是营利性法人，其每营业年度所获得的盈余当然应当分配给其股东。

1.分配的顺序。公司税后利润的分配顺序是：（1）弥补往年亏损。如果往年有亏损，并且公司的法定公积金不足以弥补，应当用当年的利润弥补。（2）提取法定公积金。公司在分配当年税后利润时，应当提取利润的10%列为法定公积金。法定公积金累计达到公司注册资本的50%以上的，可以不再提取。（3）经股东会决议，可以提取任意公积金，具体比例由公司章程或股东会决议确定。（4）向股东分配股利。

2.股利分配的原则。公司分配股利应当坚持同股同利、优先股优于普通股、无盈利不分配、少盈利少分配的原则。

根据《公司法》的规定，有限责任公司和股份有限公司可以按照股东实际交付的出资比例或者持股比例分配股利，公司章程也可以做出不同的规定。此外，公司持有的本公司股份不得分配利润。

股利的分配来源于公司弥补亏损和提取公积金后的盈余，而不能从公司资本中直接分配。股东会、股东大会或者董事会违反规定，在公司弥补亏损和提取法定公积金之前向股东分配利润的，股东必须将违反规定分配的利润退还给公司。

（三）公积金制度

公积金是指公司为了增强自身的生产能力、扩大生产经营和预防意外亏损，根据法律和公司章程的规定，从公司的税后利润中提留备用的资金，也称储备金。

公积金根据来源不同，分为盈余公积金和资本公积金两种。盈余公积金是指公司依照法律的规定或者公司章程的规定，从公司的利润中提取的公积金。资本公积金是指盈余之外的，直接由公司资本、资产或其他收益形成的公积金，如股份有限公司以溢价方式发行股票而获得的溢价收入，资本评估增值、接受捐赠的资产，公司兼并其他企业时承受的财产中市价和成本价之间的差额，公司减少资本的数额大于返还股东的数额或者弥补亏损的数额的差额等。

公积金专门用于以下用途：弥补公司的亏损；扩大公司生产经营或者转为增加公司资本。其中，弥补亏损是公积金的主要用途，但仅限于用盈余公积金，资本公积金不得用于弥补公司的亏损。用公积金转增资本需要经过股东会特别多数表决通过，且增资后留存的该项公积金不得少于转增前公司注册资本的25%。

第六节　公司的变更、合并、分立和解散

一、公司的变更

公司组织形式的变更是指公司在不中断公司法人资格的情况下，由一种公司形式变更为另外一种公司形式的情形，即公司类型的变更。公司组织形式变更的最大好处是不中断法人资格，这样，公司可以在保持其法人资格的前提下继续维持其营

业，而无须经过解散、清算程序，便于简化程序、降低运行成本。

我国对公司变更的规定体现在《公司法》第9条和第95条中。根据《公司法》第9条的规定，有限责任公司变更为股份有限公司，应当符合《公司法》规定的股份有限公司的条件。股份有限公司变更为有限责任公司，应当符合《公司法》规定的有限责任公司的条件。有限责任公司变更为股份有限公司的，或者股份有限公司变更为有限责任公司的，公司变更前的债权、债务由变更后的公司承继。根据《公司法》第95条的规定，有限责任公司变更为股份有限公司时，折合的实收股本总额不得高于公司净资产额。有限责任公司变更为股份有限公司，为增加资本公开发行股份时，应当依法办理。

对于公司的变更，《公司法》规定需经股东会的特别决议，即2/3以上多数同意。

二、公司的合并与分立

（一）公司的合并

1.概念。公司的合并是指两个以上公司订立合同并依照法律规定的程序，合并成一个公司的行为。公司的合并有吸收合并和新设合并两种形式。吸收合并又称兼并，是指在两个以上公司的合并中，其中一个公司吸收了其他公司后存续，其他公司被吸收而解散的合并方式。新设合并又称并合，是指两个以上的公司合并产生一个新的公司，合并各方随新公司的产生而终止的合并方式。

2.法律后果。对于合并的公司而言，根据不同合并方式，发生公司消灭、公司变更、公司设立的后果。

对于合并各方的股东而言，可以以其持有的原公司股份或者出资额按照合并协议的约定比例，换取合并后存续公司或新设公司的相应股份或出资额。

对于合并前各方的债权、债务而言，《公司法》规定，合并前各方的债权、债务由合并后存续或新设的公司承继。

此外，为了保护合并前各方债权人的利益，《公司法》规定，公司应当自做出合并决议之日起10日内通知债权人，并于30日内在报纸上公告。债权人自接到通知书之日起30日内，未接到通知书的自公告之日起45日内，可以要求公司清偿债务或者提供相应的担保。

（二）公司的分立

1.概念。公司的分立是指一个公司因为生产经营的需要或其他原因而分立成两个或两个以上的公司。公司的分立包括两种形式：新设分立和派生分立。新设分立又称解散分立，是指公司将全部财产予以分割，并分别归入两个或两个以上新设立公司的行为。派生分立又称存续分立，是指公司将其现有财产或营业的一部分分出去成立一个或多个新公司的行为。

2.法律后果。对分立的公司而言，根据不同的分立方式，发生公司变更、公司解散、公司设立的后果。

对分立前公司的股东而言，公司分立并不意味着原公司股东地位的消失，公司股东仍可以以自己所持有的股份行使相应的权利，成为一家或多家分立后公司的股东。

对分立前公司的债权、债务而言，《公司法》规定，公司分立前的债务，按照公司在分立前与债权人就债务清偿达成的书面协议处理；否则，由分立后的公司承担连带责任。

为了保护债权人的利益，公司分立应当编制资产负债表及财产清单。公司应当自做出分立决议之日起10日内通知债权人，并于30日内在报纸上公告。

三、公司的解散和清算

（一）公司的解散

公司的解散是指已经成立的公司因某些法律事实的发生而使其停止经营活动的行为和程序。公司的解散并不意味着公司的终止或者消灭，而仅仅是引发公司法人人格消灭的原因。根据解散事由的不同，公司的解散分为任意解散和强制解散两种。

1.任意解散。任意解散也称股东自愿性解散，是指公司基于董事会的建议、股东会的决议或公司章程的规定而导致的公司解散。例如，公司的营业期限届满或公司章程规定的解散事由发生，全体股东或股东大会决议终止等。

2.强制解散。强制解散包括行政性强制解散和司法性强制解散两种。强制解散的事由包括：依法被吊销营业执照，责令关闭或者被撤销；公司经营管理发生严重困难，继续存续会使股东利益受到重大损失，通过其他途径不能解决，经持有公司全部股东表决权10%以上的股东请求，人民法院裁判解散公司。

【小案例4-2】

2016年3月，A公司、B公司、董某、C公司分别出资1 950万元、45万元、5万元、2 000万元成立D公司，从事基因芯片技术开发。根据公司设立协议及公司章程，先由C公司委派人员担任公司法定代表人1年。在此期间，A公司向D公司转让“肝炎基因芯片技术”。2017年应由A公司委派人员担任公司法定代表人，因A公司未履行技术转让义务，D公司于2017年亦未变更法定代表人。C公司、A公司为此先后提起一项仲裁和两项诉讼，仲裁机构和人民法院分别做出A公司返还D公司技术转让款2 000万元和C公司、D公司履行变更法定代表人义务的裁决及判决，但各方均未实际履行裁决与判决。自2016年3月D公司成立以来，经营一直亏损，现已无主营业务收入，处于停业状态。2020年5月，A公司、B公司、董某向人民法院提起诉讼，请求判令解散D公司。C公司不同意解散D公司，认为只要A公司履行返还技术转让款的义务，D公司经营状况就会好转。人民法院在审理该案时，责成D公司召开股东会，但A公司要求解散公司、更换法定代表人、行使股东知情权3项议题以及C公司关于制定公司发展规划的议题，均未在股东会上形成有效决议。人民法院还曾要求各方股东就各自持有的D公司股权进行内部或对外转让事宜，限期洽谈，并主持调解，未能达成调解协议。D公司能否适用《公司法》第182条的规定强制解散？

分析提示：D公司连续数年经营亏损，股东会也未能达成有效决议的根本原因是什么？造成公司股东相互指责和表决僵持态势的直接责任方是谁？D公司摆脱困境有无可能？在本案中，如果各方股东各自积极履行业已生效的相关仲裁裁决和人民法院判决，在D公司获得返还资金和更换法定代表人的情况下，该公司的经营状况应有所改观。此外，B公司和董某作为D公司的小股东，如其合法权益遭到侵害，也完全可以依法通过其他途径寻求相应救济，而判令公司解散是最后的法律救济手段。

（二）公司的清算

清算是指清理已经解散的公司尚未了结的事务，使公司法人资格归于消灭的程序。在公司清算期间，公司的法人资格并不消灭，只是权利能力被限定在清算范围内。公司清算完成，经过注销登记后才终止公司的法人资格。此时由清算人取代公司董事会的地位，对外代表清算中的公司。

1.清算组的成立方式及职权。对于清算组的成立，法律规定了两种情况：一是公司自行组成清算组。根据《公司法》的规定，公司应当在解散事由出现之日起15日内成立清算组，开始清算。有限责任公司的清算组由股东组成，股份有限公司的清算组由董事或者股东大会确定的人员组成。二是人民法院组织清算组。公司逾期不成立清算组进行清算的，债权人可以申请人民法院指定有关人员组成清算组进行清算。人民法院应当受理该申请，并及时组织清算组进行清算。

根据《公司法》的规定，清算组在清算期间行使下列职权：（1）清理公司财产，分别编制资产负债表和财产清单；（2）通知、公告债权人；（3）处理与清算有关的公司未了结的业务；（4）清缴所欠税款以及清算过程中产生的税款；（5）清理债权、债务；（6）处理公司清偿债务后的剩余财产；（7）代表公司参与民事诉讼活动。

2.清算的程序。清算应当在人民法院的监督下进行。清算的内容有：了结公司业务，收取债权与清偿债务，分配利润或亏损，分配剩余财产或申请公司破产。

清算组应当自成立之日起10日内通知债权人，并于60日内在报纸上公告。债权人应当自接到通知书之日起30日内，未接到通知书的自公告之日起45日内，向清算组申报其债权。债权人申报债权，应当说明债权的有关事项，并提供证明材料。清算组应当对债权进行登记。在申报债权期间，清算组不得对债权人进行清偿。

【小思考4-7】

债权人未在规定的期限内申报债权，该如何处理？

答：债权人未在规定的期限内申报债权，在公司清算程序终结前可以补充申报。债权人补充申报的债权，可以在公司尚未分配的财产中依法清偿。除债权人因重大过错未在规定期限内申报债权以外，公司尚未分配的财产不能全额清偿，债权人可以主张以股东在剩余财产分配中已经取得的财产予以清偿。

清算组在清理公司财产、编制资产负债表和财产清单后，应当制订清算方案，并报股东会、股东大会或者人民法院确认。确认后，清算组按照清算方案处理公司的财产。公司财产的分配顺序是：清算费用、职工的工资、社会保险费用和法定补偿金、所欠税款、一般债权、剩余财产分配。公司财产在未依照规定清偿前，不得分配给股东。分配剩余财产时，有限责任公司按照股东的出资比例分配，股份有限公司按照股东持有的股份比例分配。

在清算期间，公司存续，但不得开展与清算无关的经营活动。清算组在清理公司财产、编制资产负债表和财产清单后，发现公司财产不足清偿债务的，可以与债权人协商制定有关债务清偿方案。债务清偿方案经全体债权人确认且不损害其他利害关系人利益的，人民法院可依清算组的申请裁定予以认可。清算组依据该清偿方案清偿债务后，应当向人民法院申请裁定终结清算程序。债权人对债务清偿方案不予确认或者人民法院不予认可的，清算组应当依法向人民法院申请宣告破产。公司经人民法院裁定宣告破产后，清算组应当将清算事务移交给人民法院。

公司清算结束后，清算组应当制作清算报告，报股东会、股东大会或者人民法院确认，并报送公司登记机关，申请注销公司登记，公告公司终止。

3.清算组的义务和责任。清算组成员应当忠于职守，依法履行清算义务，不得利用职权收受贿赂或者其他非法收入，不得侵占公司财产。清算组成员因故意或者重大过失给公司或者债权人造成损失的，应当承担赔偿责任。

本章小结

《公司法》规定的公司类型为有限责任公司和股份有限公司。这两类公司的根本区别有：一是股东人数是否有上限；二是公司可否向社会发行股份募集资金。依照法定条件和程序设立的公司具有独立的法律人格，对基于股东出资所形成的公司财产享有所有权并以此独立承担责任，股东享有有限责任的保护。如果公司独立人格和股东有限责任被滥用，严重损害了债权人的利益，公司独立人格会被否定，由股东和公司承担连带责任。公司人格否认制度在一人有限责任公司的适用中被进一步扩展到股东不能证明公司财产独立于股东自己财产的情形。有限责任公司具有一定的人合性，股权转让受到一定限制；股份有限公司实行股权自由转让，仅对发起人，公司董事、监事、高级管理人员的股权转让行为设有规范。同时，法律也允许公司在特定情形下收购本公司股份，但收购的股份应按时注销或转让，且在公司持有期间没有利润分配权和表决权。公司采取股东（大）会、董事会、监事会三权分立治理结构，各公司机关在法定或约定的职权范围内行使职权，并按照法定或约定的表决方式和议事程序进行表决。上市公司的董事会还应增加独立董事，以起到内部监督的作用。《公司法》也对董事、监事和高级管理人员的任职资格和义务与责任进行了明确规定。公司应当依法建立财会制度，并按照规定在弥补往年亏损、提取法定公积金后按照特定比例向股东进行利润分配。符合条件的公司可以向社会公众发行公司债券募集资金。公司亦可以根据需要进行变更、合并或分立，并在出现法定或约定情形时解散，完成清算后注销。

复习与思考

一、即测即评

第四章单项选择题　　第四章多项选择题　　第四章判断题

二、案例分析题

甲、乙、丙、丁、戊、庚、辛、辰、壬、奎10人拟共同组建吉源饮料有限责任公司，注册资本3 400万元。其中，甲、乙、辰、壬、奎各以货币260万元出资；丙以厂房出资，经评估机构评估为1 000万元；丁以专利技术出资，作价350万元；戊以劳务出资，经全体出资人同意作价50万元；庚以饮料生产设备出资，作价400万元；辛以吉源注册商标出资，作价300万元。该公司拟不设董事会，由甲出任执行董事；不设监事会，由丙担任监事。该公司成立后，经营一直不景气，已拖欠A银行贷款1 500万元未还。后经股东会决议，把吉源饮料有限责任公司唯一营利的保健品车间分出去，另成立具有独立法人资格的吉庆保健品公司。因急需大量资金，乙将其股份全部转让给了宏发公司。1年后，吉庆保健品公司也发生严重亏损，资不抵债，其中欠B公司贷款700万元。

请问：(1) 在吉源饮料有限责任公司的组建过程中，各股东的出资是否存在不符合《公司法》规定的情形？为什么？(2) 吉源饮料有限责任公司的组织机构设置是否符合《公司法》的规定？为什么？(3) 吉源饮料有限责任公司设立吉庆保健品公司的行为在《公司法》上属于什么性质？设立完成后，吉源饮料有限责任公司原有的债务应如何承担？(4) 乙转让股权时应遵守何种规则？(5) A银行如起诉追讨吉源饮料有限责任公司所欠1 500万元贷款，应告谁？为什么？(6) B公司除采用诉讼或仲裁方式追讨吉庆保健品公司的欠款外，还可以采用什么法律手段实现其债权？

第五章
企业破产法律制度

学习目标

通过本章学习，重点掌握破产主体申请破产需具备的条件，债权人获得清偿的顺序及破产财产的分配规则；掌握重整程序、和解程序与破产清算程序之间的转换规则；了解申请破产的基本程序。

案例导入

甲公司于2019年12月申请破产。人民法院受理后查明：甲公司于2019年9月欠乙公司100万元货款，至今未清偿。甲公司董事长汪某有150万元的出资未缴纳，乙公司遂要求汪某承担偿还责任。汪某随后支付给乙公司100万元。请问：汪某对乙公司100万债务的清偿是否符合法律规定？为什么？

第一节　破产法概述

一、破产

破产是指企业法人（债务人）不能清偿到期债务，并且资产不足以清偿全部债务或者明显缺乏清偿能力，经人民法院审理，强制执行其全部财产，使债权公平受偿，其余无力偿还的则予免除的法律制度。

简单地说，破产指的就是债务人到期不能偿还债务。在历史上，人们对“破产”意义的认识是存在区别的。在传统破产法中，“破产”的英文为bankrupt，人们形象地将破产比作银行库存的破裂，这意味着这种经济行为必然伴随着倒闭清算的结果。而在法律上，破产指一种法律程序，在债务人无力偿债的情况下，以其财产对债权人进行公平清偿。

现代破产法的无力偿还，与传统破产法的无力偿还有着明显的区别。现代破产法认为，破产是一种事实状态。对这样一种状态，人们更愿意用insolvency来代替之前的bankrupt，意为“无力偿还”，在语态上比之前的bankrupt弱了许多。因此，现代的无力偿还与传统意义上的破产事件是有很大区别的，因为它并不必然导致清算的结果。由此，在现代法律制度中，破产程序不仅包括以破产财产变价分配为目标的清算制度，而且包括以企业重建为目标的重整及和解制度。破产已经不再是简单的清算程序，它也负担起救助债务人特别是挽救困境企业的使命。

二、破产法

（一）破产法的概念

破产法是指调整债权人与债务人、人民法院、管理人以及其他参加人相互之间在破产过程中所发生的社会关系的法律规范的总称。它是当债务人不能清偿到期债务或资不抵债时，由人民法院宣告其破产，并主持对其全部财产强制进行清算及分配，公平清偿全体债权人，或由债务人与债权人会议达成和解协议，进行企业重整，避免破产的法律规范。破产法的宗旨是规范企业破产程序，公平清理债权、债务，保护债权人和债务人的合法权益，维护社会主义市场经济秩序。

（二）我国的破产法律规范

我国破产法主要由普通规范和特殊规范构成。

1.普通规范。普通规范是指当前我国人民法院处理一般破产案件的主要规范，包括全国人民代表大会常务委员会于2006年8月27日通过、自2007年6月1日起施行的《中华人民共和国企业破产法》（以下简称《企业破产法》）和1991年《最高人民法院关于贯彻执行〈中华人民共和国企业破产法（试行）〉若干问题的意见》，以及2002年《最高人民法院关于审理企业破产案件若干问题的规定》等。为了在审判实践中正确适用《企业破产法》，最高人民法院颁布了3个司法解释，分别是《最高人民法院关于适用〈中华人民共和国企业破产法〉若干问题的规定（一）》（2011年9月26日起施行）、《最高人民法院关于适用〈中华人民共和国企业破产法〉若干问题的规定（二）》（2013年9月16日起施行）、《最高人民法院关于适用〈中华人民共和国企业破产法〉若干问题的规定（三）》（2019年3月28日起施行）。

2.特殊规范。特殊规范是指由于破产主体的特殊性和经济发展的特殊需要而制定的法规，主要有：（1）《中华人民共和国商业银行法》第71条对商业银行破产所做的特殊规定；（2）国务院关于试点城市国有企业破产的文件。

（三）破产法的适用范围

《企业破产法》适用于所有企业法人，不仅包括国有企业，还包括承担有限责任的其他所有制的企业法人，如具有法人资格的集体企业、民营企业以及设在中国领域内的中外合资经营企业、中外合作经营企业和外资企业。对没有法人资格的企业、个体工商户、合伙组织、农村承包经营户和自然人不适用。

《企业破产法》附则还规定了商业银行、保险公司、证券公司等金融机构适用该法的条件。

第二节　破产程序的主体

破产程序针对的是破产案件，具体来说，就是通过司法程序处理的无力偿债事件。其中，司法程序有3种：破产清算程序、重整程序、和解程序。破产清算是公平清理债务的方法，但不是唯一的方法，企业进行破产清算就意味着宣布一个企业法人的死亡。而破产案件并不一定导致企业倒闭清算，《企业破产法》为了鼓励企业避免倒闭清算，提供了另外两种公平清理债务的方法，即重整与和解。

这3种破产程序中涉及的主体包括破产人、破产债权人、债权人会议、债权人委员会、管理人。

一、破产人

任何企业在市场经济中经营都要承担很高的商业风险，一旦企业出现丧失清偿能力、资不抵债的情况，不但债权人的利益受到损害，债务人自己也将面临破产。为了保障债权人的合法权益，并给债务人一个东山再起的机会，《企业破产法》应运而生。

根据《企业破产法》的规定，债务人被宣告破产后，债务人称为破产人，债务人财产称为破产财产，人民法院受理破产申请时对债务人享有的债权称为破产债权。所谓破产人，是指被宣告破产、处于破产程序中的债务人，也就是民事权利受到破产程序约束的人。从另一个角度理解，破产人是接受破产程序强制执行的消极主体。

在破产法上，并不是所有债务人都是破产程序的主体。也就是说，要成为破产人，债务人还需满足两个条件：首先，从实质要件上讲，只有具备破产能力并且存在破产原因的债务人才有可能成为破产人；其次，从形式上看，必须有符合法律规定的申请人向有管辖权的人民法院提出申请，启动破产程序。

二、破产债权人

破产债权人是指在破产程序中享有破产债权并行使权利的请求权人。由此可见，要成为破产债权人，需要满足两个条件：首先，必须是实质意义上的破产债权的主体；其次，形式上通过提出破产债权而参加破产程序。所以，无破产债权者或者虽享有破产债权但未通过申报债权而参加破产程序的请求权人，不得成为破产债权人。

破产债权人在破产程序中主要享有以下权利：（1）出席债权人会议；（2）在债权人会议上发表意见和参加表决；（3）受领破产分配；（4）对债务人、管理人实施的影响破产债权人利益的行为提出异议；（5）对债权人会议的决议提出异议。

债权人不能逐个加入破产程序行使权利。《企业破产法》旨在公平地清偿每一个债权人的债权，因此各债权人在破产程序进行中有一致的利益，具备共同的利害关系，这种共同关系自然需要债权人结合成一个团体来主张自己的权利。破产程序把全体债权人作为一个整体来看待，其目的不在于满足个别债权人的清偿要求，而在于一揽子清理债务人和所有债权人之间的债权债务关系。所以，在破产程序开始后，债权人必须组成一个团体参加法律程序。

此外，各破产债权人在破产程序中虽然有共同的利益和利害关系，但是由于各债权产生的时间、原因及内容等有所不同，在破产债权人之间还表现为顺位关系和排他关系。所谓顺位关系，是指从各债权的性质以及相互关系上考察，仍然存在一定的顺序，即有先于一般破产债权而获受偿的优先性债权，其在破产程序中有获得优先分配的权利。列于优先性债权之后的是一般破产债权。处于同一顺位的破产债权之间是平等的，各按其数额比例清偿。前一个顺位的债权排斥后一个顺位的债权。

三、债权人会议

（一）债权人会议的法律地位

债权人会议是全体债权人参加破产程序并集体行使权利的决议机构，它是在破产财产处理过程中集中体现全体债权人意志的一种临时性组织形式，也是在人民法院的监督下讨论决定破产事宜的最高决策机构。在本质上，债权人会议是一个组织体，不是临时的集会活动。在性质上，债权人会议是债权人团体在破产程序中的意思发表机关。也就是说，债权人会议的职能是使全体债权人能够成为一个整体，向债务人所在地的人民法院申请破产，就其权利行使和权利处分做出共同的意思表示，维护债权人的共同利益。

当债务人的财产无法满足所有债权人的清偿请求时，各债权人之间不可避免地存在利益冲突，债权人会议制度就是为了化解债权人之间的矛盾和增进彼此之间的合作，以保证破产程序的公平、高效和公正。

债权人自治是《企业破产法》的一项重要原则。债权人自治是指全体债权人通过债权人会议，对破产程序进行中涉及债权人利益的重大事项做出决定，监督破产财产管理和分配的一系列权利，以及保障这些权利实现的有关程序的制度。根据债权人自治原则，一切有关债权人权利行使和权利处分的事项，均应由债权人会议独立做出决议。债权人在债权人会议上应享有充分的自由表达和自主表决的权利。债权人会议做出的关于债权确认、破产财产变价和分配、与债务人和解等重大事项的决议，是程序进行的重要根据。债权人会议还具有监督破产财产管理和处分的权利。

（二）债权人会议的组成

债权人会议由依法申报债权的债权人组成。所有依法申报债权的债权人都是债权人会议的成员，都享有出席会议的权利。

债权人会议成员分为有表决权的债权人和无表决权的债权人。

有表决权的债权人是指有权出席债权人会议和发表意见，并有权对债权人会议决议事项投票表达个人意志的债权人，包括无财产担保的普通债权人、放弃了优先受偿权的有财产担保的债权人、有优先受偿的权利但优先权的行使未能就担保物获得足额清偿的债权人、代替债务人清偿了债务的保证人等。

无表决权的债权人是指有权出席债权人会议和发表意见，但无权对债权人会议决议事项投票表达个人意志的债权人，主要包括3种：债权尚未确定，人民法院也未能为其行使表决权而临时确定债权额的债权人；债权附有停止条件，其条件尚有待成就的，或者债权附有解除条件，其解除条件已成就的债权人；尚未代替债务人清偿债务的保证人或者其他连带债务人。

已经由担保财产优先受偿并获得足额清偿，或者由债务人的保证人或其他连带债务人足额清偿的债权人会议成员，不得再出席债权人会议。

债权人会议设主席1人，由人民法院从有表决权的债权人中指定。债权人会议由债权人会议主席召集并主持。

除此之外，债权人会议应当有债务人的职工和工会代表参加，并对有关事项发表意见。这里的有关事项包括：核查债权时对职工债权清单的确认；债务人继续营业时的职工待遇；重整计划中的职工债权清偿方案；破产财产分配方案中的职工债权清偿方案；债权人财产管理方案、变价方案中涉及职工利益的问题等。

（三）债权人会议的职权

《企业破产法》规定了债权人会议的职权范围，主要有：（1）核查债权；（2）申请人民法院更换管理人，审查管理人的费用和报酬；（3）监督管理人；（4）选任和更换债权人委员会成员；（5）决定继续或者停止债务人的营业；（6）通过重整计划；（7）通过和解协议；（8）通过债务人财产的管理方案；（9）通过破产财产的变价方案；（10）通过破产财产的分配方案；（11）人民法院认为应当由债权人会议行使的其他职权。

（四）债权人会议的召开

第一次债权人会议由人民法院召集，自债权申报期限届满之日起15日内召开。以后的债权人会议由债权人会议主席召集，只在破产程序进行中人民法院认为必要时召开，或者在管理人、债权人委员会、占债权总额1/4以上的债权人向债权人会议主席提议时召开。

召开债权人会议，管理人应当提前15日通知已知的债权人。

（五）债权人会议的决议

1.决议的方式。《企业破产法》规定，债权人会议的决议由出席会议的有表决权的债权人过半数通过，并且其所代表的债权额占无财产担保债权总额的1/2以上。通过重整计划以及和解协议，必须由出席会议的有表决权的债权人过半数通过，并且其所代表的债权额占无财产担保债权总额的2/3以上。

【法律小知识5-1】

《企业破产法》中规定的“过半数”不包括本数，“半数以上”、“1/2以上”以及“2/3以上”均包括本数。

从法律规定中可以看出，债权人会议决议的通过应当同时满足人数和债权的要求。也就是说，出席会议的债权人所代表的债权额必须超过无财产担保债权总额的半数（重整、和解是2/3以上）；否则，即使全体到会的债权人一致同意，会议决议也不能通过。这样规定的目的在于避免出现因大量小额债权人不参加会议而导致程序无法进行的局面，也就是照顾有表决权的多数债权人的利益；还可以避免中小债权人利用人数优势排斥大债权人的情况，也就是保护那些债权数额较大的债权人的利益。

2.决议的效力。根据《企业破产法》的规定，债权人会议决议对全体债权人均有约束力。也就是说，依法定程序获得通过的债权人会议决议被视为债权人团体的共同意思表示，各债权人不论是否出席了会议，不论是否参加表决，也不论是否投票赞成，都当然地受决议的约束。

3.对决议的异议。如果债权人认为债权人会议决议违反法律规定，损害其利益，可以自债权人会议做出决议之日起15日内，请求人民法院裁定撤销该决议，责令债权人会议依法重新做出决议。

常见的违反法律规定的情形有：（1）决议内容违法；（2）决议程序违法、会议程序违法；（3）因其他违法事件导致产生决议的程序不公，或者导致债权人合法权益受到损害。

四、债权人委员会

债权人委员会是代表债权人行使监督权利的机构。由于债权人会议不是一个常设机构，不能经常性地召集和做出决定，特别是在债权人会议闭会期间，仅由人民法院监督债务人和管理人，不足以保障债权人的集体利益。为了保证债权人充分行使权利，特别是行使对债务人财产的管理、处分和破产财产变价、分配过程的监督权，有必要将债权人的集体决定权授予他们的代表机构，即债权人委员会。债权人委员会相当于监督人，代表债权人会议行使监督职能。

债权人委员会由债权人会议决定设立。债权人会议有权决定其设立、变更和解散。根据《企业破产法》的规定，债权人委员会由债权人会议选任的债权人代表和1名债务人的职工代表或者工会代表组成。债权人委员会成员不得超过9人，其成员应当经人民法院书面决定认可。

债权人委员会的职权有：（1）监督债务人财产的管理和处分；（2）监督破产财产分配；（3）提议召开债权人会议；（4）债权人会议委托的其他职权。

债权人委员会还有特别监督权。当管理人实施下列对债权人利益关系重大的处分行为时，应当及时报告债权人委员会：（1）涉及土地、房屋等不动产权益的转让；（2）探矿权、采矿权、知识产权等财产权的转让；（3）全部库存或者营业的转让；（4）借款；（5）设定财产担保；（6）债权和有价证券的转让；（7）履行债务人和对方当事人均未履行完毕的合同；（8）放弃权利；（9）担保物的取回；（10）对债权人利益有重大影响的其他财产处分行为。

债权人委员会对管理人实施上述行为有异议的，可以向管理人提出，也可以向人民法院提出；必要时可召开债权人会议，由债权人会议做出决议，请求人民法院更换管理人。

五、管理人

（一）管理人的概念

管理人也称为破产管理人，是一种国际上普遍设立的中立的专门机构，执行破产程序管理，特别是破产财产和事务的管理。在破产程序开始后，无论是重整、清算还是和解，管理人的职责都是对企业法人进行持续的管理，接管破产财产并负责对其进行清理、估价以及处理分配。

（二）管理人的任命

在我国，管理人的性质被认为是法律为实现破产程序的目的而设立的履行法定职能的机构，《企业破产法》规定管理人须由人民法院指定。同时，为了实现债权人对管理人的监督，《企业破产法》又规定债权人会议有权请求人民法院对不称职的管理人予以更换。

为了实现债务人财产的及时保全，管理人应当在人民法院裁定受理破产申请时同时指定。经人民法院许可，管理人可以聘用必要的工作人员。管理人执行职务的费用、报酬和聘用工作人员的费用，作为破产费用由债务人财产随时清偿。管理人的报酬由人民法院确定。债权人会议对管理人的报酬有异议的，有权向人民法院提出。

【法律小知识5-2】

在《企业破产法（试行）》（1986年12月第六届全国人民代表大会常务委员会第十八次会议通过）中，清算组的任命是在人民法院做出破产宣告后。在实践中，从案件受理到破产宣告，往往需要经过一定的审理期间。在此期间，由于破产企业的财产和事务仍然掌握在原领导班子的手中，他们有机会转移、私分或者浪费企业财产，以及隐匿、销毁或篡改企业账目以掩饰罪行。现行《企业破产法》及时做了修改，规定“管理人应当在人民法院裁定受理破产申请时同时指定”，以达到公正有效地保护债权人合法权益和保障破产程序顺利进行的目的。

（三）管理人资格

管理人的品行与业务素质是破产清算程序能否顺利进行的重要因素。各国立法对此均有规定，绝大部分要求破产管理人由会计师或者律师担任，而且对其人格品性有严格的要求。《企业破产法》第24条对管理人的资格做了规定，其中第1款和第2款的规定属于对管理人积极资格的规定。第1款规定了管理人须由中介机构担任，这里的中介机构主要指律师事务所、会计师事务所和破产清算事务所。第2款规定个人也可以担任管理人，即对于一些规模较小、债权债务关系比较清楚的破产案件，人民法院可以根据债务人的实际情况，在征询有关社会中介机构的意见后，指定该机构具备相关专业知识并取得执业资格的人员担任管理人。需要注意的是，个人担任管理人的，应当参加执业责任保险。第3款规定了管理人的消极资格，也就是对管理人人格品性的要求。机构或个人有以下情形之一的，不得担任管理人：（1）因故意犯罪受过刑事处罚；（2）曾被吊销相关专业执业证书；（3）与本案有利害关系；（4）人民法院认为不宜担任管理人的其他情形，如存在重大债务纠纷或因违法行为正在接受相关部门的调查。

（四）管理人的职责

1.管理人的一般职责。《企业破产法》第25条规定了管理人的9项职责，分别是：（1）接管债务人的财产、印章和账簿、文书等资料；（2）调查债务人财产状况；（3）决定债务人的内部管理事务；（4）决定债务人的日常开支和其他必要开支；（5）在第一次债权人会议召开之前，决定继续或者停止债务人的营业；（6）管理和处分债务人的财产；（7）代表债务人参加诉讼、仲裁或者其他法律程序；（8）提议召开债权人会议；（9）人民法院认为管理人应当履行的其他职责。

2.管理人的特别职责。《企业破产法》在其他章节还对管理人的职责做了规定，主要有：接受债权申报，调查职工债权和编制债权表；对债务人在破产程序中的不正当财产处分行使撤销权和追回权；决定待履行合同的结束或继续履行；重整期间主持债务人营业或者对债务人自行营业进行监督；制备重整计划草案；申请人民法院批准重整计划草案；监督重整计划的执行；在破产宣告后，拟定破产财产变价方案；拟定和执行破产财产分配方案；破产程序终结时，办理破产人的注销登记。

3.管理人对全体债权人的保护。在受理破产申请前1年内，涉及债务人财产下列行为的，管理人有权请求人民法院予以撤销：（1）无偿转让财产的；（2）以明显不合理的价格进行交易的；（3）放弃债权的；（4）对没有财产担保的债务提供财产担保的；（5）对未到期的债务提前清偿的。在人民法院受理破产申请前6个月内，债务人有破产原因的情形，仍对个别债权人进行清偿的，管理人有权请求人民法院予以撤销。但是，个别清偿使债务人财产受益的除外。

【小思考5-1】

清算组可以担任管理人吗？

答：可以。《企业破产法》所称清算组，是指破产程序开始前已经依照其他法律成立的清算组。例如，企业根据《公司法》的规定成立清算组后，发现债务人的资产不足以清偿全部债务，向人民法院申请宣告破产的，人民法院受理破产申请后，可以指定该清算组为管理人。

（五）管理人的义务

管理人的义务包括忠实勤勉义务、报告义务和不辞任义务。

忠实勤勉义务中的忠实，指忠实义务，即管理人在执行职务时，应当不欺瞒，不谋私利，最大限度地维护债务人财产和全体债权人的利益。忠实勤勉义务中的勤勉，指勤勉义务，即管理人在履行职务的过程中，应当不疏忽、不懈怠，认真、谨慎、合理、高效地处理事务。报告义务分为一般报告义务和特殊报告义务。一般报告义务是指法律规定的一般性义务，就是没有划定范围和指定特殊事项的义务。《企业破产法》规定了管理人有向人民法院报告工作的义务和列席债权人会议并报告情况及回答询问的义务。特殊报告义务是指法律规定的特殊事项的报告义务。《企业破产法》规定，有10种重大财产处分行为时，管理人应当及时报告债权人委员会；第一次债权人会议尚未召开，或者债权人会议未设立债权人委员会的，应当报告人民法院。规定不辞任义务的目的是保证破产管理的稳定性和连续性。《企业破产法》规定，管理人没有正当理由不得辞去职务，管理人辞去职务应当经人民法院许可。

第三节 破产申请与受理

一、破产界限

破产界限也称为破产原因，是指适用破产程序所依据的特定法律事实或法律条件。破产界限是人民法院进行破产宣告所依据的特定事实状态。

根据《企业破产法》的规定，企业法人的破产界限是：企业不能清偿到期债务，并且资产不足以清偿全部债务或者明显缺乏清偿能力的，依照规定清理债务。

需要注意的是，《企业破产法》规定的法律事实是企业法人不能清偿到期债务并且明显缺乏清偿能力。“不能清偿到期债务”和“明显缺乏清偿能力”是并列条件，后者是对前者的一个限定。也就是说，根据这一限定，一时不能支付但仍有偿还能力的企业不适用破产程序。这项标准代表了《企业破产法》的一个指导思想，即鼓励适用破产程序，特别是再建型的破产程序，也即重整与和解。这是为了让具有破产原因的企业能够积极清理债务，避免社会上大量的资产闲置和债务积淀，并减少企业在困境下的道德风险以及由此造成的经济损失。

此外，最高人民法院的司法解释给出了破产界限更具体的界定。根据司法解释，以下3种情况应当认定债务人不能清偿到期债务：

1.债权债务关系依法成立，但债务履行期限已经届满，而债务人未完全清偿债务。

2.债务人的资产负债表或者评估报告、审计报告等显示其全部资产不足以清偿全部债务，但有相反证据足以证明债务人的资产能够偿付全部债务的除外。

3.债务人的账面资产虽大于负债，但存在以下情形之一的，应当认定债务人不能清偿到期债务：（1）因资金严重不足或者财产不能变现等原因无法清偿债务；（2）法定代表人下落不明且无其他人员负责管理财产，无法清偿债务；（3）经人民法院强制执行，无法清偿债务；（4）长期亏损且经营扭亏困难，无法清偿债务；（5）导致债务人丧失清偿能力的其他情形。

二、破产申请

破产申请是破产申请人请求人民法院受理破产案件的意思表示。在我国，破产程序的开始不以申请为准而以受理为准。所以，破产申请仅是破产程序开始的条件，并不代表破产程序的开始。根据《企业破产法》的规定，能提出破产申请的主体有债权人、债务人和有关机关。

（一）债权人申请

根据《企业破产法》的规定，只要债务人不能清偿到期债务，债权人便可以向人民法院提出对债务人进行重整、和解或者破产清算的申请。需要注意的是，债权人申请的实质条件只有“债务人不能清偿到期债务”，这只是破产原因的构成要件之一。之所以这样规定，是因为债务人“资产不足以清偿全部债务或者明显缺乏清偿能力”的事实通常属于企业内部情况，债权人可能无法获知。因此，法律不要求债权人在提出破产申请时对此加以证明，债权人只需要提供证明债务人确实“不能清偿到期债务”的证据。

【小案例5-1】

中南公司不能清偿到期债务，债权人天一公司向人民法院提出对其进行破产清算的申请，但中南公司以其账面资产大于负债为由表示异议。天一公司应当提出哪些事由，证明中南公司属于明显缺乏清偿能力的情形？

分析提示：《最高人民法院关于适用〈中华人民共和国企业破产法〉若干问题的规定（一）》第4条规定：“债务人账面资产虽大于负债，但存在下列情形之一的，人民法院应当认定其明显缺乏清偿能力：（一）因资金严重不足或者财产不能变现等原因，无法清偿债务；（二）法定代表人下落不明且无其他人员负责管理财产，无法清偿债务；（三）经人民法院强制执行，无法清偿债务；（四）长期亏损且经营扭亏困难，无法清偿债务；（五）导致债务人丧失清偿能力的其他情形。”中南公司可以提出的事由包括：(1) 因房地产市场萎缩，构成中南公司核心资产的房地产无法变现；(2) 中南公司陷入管理混乱，法定代表人已潜至海外；(3) 天一公司已申请人民法院强制执行中南公司财产，仍无法获得清偿。

（二）债务人申请

《企业破产法》规定，符合条件的债务人可以向人民法院提出重整、和解或者破产清算申请。因此，债务人有申请破产的权利。在很多情况下，进入破产程序有利于维护债务人自身的利益。

债务人申请破产的，应当向人民法院提交破产申请和有关证据，还应当提交财产状况说明、债务清册、债权清册、有关的财务会计报告、职工安置预案以及职工工资的支付和社会保险费用的缴纳情况。

（三）有关机关申请

除债权人和债务人申请外，《企业破产法》规定，对于企业法人已经解散但未清算或者未清算完毕，资产不足以清偿债务的，依法负有清算责任的人应当向人民法院申请破产清算。

商业银行、证券公司、保险公司等机构有触及《公司法》第2条规定情形的，国务院金融监督管理机构可以向人民法院提出对该金融机构进行重整或者破产清算的申请。

（四）破产申请的撤回

《企业破产法》采取的是受理开始主义，即在人民法院做出受理破产申请的裁定时，破产程序正式开始。也就是说，在人民法院受理破产申请前，申请人可以请求撤回申请。因为即使人民法院已经收到申请人的申请，只要尚未对该申请做出受理的裁定，破产程序仍然没有开始，申请人可以请求撤回该申请。但只要人民法院做出了受理破产申请的裁定，申请人再申请撤回该破产申请的，人民法院应予驳回。

三、破产案件的管辖和受理

（一）破产案件的管辖

1.地域管辖。根据《企业破产法》的规定，企业破产案件由债务人住所地人民法院管辖。债务人住所地是指破产企业的主要办事机构所在地。无办事机构的，由其注册地人民法院管辖。

2.级别管辖。《企业破产法》未规定破产案件的级别管辖，但根据司法解释，破产案件的级别管辖有以下规定：（1）基层人民法院一般管辖县、县级市或者区的市场监督管理机关核准登记企业的破产案件；（2）中级人民法院一般管辖地区、地级市（含本级）以上的市场监督管理机关核准登记企业的破产案件；（3）纳入国家计划调整的企业破产案件，由中级人民法院管辖。

此外，根据司法解释，上级人民法院可以审理下级人民法院管辖的企业破产案件，或者将本院管辖的企业破产案件移交下级人民法院审理；下级人民法院需要将自己管辖的企业破产案件交由上级人民法院审理的，依照《中华人民共和国民事诉讼法》（以下简称《民事诉讼法》）的规定办理；省、自治区、直辖市范围内因特殊情况需对个别企业破产案件的地域管辖做调整的，须经共同上级人民法院批准。

（二）破产案件的受理

破产案件的受理又称为立案，指的是人民法院在收到破产申请后，认为申请符合法定条件而予以接受，并由此开始破产程序的司法行为。由此可见，破产程序开始的标志是人民法院裁定受理破产申请。

1.破产申请的受理时限。

（1）债权人提出的破产申请。《企业破产法》规定，债权人提出破产申请后，人民法院应当自收到破产申请之日起5日内通知债务人。债务人自收到通知之日起7日内可以对债权人的申请提出异议。异议期满后，无论债务人是否提出异议，人民法院都应当在10日内做出受理或者不受理破产申请的裁定。

（2）债务人或清算责任人提出的破产申请。在这种情况下，不存在债务人提出异议的问题。因此，人民法院应当自收到破产申请之日起15日内裁定是否受理。

以上是对一般情况下人民法院受理破产申请期限的规定，当出现一些比较特殊的情况时，如债权人人数众多、债权债务关系复杂、资产状况混乱等，人民法院难以在很短的时间内完成对破产申请的审查，经上一级人民法院批准，可以将裁定受理的时间延长15日。所以，在特殊情况下，从人民法院收到破产申请到做出受理的最长时间，债权人提出申请的为37日，债务人或清算责任人提出申请的为30日。

2.破产申请的驳回。我国法律规定了裁定不予受理破产申请的情形，主要包括：（1）债务人有隐匿、转移财产等行为，为了逃避债务而申请破产；（2）债权人借破产申请毁损债务人商业信誉，意图损害公平竞争；(3) 债务人巨额财产下落不明且不能合理解释财产去向。

此外，债务人对提出破产申请的债权人的债权提出异议并且人民法院认为异议成立，应告知债权人先行提起民事诉讼，破产申请不予受理。除此之外，由于破产案件受理时的实质审查只是表面审查，在实践中可能存在债务人实际上不存在破产原因的情况，因此，人民法院在受理以后，有机会通过进一步审查证据和了解情况，确定表面事实的真实性。根据《企业破产法》的规定，在受理破产申请后，裁定破产宣告前，人民法院发现债务人不具备《企业破产法》第2条规定的破产原因时，可以驳回该申请，终结破产程序。

3.破产案件受理的法律后果。由于破产程序是解决债权债务关系的强制程序，它优先于其他民事诉讼程序，因此，破产案件一经受理，对与破产案件当事人有关的其他所有民事纠纷案件都会产生一系列影响。

(1) 对债务人的有关人员来说，在破产程序开始到终结的整个期间，都将受到《企业破产法》的约束。《企业破产法》规定了债务人的有关人员在破产程序中应承担的3项义务：①合作与协助义务。债务人的有关人员应当妥善保管其占有和管理的财产、印章、账簿和文书等资料，应当根据人民法院、管理人的要求开展工作。②信息提供义务。债务人的有关人员对人民法院和管理人，以及债权人有信息披露义务，即如实回答上述人员的询问。③附属义务。一是不擅离职守，即未经人民法院许可不得离开住所地；二是不新任义务，即在破产程序进行期间不得新任其他企业的董事、监事、高级管理人员。

(2)《企业破产法》对破产申请受理后债务的个别清偿有严格的限制。《企业破产法》规定，人民法院受理破产申请后，债务人对个别债权人的债务清偿无效。这里的"个别清偿"必须是债务人实施的清偿，对象必须是实际存在的债务，而且一定是在破产申请受理后实施的清偿。这里的"个别清偿无效"是绝对无效，即任何人皆得主张的无效。按照民法上的行为无效的后果，在个别清偿无效的情况下，接受清偿的债权人负有恢复原状，即返还该清偿所得财产利益的义务。

(3) 对管理人的给付义务。这是指负有给付义务的人是债务人的债务人或者财产持有人。根据《企业破产法》的规定，债务人的债务人或者财产持有人应当向管理人清偿债务或者交付财产。也就是说，人民法院在裁定受理时指定的管理人负责接管和管理债务人的债务和财产，而向管理人清偿债务和交付财产是义务人正确履行义务的行为准则。这是一种强制性规定，义务人的给付只有符合这一准则才能为法律所承认。

(4) 待履行合同的处理。在破产的情况下，有些合同如果继续履行，会给债务人带来沉重的负担；而有些合同如果不履行，则会使债务人蒙受财产损失。对于待履行合同应如何处理，实际上是一个不同政策目标之间的权衡问题。《企业破产法》规定了管理人对合同是继续履行还是解除的选择权利，同时包括相对人的催告权和无担保情况下的解除权。

（5）保全解除和执行中止。为了实现全部债权的集体清偿，破产案件受理后，一切针对债务人的财产保全应当解除，一切民事执行程序应当中止，以便使债务人的财产和债权人的权利行使都纳入统一的集体程序之中。

（6）破产程序开始后的民事诉讼。首先，破产程序开始后，有关债务人的民事诉讼只能向受理破产申请的人民法院提起。此时，破产案件受理人民法院成为债务人财产和法律关系处理的中心，所有与之相关的民事诉讼都应当汇聚于此，这样才有利于最大限度地节省破产费用，提高程序透明度和程序效率。其次，破产程序开始后，所有与破产程序相冲突的民事诉讼（或仲裁）程序都应当被搁置，直至破产程序终结，如以追索债务为目的的给付之诉；而与破产程序不相冲突的民事诉讼或仲裁程序，则可以在管理人接管债务人的财产后继续进行，如债务人追索财产或债务的诉讼以及有关债权物权的确认之诉。

第四节 重整与和解

一、重整

重整是指债务人出现破产原因或者可能出现破产原因，同时又具有振兴和挽救的希望时，债权人或债务人向人民法院申请对债务人进行重整，以期待其在一定时期内恢复清偿能力的法律程序。重整是旨在挽救作为债务人的公司或者企业的一种积极程序，是一种在人民法院的干预下对该公司或企业实施强制治理以促使其复兴的制度。

换句话说，企业法人无论是已经到了无力偿债的事实状态，还是将要发生无力偿债的事实状态，都可以申请企业重整。所以，重整原因的范围比一般破产原因的范围大，这体现了重整程序拯救企业的制度目标。

（一）重整的申请和重整期间

《企业破产法》规定了重整程序可适用的两种情形：（1）债权人或债务人直接向人民法院提出申请；（2）债权人申请对债务人进行破产清算的，可由债务人或者持有债务人注册资本1/10以上的1名或数名出资人提出。

人民法院经审查认为重整申请符合《企业破产法》规定的，应当裁定许可债务人进行重整并予以公告。重整期间为自人民法院裁定债务人重整之日起至重整程序终止。

（二）重整计划

1.重整计划草案的制备。重整计划的制作和相关文件的准备应当由重整期间负责财产管理和营业事务的人制备。也就是说，谁管理谁负责。债务人自行管理的，债务人为重整计划的制备人；管理人负责管理的，管理人为重整计划的制备人。债务人或者管理人应当自人民法院裁定债务人重整之日起6个月内，同时向人民法院和债权人会议提交重整计划草案。

2.重整计划的内容。重整计划应当包括以下内容：（1）债务人的经营方案；（2）债权分类；（3）债权调整方案；（4）债权受偿方案；（5）重整计划的执行期限；（6）重整计划执行的监督期限；（7）有利于债务人重整的其他方案。此外，根据《企业破产法》的规定，重整计划不得规定减免债务人欠缴的除应划入职工个人账户的基本养老保险、基本医疗保险费用以外的社会保险费用，该项费用的债权人不参加重整计划草案的表决。

3. 重整计划的通过。人民法院应当自收到重整计划草案之日起30日内召开债权人会议，对重整计划草案进行表决。债务人或管理人应当向债权人会议就重整计划草案做出说明，并回答询问。债权人按不同债权进行分组，各组分别对草案进行表决。出席会议的同一表决组的债权人过半数同意重整计划草案，并且其所代表的债权额占该组债权总额的2/3以上的，即为该组通过重整计划草案。当各表决组均通过重整计划草案时，重整计划即为通过。

4. 重整计划的批准。自重整计划通过之日起10日内，债务人或者管理人应当向人民法院提出批准重整计划的申请。人民法院可以根据案情的需要，进行开庭或者不开庭审理。人民法院经审查认为该重整计划符合《企业破产法》规定的，应当自申请之日起30日内裁定批准，同时终止重整程序，并予以公告。如果人民法院审查后认为该重整计划不符合《企业破产法》的规定，应当裁定不予批准，同时终止重整程序，并宣告债务人破产。

【法律小知识5-3】

借鉴《美国破产法》的“强行批准”规则，《企业破产法》赋予人民法院强行批准在债权人会议中未通过的重整计划的权力，这是因为立法者考虑到企业重整不仅关系到债权人的利益，而且关系到其他利害关系人的利益和社会公共利益。对个别表决组出于自身利益而拒绝通过整个重整计划的倾向，要在不同利益之间进行权衡。

5. 重整计划的效力。经人民法院裁定批准的重整计划，对债务人和全体债权人均有约束力。在重整计划执行期间，未依照《企业破产法》的规定申报债权的债权人不得行使权利。但在重整计划执行完毕以后，此类债权人可以依照同类债权在重整计划中的清偿条件行使权利。

6. 重整计划的执行。重整计划由债务人负责执行，由管理人负责监督。在监督期内，债务人有向管理人报告重整计划执行情况和债务人财务状况的义务。监督期届满时，管理人应当向人民法院提交监督报告。自监督报告提交之日起，管理人的监督职责终止。

7. 重整计划的执行终止。重整计划可以因执行不能而终止或者执行完毕而终止。前者包括债务人不执行和不能执行两种情况，人民法院经管理人或者利害关系人请求，应当裁定终止重整计划的执行，并宣告债务人破产。后者的债务人应当及时向人民法院提交执行报告，经人民法院审查确认后，裁定终结破产案件。自此，债务人对于依照重整计划减免的债务免除清偿责任。

【相关链接5-1】

上海超日太阳能科技股份有限公司（以下简称超日公司）是国内较早从事太阳能光伏生产的民营企业，注册资本1.976亿元。2010年11月，超日公司股票在深圳证券交易所中小企业板挂牌交易。2012年3月7日，超日公司发行了存续期限为5年的“11超日债”。此后，该公司持续亏损，无力偿付供应商货款，银行账户和主要资产处于被冻结、抵押或查封状态，应付债券不能按期付息，“11超日债”也成为我国债券市场上首个公司债违约案例。由于财务负担沉重以及光伏产业整体处于低谷时期等因素的影响，超日公司很难在短期内通过主营业务的经营恢复持续盈利能力。2014年4月3日，债权人上海毅华金属材料有限公司以超日公司不能清偿到期债务为由，向上海市第一中级人民法院（以下简称上海一中院）申请对该公司进行破产重整。上海一中院经审查，于2014年6月26日裁定受理。因连续3年亏损，超日公司被暂停上市。

上海一中院指定一家律师事务所和一家会计师事务所组成联合管理人。2014年10月8日，管理人公告发布《超日公司重整计划草案》《关于确定投资人相关情况的公告》等文件。管理人根据超日公司的实际情况，并综合考查了意向投资人，确定由江苏协鑫能源有限公司等9家单位组成联合体，作为超日公司重整案的投资人。9家联合投资人拟出资19.6亿元用于超日公司重整，其中18亿元用于支付重整费用和清偿债务，剩余1.6亿元作为超日公司后续经营的流动资金。

《超日公司重整计划草案》于2014年10月23日向第二次债权人会议提交。经分组表决，各表决组均通过了该草案。依管理人申请，上海一中院于2014年10月28日裁定批准超日公司重整计划并终止重整程序。根据重整计划，超日公司职工债权和税款债权全额受偿；有财产担保债权按照担保物评估价值优先受偿，未能就担保物评估价值受偿的部分作为普通债权受偿；普通债权20万元以下（含本数）部分全额受偿，超过20万元部分按照20%的比例受偿。此外，长城资产管理公司和久阳投资管理中心承担相应的保证责任，“11超日债”本息全额受偿。超日公司更名为协鑫科技股份有限公司，并于2014年实现盈利。2015年8月12日，*ST超日更名后在深交所恢复上市。至此，超日公司重整成功。

本案是全国首例公司债违约的上市公司破产重整案件，选择同行业企业作为重整方是本案迅速重整成功的关键。超日公司若要恢复上市，避免破产清算，必须在2014年内重整成功，扭亏为盈，这意味着重整工作的有效时间最多半年。而超日公司负债规模大、资产情况复杂，还涉及6万多股民及大量海外资产，重整难度较大。在这种情况下，引入同行业有实力的重组方是较优选择，经过公开征集投资人，最终确定由同行业的江苏协鑫能源有限公司等作为重整方。引入同行业投资人可以加快推进重整进程，还可以解决企业现有员工的就业问题，有利于保障社会稳定。基于此，超日公司迅速恢复生产并具备持续经营能力，实现了较好的法律效果和社会效果。

资料来源　佚名. 人民法院关于依法审理破产案件推进供给侧结构性改革典型案例［N］. 人民法院报. 2016-06-16（3）.

二、和解

和解是指债务人发生破产原因时，为了避免其破产，债务人与债权人达成和解协议，调整债务人债务、减轻债务人负担，以期待其恢复生机，并经人民法院裁定许可的法律程序。

（一）和解的申请

1.提出和解的申请人必须是已经具备破产原因的债务人，债务人可以直接向人民法院申请和解，也可以在人民法院受理破产申请后、宣告债务人破产前向人民法院申请和解。

2.申请和解的债务人应当向人民法院提交相关证据和文件。

3.债务人在申请和解时应当提交和解协议草案。

符合上述3个条件的和解申请，人民法院经审查认为符合《企业破产法》规定的，应当裁定和解，并予以公告及召集债权人会议讨论和解协议草案。

（二）和解协议

1.和解协议的当事人是债务人和全体和解债权人。和解债权人是指人民法院受理破产申请时对债务人享有无财产担保债权的人。

2.和解协议的主要内容为清偿债务的财产来源、清偿债务的办法、清偿债务的期限等。

3.和解协议以人民法院裁定认可为生效要件。因债务人的欺诈或者其他违法行为而成立的和解协议，人民法院应当裁定无效，并宣告债务人破产。人民法院认可和解协议的，应当发布公告，中止破产程序。

（三）和解协议的法律效果

1.生效的和解协议的法律效果。生效的和解协议主要有以下法律效果：（1）破产程序终结，债务人恢复财产管理；（2）全体和解债权人受和解协议的约束；（3）债务人受和解协议的约束。

2.和解执行完毕的法律效果。和解执行完毕以和解协议规定的清偿义务完全履行为标志。和解执行完毕的法律效果就是剩余债务的自动免除，所以，自和解协议执行完毕时起，债务人不再承担清偿责任。

3.和解失败的法律效果。和解在实质上就是一个合同的成立、生效和履行的过程。和解协议不成立、不生效是指和解协议草案经债权人会议表决未获通过，或者已经债权人会议通过的和解协议未获得人民法院认可，人民法院应当裁定终止和解程序，并宣告债务人破产。和解协议无效是指因债务人的欺诈或者其他违法行为而成立的和解协议，无论该违法事由是被发现于协议生效以前还是协议生效以后，人民法院都应当裁定其无效，并宣告债务人破产。

（四）法庭外的和解

在实践中，当事人在和解申请前或者申请后，就和解事项展开法庭外的谈判是很常见的。《企业破产法》的立法原则是鼓励当事人展开企业拯救的，所以《企业破产法》规定，当事人在法庭外自行和解后，经人民法院认可即具备相当于法庭内和解的效力。这体现了立法者鼓励和解和重视企业拯救的指导思想，也体现了对当事人意思自治的尊重。允许当事人自行和解也有利于节省司法资源。

为了防止当事人滥用、乱用庭外和解政策，以及侵犯部分债权人利益的情况，《企业破产法》对法庭外达成的和解协议做了更加严格的规定，条件如下：（1）必须经全体债权人一致同意；（2）不损害有担保债权人的权益；（3）经人民法院审查认可。

经人民法院裁定认可的和解协议，与在法庭上达成的和解协议具有同等效力，以后的执行或者中止执行，都适用相同的法律规则。

（五）重整、和解、清算程序之间的关系

《企业破产法》设立的重整、和解和清算3种司法程序之间，存在一定的可转换性。在这3种司法程序之间，当事人有一定程度的选择自由，具体包括以下几点：

1.债务人在提出破产申请时可以选择适用重整、和解或清算程序，债权人在提出破产申请时可以选择适用重整或清算程序。

2.债权人申请债务人破产清算的案件，在破产宣告前，债务人可以申请和解，债务人或者其出资人可以申请重整。

3.债务人申请适用破产清算的案件，在破产宣告前，债权人或者债务人的出资人已经申请重整，债务人也可以申请和解。

4.债务人进入重整程序或者和解程序后，可以在具备《企业破产法》规定的特定事由时，经破产宣告转入破产清算程序。

5.债务人一旦经破产宣告进入破产清算程序，则不得转入重整或者和解程序。

总的来说，重整程序就好比“治病救人”，只不过“病人”是濒临破产的企业法人；和解程序就好比“起死回生”，针对的也是濒临破产的企业法人。重整与和解程序失败后，即宣告破产进入清算程序。也就是说，企业到了清算程序，这个“病危”的企业法人已经被宣告死亡。

第五节 破产清算

破产清算主要包括破产宣告、破产财产的变价、破产财产的分配以及破产程序的终结4个阶段。

一、破产宣告

（一）破产宣告的概念及特征

1.破产宣告的概念。破产宣告是人民法院对债务人具备破产原因的事实做出有法律效力的认定。破产宣告标志着破产案件无可逆转地进入清算程序，债务人已经无可挽回地陷入破产倒闭。因此，破产宣告的法律制度在破产法上有着十分重要的意义，它标志着企业破产程序进入实质性阶段。破产宣告一经做出，破产企业应当立即停止生产经营活动，进入破产清算程序。根据《企业破产法》的规定，债务人被宣告破产后被称为破产人，人民法院受理破产申请时对债务人享有的债权称为破产债权。这些特殊称谓和破产清算程序的目标是紧密联系的，即破产人以其全部破产财产对全体破产债权进行清偿。

2.破产宣告的特征。

（1）破产宣告的适用对象是不能清偿到期债务的债务人。对于一般的债务人，其能够清偿债务而拒不清偿的，债权人可通过民事诉讼的方式解决纠纷，人民法院不能宣告债务人破产。

（2）破产宣告的权力机关是人民法院。破产宣告是人民法院行使破产案件专属权的具体方式，其他任何国家机关和机构都没有权利对债务人不能清偿债务做出具有法律意义的判定。这是因为，破产宣告对债务人和债权人的利益有重大影响，且具有不可逆转的性质。

（3）破产宣告是破产清算的开始。只有在债务人已经被人民法院确认宣告破产的情况下，才能开始破产清算。

（二）破产宣告的条件

有下列情形之一的，人民法院裁定宣告企业破产：

1.债务人在重整期间因法定事由，被人民法院裁定终止重整程序。

2.债务人或管理人未按期提出重整计划草案，被人民法院裁定终止重整程序。

3.重整计划草案未获通过且未被批准，或者重整计划已通过但未被批准，被人民法院裁定终止重整程序。

4.债务人不能执行或不执行重整计划的，经管理人或利害关系人请求，人民法院裁定终止重整计划的执行。

5.债务人不能清偿债务且与债权人不能达成和解协议。

6.和解协议草案经债权人会议表决未获通过，或者已获通过但未获得人民法院认可，被人民法院裁定终止和解程序。

7.因债务人的欺诈或其他违法行为而成立的和解协议，被人民法院裁定无效。

8.债务人不执行或者不能执行和解协议。

（三）破产宣告的法律效果

破产宣告的法律效果是指对宣告破产的债务人、债权人等所产生的法律后果。对债务人来说，破产宣告的法律效果主要有以下3个方面：

1.债务人成为破产人。在我国，被申请破产的企业，在破产宣告前称为债务人，在破产宣告后称为破产企业。破产企业也可称为破产人，就是民事权利受到破产程序拘束的人。

2.债务人财产成为破产财产。破产宣告后，债务人的财产成为破产财产，即成为由管理人占有、处分并用于破产分配的财产。

3.债务人丧失对财产和事务的管理权。破产宣告后，债务人的财产和事务必须全部置于管理人的控制之下，原则上破产企业应当停止业务活动，但继续经营有助于破产财产的保值增值、符合债权人利益的，人民法院可以许可继续经营。

对债权人来说，破产宣告使其获得了行使权利的特别许可。破产宣告后，因破产宣告以前的原因而发生的请求权，可以依照破产程序的规定接受清偿。为此，《企业破产法》对破产宣告后的债权行使做了特别规定：（1）未到期的债权视为到期；（2）有财产担保的债权人可以随时由担保物获得优先清偿；（3）无财产担保的债权人依破产分配方案获得清偿，不享有由特定财产优先受偿的权利。

（四）免于破产宣告

人民法院之所以对债务人进行破产宣告，是因为债务人具备破产的原因。如果没有破产原因的事实存在，就不得进行破产宣告。

除了不具备破产原因的情形外，《企业破产法》还规定了两种情形属于法定不予破产的事由，即破产宣告前，有下列情形之一的，人民法院应当裁定终结破产程序，并予以公告：（1）第三人为债务人提供足额担保或者为债务人清偿全部到期债务；（2）债务人已清偿全部到期债务。

二、破产债权

破产债权是指破产程序启动前债权人对破产企业所享有的，只能通过破产程序才可以从破产财产中获得公平受偿的债权。

（一）破产债权的范围

1.破产宣告前成立的无财产担保的债权。

2.放弃优先受偿权的有财产担保的债权。

3.虽有财产担保但其债权数额超过担保物价款且未清偿部分。

4.破产宣告时尚未到期的债权，但应当扣除未到期的利息。

5.因破产宣告而解除未履行或未完全履行的合同造成对方当事人经济损失的损害赔偿额。

6.票据的出票人或背书人被宣告破产，而付款人或承兑人已付款或承兑的。

7.被保证人被宣告破产前，保证人代替被保证人清偿债务的部分。

8.债务人发行债券而形成的债权。

9.债权人会议认可的其他债权。

（二）别除权

别除权是大陆法系破产法的概念，指债权人不依破产程序能从破产财产中的特定财产单独优先受偿的权利。别除权具有以下特征：

1.别除权以担保物权为基础权利。根据《企业破产法》的规定，对破产人的特定财产享有担保权的权利人，对该特定财产享有优先受偿的权利。这里的“财产担保”指的是抵押、质押、留置。所以，依据《民法典》设立的抵押权、质权和留置权是别除权的基础权利。

2.别除权以实现债权为目的。担保制度的目的是保障债权，因此，担保权从属于受担保的债权。担保权的有效以债权的有效为前提，债权消灭，担保权也随之消灭。

3.别除权的行使不参加集体清偿程序。别除权人是指享有别除权的债权人。别除权的权利内容是指别除权人有权就担保物单独优先受偿。这可以归纳为：在破产法的规定中，别除权是集体清偿原则的一个例外。也就是说，在破产宣告后，别除权人即可对标的物实施处分并获得清偿，不受破产清算程序进展情况的影响。

4.别除权以破产人的特定财产为标的物。被设置了担保权的担保物是别除权享受优先受偿的财产，这种财产在破产法上被称作别除权标的物。当别除权标的物不足以清偿被担保的全部债务时，别除权人不能就未足额清偿部分请求由破产财产优先受偿，只能作为普通破产债权参加集体清偿。

5.别除权标的物不计入破产财产。由于别除权人对标的物有优先受偿权，所以其他任何债权人不得对别除权标的物提出清偿请求，任何人不得擅自将别除权标的物纳入财产分配。只有当别除权人放弃优先受偿权而愿意加入集体清偿时，别除权标的物才转为破产财产。

总的来说，别除权人行使优先受偿权不受破产程序的约束。如果别除权人占有担保物，可自行折价或变价优先受偿；如果别除权人不占有担保物，其行使优先权时必须通过管理人，才能折价或变价优先受偿。如果别除权标的物的价款超过债权数额，超过部分收归破产财产；如果小于债权数额，不足部分作为破产债权申报。

（三）破产抵销权

破产抵销权是指破产债权人在破产申请前对破产人负有债务的，不论债的种类和到期时间，得于清算分配前以破产债权抵销其所负债务的权利。一般来说，抵销免除双方的债务，双方的受益是同等的，但是在破产情况下，如果分别执行各自不同的债权，破产债权人对破产人所负的债务必须全额清偿，而自己享有的债权只能从破产财产中受到有限的清偿，甚至得不到清偿，该结果对于破产债权人显失公平。破产抵销权的实施可以保障债权人的破产债权在抵销范围内得以优先清偿，但是，它不利于全体破产债权人的一般清偿利益。世界上少数国家不承认破产抵销，而我国是承认的。《企业破产法》规定，债权人在破产申请前对债务人负有债务的，可以向管理人主张抵销。

破产抵销权的行使必须满足以下条件：（1）债权人在破产申请受理前对债务人负有债务；（2）主张抵销的债权必须依法进行申报；（3）主张抵销的债权已经得到确认；（4）应当由债权人向管理人主张抵销。

由于破产抵销权具有优先性，能够使债权人得到优于清算分配的清偿结果，《企业破产法》对其适用加以限制，以防止其被滥用，避免损害破产清算的秩序和多数债权人的正当权益。

【小案例5-2】

上海市W纺织厂因经营管理不善致使产品滞销，从2017年开始连年亏损。该纺织厂曾采取一系列措施，试图改善亏损状况，但未见好转，亏损额越来越大。到2019年12月，该纺织厂的债务已高达1 943.5万元，而其资产和债权仅有965.5万元，且大部分资产做了银行贷款抵押。2019年12月28日，该纺织厂的债权人交通银行S市分行向S市中级人民法院申请W纺织厂破产。S市中级人民法院在审查后立案，在规定的时间内通知了已知的债权人。W纺织厂在人民法院受理破产案件后的第三天，及时向其债权人之一——S市机电设备公司清偿了200万元的债务。S市中级人民法院依法主持召开了第一次债权人会议。会议确认的债权人有16家，债权累计1 640.5万元，其中包括交通银行S市分行有财产抵押的债权800万元。2020年3月20日，S市中级人民法院裁定宣告W纺织厂破产。2020年3月24日，W纺织厂破产清算组成立。清算组决定把该纺织厂整体拍卖，所得收益和分配方案经债权人会议表决通过。此案不符合《企业破产法》规定的地方有哪些？

分析提示：(1) W纺织厂在人民法院受理破产案件后向S市机电设备公司清偿了200万元债务的行为违法。根据《企业破产法》的规定，人民法院受理破产案件后，债务人对部分债权人的清偿行为无效。(2) 清算组不应当把交通银行S市分行所享有的有财产担保的债权作为破产债权一并处理。《企业破产法》规定，破产宣告前成立的无财产担保的债权和放弃优先受偿权的有财产担保的债权为破产债权。

三、破产变价

(一) 破产财产

破产财产是指破产宣告时至破产程序终结期间，归管理人占有、支配并用于破产分配的破产人的全部财产的总和。它作为破产宣告后继续进行破产程序的财产基础而存在，决定破产债权的受偿程度和破产关系中有关主体的利益分配。破产宣告后，债务人的财产转变为破产财产。其范围具体包括：

1.破产宣告时破产企业所有的和经营管理的全部财产，包括破产企业的固定资产、流动资产，专项基金等。

2.由破产企业行使的财产权利，包括应当由破产企业行使的物权、债权、证券权利、知识产权、股东出资缴纳请求权等。

3.在破产宣告后至破产程序终结前债务人所取得的财产。在破产宣告后至破产程序终结前，债务人仍然可以从事某些必要的民事活动，比如决定继续履行破产企业尚未履行完毕的合同等，这就存在取得财产的可能。在这一时段内取得的财产，既包括实物财产也包括财产权利，主要有以下5种：(1) 因破产企业债务人的清偿和财产持有人的交还而取得的财产；（2）因未履行合同的继续履行而取得的财产；（3）由破产企业享有的投资权益所产生的收益，如公司股份的年终分红、在合资企业中获得的利润分配等；（4）破产财产所生的孳息或转让所得，如房屋出租的收入，银行存款、有价证券带来的收益以及破产财产转让价值超过其账面净值的差额部分；（5）基于其他合法原因而取得的财产，包括因他人侵犯破产企业权利（包括无形资产权）而获得的赔偿、债务人因开办人补足注册资本所获得的财产、因债务人财产被错误执行而执行回转的财产等。

4.担保物的价款超过担保债务数额部分的担保财产。

在认定破产财产时应注意，下列财产不属于破产财产：（1）依《民法典》"担保物权编"设定了担保的财产；（2）取回权的标的物，包括破产企业基于仓储、保管、加工承揽、委托交易、代销、借用、寄存、租赁等法律关系占有、使用的他人财产；（3）特定物买卖中，尚未转移占有但相对人已完全支付对价的特定物；（4）尚未办理产权证或者产权过户手续但已向买方交付的财产；（5）破产企业在所有权保留买卖中尚未取得所有权的财产；（6）所有权专属于国家且不得转让的财产；（7）破产企业内的社团经费及社团拥有的财产，破产企业内的社团主要有企业的党团组织和工会组织；（8）因无效合同取得的财产。

（二）破产变价的概念

破产清算以金钱分配为原则、实物分配为例外，此为各国通例。《企业破产法》也贯彻这一原则。破产变价就是破产财产的变价，是贯彻金钱分配原则的必要环节。破产变价是指管理人将非金钱的破产财产，通过合法方式加以出让，使之转化为金钱形态，以便于清算分配的过程。破产宣告后，管理人在接管破产财产以后，应立即进行破产变价工作。

作为金钱分配原则的例外，破产法允许采用实物分配，这是为了避免因部分财产难以变现而拖延破产清算时间、增加破产费用而不得不采取的替代方法。在司法实践中，部分破产财产无法变现的情况比较常见，因而实物分配的做法较为普遍。但是，由于实物的估价存在一定的随意性，加上实物的市场价值存在一定的变动性，所以实物分配通常难以保持较高程度的公平。因此，破产清算应当尽可能地采用金钱分配的方式，这就使得破产变价工作尤为重要。

（三）破产变价的方法

根据《企业破产法》的规定，管理人进行破产变价，应当拟定破产变价方案，提交债权人会议讨论通过；债权人会议表决未通过的，由人民法院裁定。

变卖破产财产应当公开进行。在实践中，变卖破产财产可采用的形式通常有3种：拍卖、招标出售、标价出售。拍卖是以公开竞价的方式出售破产财产的办法。拍卖的好处是可以通过出价者之间的竞争提高财产的售价，缺点是程序较复杂、成本较高。招标出售类似于拍卖且费用较低，但投标采用不公开竞价的方式，投标者不了解彼此的出价，所以很难达到拍卖的竞价效果。标价出售是指对于零星财产可以直接提出价格寻求买主。标价出售可以给求购者议价的机会，整个标价出售系统操作简单，费用较低，但是不太容易获得最有利的售价。

根据《企业破产法》的规定，以上3种变卖破产财产的方式中，一般采取拍卖的方式。但是，债权人会议做出决议采用其他方式的，应当遵从其决议。此外，国家规定不能拍卖或者限制转让的财产要按照国家规定的方式处理。

四、破产财产的分配

（一）破产财产分配的概念

破产财产的分配又称破产分配，是指破产管理人将变现后的破产财产，根据符合法定顺序并经合法程序确定的分配方案，对全体破产债权人进行公平清偿的程序。破产分配意味着破产清算的完成，破产分配结束是破产程序终结的原因。

破产分配以变价后的破产财产为标的，由管理人根据符合法定顺序并经合法程序确定的分配方案进行。

（二）破产财产分配的顺序

破产财产在优先清偿破产费用和共益债务后，依照下列顺序清偿：

1.破产人所欠职工的工资和医疗、伤残补助、抚恤费用，所欠的应当划入职工个人账户的基本养老保险、基本医疗保险费用，以及法律、行政法规规定应当支付给职工的补偿金。

2.破产人缴纳的除前项规定以外的社会保险费用和破产人所欠的税款。

3.普通破产债权。

《企业破产法》规定分配顺序的意义在于确定不同类别的请求权人的受偿顺序，使顺序在先的请求权人能够优先于顺序在后的请求权人获得清偿。为了实现这个目的，必须遵守下列规则，按顺序清偿：（1）首先清偿在先顺序的债权；（2）在先顺序的债权清偿完毕后，有剩余财产的，进行下一顺序的清偿；（3）对每一顺序的债权，破产财产不能足额清偿的，按比例清偿。

《企业破产法》为了保障破产人职工的根本利益，做出如下规定：破产人在该法公布之日前所欠职工的工资和医疗、伤残补助、抚恤费用，所欠的应当划入职工个人账户的基本养老保险、基本医疗保险费用，以及法律、行政法规规定应当支付给职工的补偿金，依照前述分配顺序的规定清偿后不足以清偿的部分，优先于对特定财产享有担保权的权利人受偿。《企业破产法》做出的这种突破性规定不但保障了职工的根本利益，而且体现了在市场经济条件下企业更应当承担相应的社会责任。

（三）破产费用和共益债务

破产费用是指为维护破产债权人的共同利益而从破产财产中支付的费用，主要包括：（1）破产案件的诉讼费用；（2）管理、变价和分配债务人财产的费用；（3）管理人执行职务的费用、报酬和聘用工作人员的费用。

共益债务是指破产程序中为全体债权人的共同利益而管理、变价和分配破产财产而负担的债务。与之相对应的权利为共益债权。《企业破产法》规定，人民法院受理破产申请后发生的下列债务为共益债务：（1）因管理人或者债务人请求对方当事人履行双方均未履行完毕的合同所产生的债务；（2）债务人财产受无因管理所产生的债务；（3）因债务人不当得利所产生的债务；（4）为债务人继续营业而支付的劳动报酬和社会保险费用以及由此产生的其他债务；（5）管理人或者相关人员执行职务致人损害所产生的债务；（6）债务人财产致人损害所产生的债务。

《企业破产法》规定了破产费用和共益债务的清偿原则：（1）随时清偿。破产费用和共益债务由债务人财产随时清偿。在债务人财产足以清偿破产费用和公益债务时，二者的清偿不分先后。（2）破产费用优先清偿。在债务人财产不足以清偿所有破产费用和共益债务的情况下，先清偿破产费用。（3）按比例清偿。债务人财产不足以清偿所有破产费用或者共益债务的，按比例清偿。（4）不足清偿时的终结程序。债务人财产不足以清偿破产费用的，管理人应当提请人民法院终结破产程序。

（四）破产分配方案

破产分配方案是载明破产财产如何用于破产分配和各破产债权人如何获得破产分配的书面文件。

破产分配方案由管理人根据全体破产债权人达成的共同意志进行制备。破产分配方案应载明以下内容：参加破产分配的债权人名称或者姓名、住所；参加破产分配的债权额；可供分配的破产财产数额；破产分配的顺序、比例及数额；实施破产分配的方法。

破产分配方案由管理人拟定，提交债权人会议讨论；债权人会议通过该方案后，由管理人提请人民法院裁定认可；人民法院认可后，由管理人执行。

此外，管理人按照破产财产分配方案实施多次分配的，应当公告每次分配的财产额和债权额。若管理人实施的是最后分配，也应当在公告中指明。

【法律小知识5-4】

在债务人财产不足以支付破产费用，或破产人无财产可供分配，或破产财产分配完成后，人民法院可以启动追加分配程序，用破产程序终结后新发现的财产，对尚未获得满足的破产请求权进行补充清偿。如果追回财产的数额较小，不足以支付分配费用，则不再进行追加分配，由人民法院将其上缴国库。

五、破产程序的终结

破产程序的终结是指破产程序不可逆转地归于结束。破产程序的终结主要有以下4种情形：

1.破产人脱离破产困境，主要有：（1）债务人已清偿全部到期债务；（2）第三人为债务人提供足额担保或者为债务人清偿全部到期债务。

2.破产人无财产可供分配。

3.债务人财产不足以支付破产费用。

4.破产财产分配完毕。

有后3种情形的，即破产人无财产可供分配、债务人财产不足以支付破产费用，或者破产财产分配完毕，管理人有义务提请人民法院裁定终结破产程序，人民法院应当自收到管理人终结破产程序的请求之日起15日内做出是否终结破产程序的裁定。如果管理人不履行或者不能履行提请终结的义务，人民法院可以依职权裁定终结。人民法院终结破产程序的裁定应当予以公告。管理人应当自破产程序终结之日起10日内，持人民法院终结破产程序的裁定，向破产人的原登记机关办理注销登记。管理人亦于注销登记完毕的次日终止执行职务。但是，存在诉讼或者仲裁未决情况的除外。

本章小结

我国企业破产法规定了破产清算程序、和解程序和重整程序。破产程序中涉及的主体包括破产人、破产债权人、债权人会议、债权人委员会和管理人。破产程序从人民法院受理破产申请开始。提起破产申请的可以是债权人、债务人，也可以是负有清算责任的人。对符合和解和重整条件的破产案件，按照和解程序和重整程序处理，否则进入破产清算程序进行清算。破产清算主要包括破产宣告、破产变价、破产财产的分配以及破产程序的终结4个阶段。破产宣告由人民法院做出。破产财产的变价方案和分配方案由管理人拟定，提交债权人会议表决。破产程序终结意味着破产程序的结束，破产人脱离破产困境的继续经营；按照破产清算程序终结破产程序的，人民法院应当做出裁定并予以公告。

复习与思考

一、即测即评

第五章单项选择题　　第五章多项选择题　　第五章判断题

二、案例分析题

茂通快递公司因严重亏损，已经无法清偿到期债务。2020年7月，各债权人讨债未果，准备申请茂通快递公司破产。这些债权人包括：（1）A公司，茂通快递公司租用其仓库期间，因疏于管理，于2020年1月失火导致仓库被烧毁；（2）B公司，茂通快递公司拖欠其房屋租金10万元，早在2018年2月就已到期，一直没有偿还，但B公司一直未追讨；（3）C公司，茂通快递公司拖欠其维修费20万元，双方达成协议，约定于2020年11月付款；（4）D公司，茂通快递公司欠其货款30万元，D公司多次催讨，仍未偿还。请问：在上述债权人中，谁有权申请茂通快递公司破产？

第六章
合同法律制度

学习目标

通过本章学习，重点掌握合同的订立规则及承担违约责任的方式，保证人在不同保证方式下的保证责任、抵押与质押的区别、留置权的成立条件和定金罚则的内容；理解并掌握合同的效力、合同的履行以及保证、抵押、质押、留置、定金5种担保方式的相关法律规定；了解合同从订立到终止的过程以及担保在债的实现中的作用；熟悉几种常见合同的法律规定，能够运用《民法典》“合同编”的基本理论解决现实中的法律问题。

案例导入

甲公司于2021年3月10日向乙厂发出传真，欲购买乙厂生产的某型号挖掘机10台，4月20日前由乙厂送货上门，货到付款，运费由甲公司承担，要求乙厂在3日内报价。乙厂按期报价，要求甲公司3日内回复。甲公司按期回复，同意乙厂的报价，但要求签订书面合同。4月5日，乙厂在未签订书面合同的情况下按约定的条件发货，甲公司收货后未提出异议，亦未付款。4月17日，甲公司发现丙厂生产的同型号挖掘机价格便宜很多，遂向乙厂提出，由于双方未签订书面合同，买卖关系不成立，要求乙厂尽快取回挖掘机。乙厂不同意，要求甲公司支付货款。随后，乙厂发现甲公司怠于行使其对丁公司的到期债权，可能使自己的货款无法得以清偿，遂向人民法院提起诉讼。请问：（1）甲公司的传真订货、乙厂的报价、甲公司的回复报价分别是什么性质的法律行为？（2）甲公司与乙厂之间的买卖合同是否成立？（3）对甲公司怠于行使其到期债权的行为，乙厂可以向人民法院提出何种诉讼请求，以保护自己的合法权益？

第一节　合同及合同法概述

一、合同的概念及特征

（一）合同的概念

合同是商品经济发展的产物，社会主义市场经济的有序运行离不开合同。在社会生活中，平等主体的自然人、法人、其他组织之间进行买卖、租赁、借款、加工承揽、货物运输、知识产权的开发与转让等经济活动，都需要签订合同，明确彼此的权利和义务。合同的使用范围越来越广泛。

《民法典》规定，合同是民事主体之间设立、变更、终止民事法律关系的协议。

【法律小知识6-1】

合同也称契约，可分为债权合同、物权合同、身份合同等。身份合同由于其特殊性，与财产流转领域的合同在适用法律上并不一致。《民法典》规定，婚姻、收养、监护等有关身份关系的协议，适用有关身份关系的法律规定；没有规定的，可以根据其性质参照适用“合同编”的规定。

（二）合同的特征

1.合同的主体具有平等的法律地位。任何一方都不得将自己的意志强加给对方，迫使其接受不公平的条件，也不允许任何人进行非法干预。

2.合同是两方以上的当事人意思表示一致的产物。合同是双方或多方主体在平等自愿的基础上做出的内容一致的意思表示。

3.合同以设立、变更、终止民事法律关系为目的。设立民事法律关系是指当事人订立合同的目的是创设某种民事法律关系，如买卖关系、借贷关系等，从而使合同的当事人能够享有某种民事权利，承担某种法律义务。变更民事法律关系是指当事人通过订立合同使原有的民事权利义务关系发生改变。终止民事法律关系是指当事人通过订立合同使原有的民事权利义务关系归于消灭。

二、合同的分类

（一）单务合同与双务合同

根据合同当事人是否同时享有权利义务，将合同分为单务合同与双务合同。单务合同是指一方当事人仅享有权利而另一方当事人仅承担义务的合同，如赠与合同。双务合同是指双方当事人均享有权利并承担义务的合同，如买卖合同。

区分单务合同与双务合同的意义有两点：一是双务合同可以适用同时履行抗辩权，单务合同则不可以。二是双务合同中如果当事人因不可抗力导致其不能履行合同义务，其合同义务应被免除，其享有的合同权利亦应消灭；在单务合同中则不存在这一问题。

（二）诺成合同与实践合同

根据合同的成立是否以交付标的物为要件，将合同分为诺成合同与实践合同。诺成合同又称不要物合同，是指仅以当事人意思表示一致为成立要件的合同。诺成合同自当事人双方意思表示一致时即成立，不以一方交付标的物为合同的成立要件，当事人交付标的物属于履行合同，与合同的成立无关。实践合同又称要物合同，是指除当事人意思表示一致外，还须交付标的物方能成立的合同。

区分诺成合同与实践合同的意义在于确定合同是否成立以及标的物风险转移时间。

（三）要式合同与不要式合同

根据合同的成立是否需要采用特定的形式，将合同分为要式合同与不要式合同。要式合同是指法律要求必须具备一定形式和手续的合同。不要式合同是指法律不要求必须具备一定形式和手续的合同。

区分要式合同与不要式合同的意义在于，某些法律和行政法规对合同形式的要求可能成为影响合同效力的因素。根据契约自由原则，当事人有权选择合同形式，所以各国均以不要式合同为原则。对于一些重要的交易，如不动产买卖，法律常规定当事人应当采取特定的形式订立合同。

（四）有名合同与无名合同

根据法律有无设定特定的名称，将合同分为有名合同与无名合同。有名合同又称典型合同，是指法律或者交易习惯上按其类型已确定了一定名称的合同。《民法典》"合同编"共19章，规定了买卖合同，供用电、水、气、热力合同，赠与合同，借款合同，保证合同等19种有名合同。无名合同又称非典型合同，是指有名合同以外的，尚未统一确定一定名称的合同。无名合同大量存在于实践中，只要未违反法律的禁止性规范或者未危害社会公共利益，同样具有法律约束力。

区分有名合同与无名合同的意义在于二者在法律的适用上存在差异。有名合同直接适用《民法典》"合同编"典型合同或其他相关法律的规定；无名合同适用《民法典》"合同编""通则"的规定，并可以参照"合同编"或者其他法律最相类似合同的规定。

（五）主合同与从合同

根据合同相互间的主从关系，将合同分为主合同与从合同。主合同是指不需要其他合同的存在即可独立存在的合同。从合同又称附属合同，是指必须以其他合同的存在为前提方能成立的合同。例如，对于保证合同而言，设立主债务的合同就是主合同，保证合同就是从合同。

区分主合同与从合同的意义在于主合同的存在及生效直接影响从合同的成立及效力，从合同仅对主合同起补充作用。

三、合同法的概念

合同法是调整民事主体之间设立、变更、终止民事法律关系的法律规范的总称。合同法律制度涉及生产和生活的各个领域。我国调整合同关系的法律是《民法典》，其中"合同编"有526条。

四、合同法的基本原则

（一）平等原则

平等是指合同当事人的法律地位平等。双方对于合同产生的问题应该平等协商，任何一方不得将自己的意志强加给另一方。

（二）自愿原则

自愿是指当事人在订立合同时能够根据自己的意愿决定合同的相关事宜。合同当事人有选择订立合同或不订立合同的自由，有选择对方当事人的自由，有选择何时、何地签订何种类型合同的自由等。

（三）公平原则

公平是指合同当事人在订立、履行合同时应公平地确定彼此的权利和义务，不得订立显失公平的合同。

（四）诚实信用原则

诚实是指实事求是，信用是指说到做到。诚实信用原则要求合同当事人在订立合同时要真实陈述合同的相关事宜，不能有欺诈行为。合同订立后，应按照合同的条款全面、适当地履行各自的义务，促成合同目的的实现。

（五）合法原则

合法是指合同的订立和履行必须遵守法律、行政法规的强制性规定。任何人不得利用合同从事违法活动，扰乱社会经济秩序，损害国家和社会公共利益。

第二节 合同的订立

一、合同订立的程序

当事人订立合同，可以采取要约、承诺方式或者其他方式。要约和承诺是当事人订立合同的两个阶段。

（一）要约

1.要约的概念。要约是希望和他人订立合同的意思表示。合同是双方当事人意思表示一致的产物。这个过程通常是由一方向对方提出订立合同的建议即发出要约引起的。其中，发出要约的为要约人，接受要约的为受要约人。

2.要约的构成要件。根据我国法律的规定，一项有效的要约必须具备以下条件：（1）要约原则上应向一个或一个以上特定的人发出；（2）要约的内容必须具体明确；（3）必须表明要约人订立合同的意图；（4）必须送达受要约人。

在实践中，要注意要约和要约邀请的区别。要约是一种法律行为，生效后对当事人会产生一定的法律效力。要约一旦被受要约人接受，合同即告成立。要约邀请是希望他人向自己发出要约的意思表示，是订立合同的前期行为。与要约不同的是，要约邀请不包括未来订立合同的主要内容，也无须受发出的意思表示内容的约束，因而对当事人而言不具有法律约束力。一般来说，拍卖公告、招标公告、招股说明书、债券募集办法、基金招募说明书、商业广告和价目表的宣传、寄送等均属于要约邀请。

【小思考6-1】

商业广告都是要约邀请吗？

答：《民法典》“合同编”规定，商业广告和宣传的内容符合要约条件的，构成要约。同理，如果当事人一方在发出的订约提议中附有“以我方最后确认为准”或“仅供参考”等字样，该提议就不是要约，而是要约邀请。

3.要约的生效时间。我国法律对要约生效的时间采取到达主义，即要约到达受要约人时生效。（1）以对话方式做出的意思表示，相对人知道其内容时生效。（2）以非对话方式做出的意思表示，到达相对人时生效。以非对话方式做出的采用数据电文形式的意思表示，相对人指定特定系统接收数据电文的，该数据电文进入该特定系统时生效；未指定特定系统的，相对人知道或者应当知道该数据电文进入其系统时生效。当事人对采用数据电文形式的意思表示的生效时间另有约定的，按照其约定。

4.要约的撤回和撤销。要约的撤回是指要约人在发出要约后、到达受要约人之前，宣告取消要约。由于要约只有在到达受要约人时才发生法律效力，所以要约是可以撤回的，但撤回要约的通知应当在要约到达受要约人之前或者与要约同时到达受要约人。要约的撤销是指要约人在要约生效后，欲使要约的法律效力归于消灭的意思表示。要约可以撤销，撤销要约的意思表示以对话方式做出的，该意思表示的内容应当在受要约人做出承诺之前为受要约人所知道；撤销要约的意思表示以非对话方式做出的，应当在受要约人做出承诺之前到达受要约人。有下列情形之一的，要约不得撤销：（1）要约人以确定承诺期限或者其他形式明示要约不可撤销的；（2）受要约人有理由认为要约是不可撤销的，并已经为履行合同做了合理准备工作。

5.要约的失效。要约的失效是指要约丧失了对要约人和受要约人的法律约束力。有下列情形之一的，要约失效：（1）要约被拒绝；（2）要约被依法撤销；（3）承诺期限届满，受要约人未做出承诺；（4）受要约人对要约的内容做出实质性变更。

（二）承诺

1.承诺的概念。承诺是受要约人同意要约的意思表示。承诺生效时合同成立，对双方当事人均发生法律效力。

2.承诺的构成要件。

（1）承诺必须由受要约人向要约人做出。只有受要约人或其代理人才有资格做出承诺，且必须是向要约人做出。如果是向要约人以外的其他人做出的意思表示，则不能产生承诺的效力。

（2）承诺的方式应该符合法律要求。承诺应当以通知的方式做出，但根据交易习惯或者要约表明可以通过行为做出承诺的除外。通知的方式主要包括对话、信件、电报等。

（3）承诺必须在要约确定的期限内到达要约人。要约没有确定承诺期限的，承诺应当依照下列规定到达：要约以对话方式做出的，应当即时做出承诺，但当事人另有约定的除外；要约以非对话方式做出的，承诺应当在合理期限内到达。要约以信件或者电报做出的，承诺期限自信件载明的日期或者电报交发之日开始计算。信件未载明日期的，自投寄该信件的邮戳日期开始计算。要约以电话、传真等快速通信方式做出的，承诺期限自要约到达受要约人时开始计算。

【小思考6-2】

逾期承诺的效力如何确定?

答:《民法典》"合同编"对此区分两种情况加以认定:一是因迟发而迟到的承诺,即受要约人超过承诺期限发出承诺,或者在承诺期限内发出承诺,按照通常情形不能及时到达要约人的,为新要约;但是,要约人及时通知受要约人该承诺有效的除外。二是非因迟发而迟到的承诺,即受要约人在承诺期限内发出承诺,按照通常情形能够及时到达要约人,但是因其他原因致使承诺到达要约人时超过承诺期限,除要约人及时通知受要约人因承诺超过期限不接受该承诺外,该承诺有效。

(4)承诺的内容必须与要约的内容一致。承诺是对要约内容的全盘接受,如果受要约人对要约中提出的有关合同的标的、数量、质量、价款或者报酬、履行期限、履行地点和方式、违约责任和解决争议方法等做出修改或者补充,即对要约内容的实质性变更,应视为一项新的要约。承诺对要约的内容做出非实质性变更的,除要约人及时表示反对或者要约表明承诺不得对要约的内容做出任何变更的以外,该承诺有效,合同的内容以承诺的内容为准。

3.承诺的生效。《民法典》"合同编"规定,承诺通知到达要约人时生效。承诺不需要通知的,根据交易习惯或者要约的要求做出承诺的行为时生效。

4.承诺的撤回。因为承诺一生效合同即告成立,所以承诺只能撤回,不能撤销。撤回承诺的通知应当在承诺通知到达要约人之前或者与承诺通知同时到达要约人。

二、合同的形式

《民法典》"合同编"规定,当事人订立合同,可以采用口头、书面或其他形式。

口头形式是指合同当事人直接用语言订立合同,多用于即时清结的合同。其优点是方便、快捷,缺点是出现纠纷时无据可查。

书面形式是指合同书、信件、电报、电传、传真等可以有形地表现所载内容的形式。以电子数据交换、电子邮件等方式能够有形地表现所载内容,并可以随时调取查用的数据电文,视为书面形式。

其他形式是指口头形式、书面形式以外的形式,主要指通过当事人的行为推定合同成立。

三、合同的主要条款

合同的主要条款是对当事人权利和义务的具体规定,是双方履行合同的依据,因此必须具体、明确、合法。根据《民法典》"合同编"的规定,合同的内容由当事人约定,一般包括以下条款:当事人的名称或者姓名和住所、标的、数量、质量、价款或者报酬,履行期限、地点和方式,违约责任、解决争议的方法。

为了保证合同内容的完整和缜密,当事人可以参照各类合同的示范文本订立合同。这对于规范合同的内容、方便管理部门的管理起到了很大的作用。

【法律小知识6-2】

合同的示范文本是指由合同管理机关就某一类合同统一制定的具备各项必要条款、供当事人签订合同时使用的合同文书。合同的示范文本具有完整性、概括性和规范性的特点。

四、合同成立的时间和地点

（一）合同成立的时间

根据《民法典》"合同编"的规定，合同自承诺生效时成立。

当事人采用合同书形式订立合同的，自当事人均签名、盖章或者按指印时合同成立。

法律、行政法规规定或者当事人约定合同应当采用书面形式订立，当事人未采用书面形式但是一方已经履行主要义务，对方接受时，该合同成立。

当事人采用信件、数据电文等形式订立合同要求签订确认书的，签订确认书时合同成立。当事人一方通过互联网等信息网络发布的商品或者服务信息符合要约条件的，对方选择该商品或者服务并提交订单成功时合同成立，但是当事人另有约定的除外。

（二）合同成立的地点

合同成立的地点即合同的签订地，关系到合同发生争议后诉讼管辖权的确定。《民法典》"合同编"规定，承诺生效的地点为合同成立的地点。具体规定如下：

1.采用数据电文形式订立合同的，收件人的主营业地为合同成立的地点；没有主营业地的，其住所地为合同成立的地点。当事人另有约定的，按照其约定。

2.当事人采用合同书形式订立合同的，最后签名、盖章或者按指印的地点为合同成立的地点，但是当事人另有约定的除外。

五、缔约过失责任

（一）缔约过失责任的概念

《民法典》"合同编"规定了先合同义务，要求当事人在缔结合同的过程中必须遵守诚实信用原则。违反此原则须承担相应的民事责任，即缔约过失责任。所谓缔约过失责任，是指在合同订立过程中，一方因违背其依据诚实信用原则所产生的义务，使对方的信赖利益遭受损失所应承担的损害赔偿责任。

（二）缔约过失责任的构成要件

1.当事人一方实施了违反先合同义务的行为。这具体表现为：（1）假借订立合同，恶意进行磋商；（2）故意隐瞒与订立合同有关的重要事实或者提供虚假情况；（3）有其他违背诚实信用原则的行为。当事人在订立合同过程中知悉的商业秘密或者其他应当保密的信息，无论合同是否成立，不得泄露或者不正当地使用。当事人违反这一规定的，应当承担缔约过失责任。

2.由于当事人一方违反先合同义务给对方造成损失。

3.行为人主观上有过错。

（三）承担缔约过失责任的方式

承担缔约过失责任的方式为损害赔偿，赔偿的范围包括因自己违反先合同义务给对方的信赖利益造成的直接损失和间接损失。直接损失主要包括：（1）订立合同的费用，如通信费用、印刷费用、差旅费等；（2）准备履行合同支出的费用，如合同标的物的运输费用、存储费用等；（3）上述费用的利息。间接损失主要指因丧失与第三人订立合同的机会所造成的损失。

【小案例6-1】

甲公司与乙厂就冰箱购销协议进行洽谈，其间乙厂采取了保密措施的市场开发计划被甲公司获悉，甲公司遂推迟与乙厂签约，开始有针对性地吸引乙厂的潜在客户，导致乙厂的市场份额锐减。对甲公司的行为应该如何定性？

分析提示：《民法典》第501条规定："当事人在订立合同过程中知悉的商业秘密或者其他应当保密的信息，无论合同是否成立，不得泄露或者不正当地使用；泄露、不正当地使用该商业秘密或者信息，造成对方损失的，应当承担赔偿责任。"甲公司的行为侵犯了乙厂的商业秘密，违反了《民法典》"合同编"规定的先合同义务，依法应承担缔约过失责任。

第三节 合同的效力

合同的效力是指合同的法律效力，即合同所具有的法律约束力。合同成立后不一定有效，可能因符合法律规定而生效，因违反法律规定而自始无效，因意思表示不真实而可变更、可撤销，因存在法定事由而效力待定。需要明确的是，依法成立是合同具有法律效力的前提条件。

【小思考6-3】

合同的订立、合同的成立与合同的效力有何不同？

答：合同的订立强调当事人通过协商达成合意的过程。如果达成合意，合同即宣告成立。因此，合同的成立强调的是磋商的结果。成立的合同不一定都具有法律约束力，还有待《民法典》"合同编"对其做出进一步的认定。成立的合同可能是有效的合同，可变更、可撤销的合同，无效的合同或者是效力待定的合同。

一、有效合同

（一）合同生效概述

有效合同是指具备合同的生效要件，对当事人具有法律约束力的合同。依法成立的合同，自成立时生效，但是法律另有规定或者当事人另有约定的除外。有些合同成立后，必须经过批准等手续才能发生法律效力。未办理批准等手续影响合同生效的，不影响合同中履行报批等义务条款以及相关条款的效力。应当办理申请批准等手续的当事人未履行义务的，对方可以请求其承担违反该义务的责任。

合同生效必须具备4个要件：（1）行为人具有相应的民事权利能力和民事行为能力；（2）意思表示真实；（3）内容不得违反法律、行政法规的强制性规定，不违背公序良俗；（4）形式、程序符合规定。

（二）附条件、附期限的合同

附条件合同是指当事人在合同中约定一定的条件，以条件是否成就来决定合同效力的发生或消灭的合同。当事人对合同的效力可以约定附条件，除非根据合同性质不得附条件。合同中所附的条件具有4个特征：（1）必须是将来发生的事实；（2）是不确定的事实；（3）是由当事人议定的而不是法定的条件；（4）条件必须合法并不得与合同的主要内容相矛盾。在附条件合同中，条件具有限制合同效力的作用。《民法典》规定，附生效条件的合同，自条件成就时生效。附解除条件的合同，自条件成就时失效。当事人为自己的利益不正当地阻止条件成就的，视为条件已成就；不正当地促成条件成就的，视为条件不成就。

附期限的合同是指附有将来确定到来的期限作为合同的条款，并在该期限到来时合同的效力发生或者终止的合同。所附的期限就是双方当事人约定的将来确定到来的某个时间。《民法典》规定，当事人对合同的效力可以约定附期限，除非根据合同性质不得附期限。附生效期限的合同，自期限届至时生效；附终止期限的合同，自期限届满时失效。

二、无效合同

无效合同是指当事人所缔结的合同因欠缺生效要件，不能发生法律效力的合同。无效合同不受法律保护，对当事人也不产生法律约束力。合同无效意味着自始、当然、绝对不发生法律效力。合同如果仅部分无效，且不影响其他部分效力，其他部分仍然有效。

有下列情形之一的，合同无效：（1）无民事行为能力人签订的合同；（2）双方当事人以虚假的意思表示实施的合同，而以虚假的意思表示隐藏的民事法律行为的效力，依照有关法律规定处理；（3）违反法律、行政法规的强制性规定，但是该强制性规定不导致该合同无效的除外；（4）违背公序良俗的合同；（5）恶意串通、损害他人合法权益的合同。

此外，下列两种情形约定的免责条款无效：（1）对于造成对方人身伤害或者因故意或重大过失造成对方财产损失的；（2）提供格式条款的一方免除自身责任、加重对方责任、限制或者排除对方主要权利的。

三、可撤销的合同

可撤销的合同是指合同已经成立，因为存在法定事由，允许当事人申请人民法院或者仲裁机构予以撤销的合同。其法律特征是：（1）当事人在订立合同时存在意思表示不真实的情况；（2）在提出撤销前，合同已经成立，如果当事人无异议，则可以正常履行，视为有效合同。

导致合同可撤销的原因主要有：（1）因重大误解订立的；（2）在订立合同时显失公平的；（3）一方以欺诈、胁迫的手段，使对方在违背真实意思的情况下订立的。受损害方有权请求人民法院或者仲裁机构予以撤销。

有下列情形之一的，撤销权消灭：（1）当事人自知道或者应当知道撤销事由之日起1年内、重大误解的当事人自知道或者应当知道撤销事由之日起90日内没有行使撤销权；（2）当事人受胁迫，自胁迫行为终止之日起1年内没有行使撤销权；（3）当事人知道撤销事由后明确表示或者以自己的行为表明放弃撤销权。

当事人自民事法律行为发生之日起5年内没有行使撤销权的，撤销权消灭。

【小思考6-4】

重大误解与欺诈、显失公平的区别是什么？

答：重大误解与欺诈都包含了表意人的认识错误，二者的区别在于：在重大误解情况下，误解一方陷入错误认识是由于其自己的过失（非故意），而非受欺诈的结果；在欺诈情况下，受欺诈人陷入错误认识是由于他人实施欺诈行为而诱使其做出非真实意思表示，而非自己的过失造成的。

重大误解与显失公平的区别在于：一方面，重大误解的合同并不要求后果显失公平；另一方面，表意人一般不能以自己的失误主张撤销合同，但若这种单方误解导致显失公平的后果，法律可给予救济。

四、合同无效或者被撤销的后果

无效的合同或者被撤销的合同自始没有法律约束力。合同无效或者被撤销，不影响合同中独立存在的有关解决争议方法的条款的效力。合同无效或者被撤销后，因该合同取得的财产应当予以返还；不能返还或者没有必要返还的，应当折价补偿。有过错的一方应当赔偿对方因此所受到的损失；双方都有过错的，应当各自承担相应的责任。

五、效力待定的合同

所谓效力待定的合同，是指合同虽然已经成立，但因欠缺合同生效的要件，其发生效力与否尚未确定，须经有权人表示追认才能生效的合同。此类合同的根本特点在于合同有效与否取决于有权人的追认，这是效力待定合同与其他效力类型合同相区别的主要标志。如果有权人追认了，合同即生效；如果有权人未予追认，则合同无效。其具体类型包括：

1.限制民事行为能力人订立的合同。限制民事行为能力人订立的合同，经法定代理人追认后，该合同有效，但纯获利益的合同或者与其年龄、智力、精神健康状况相适应而订立的合同，不必经法定代理人追认。相对人可以催告法定代理人在30日内予以追认。法定代理人未作表示的，视为拒绝追认。合同被追认之前，在订立合同时不知情的善意相对人有将合同撤销的权利。撤销应当以通知的方式做出。

【小案例6-2】

甲今年16岁，是某中学高一学生。甲非常喜欢某款智能手机，但父母一直不同意购买，甲于是私自从自己的压岁钱里取了6 000元到某商场购买了此款手机。父母得知此事，随即找到商场，以甲是未成年人为由要求商场退货。请问：商场是否应该给予办理退货事宜？

分析提示：限制民事行为能力人订立的合同，除纯获利益的合同或者与其年龄、智力、精神健康状况相适应的外，必须经法定代理人追认后，合同才有效。甲的父母对甲购买6 000元手机的行为未予认可，商场应予退货。

2.因无权代理而订立的合同。这具体包括3种情形：（1）根本无权代理；（2）超越代理权限进行代理；（3）代理权消灭后的代理。这些合同如未经被代理人追认，对被代理人不发生效力，由行为人承担责任。相对人可以催告被代理人自接到通知之日起30日内予以追认。被代理人未作表示的，视为拒绝追认。合同被追认之前，善意相对人有撤销的权利。撤销应当以通知的方式做出。但是，如果相对人有理由相信行为人有代理权，即无权代理构成表见代理的，该代理行为有效。被代理人不得以行为人没有代理权为由主张合同无效。

无权代理人以被代理人的名义订立合同，被代理人已经开始履行合同义务或者接受相对人履行的，视为对合同的追认。

此外，法人的法定代表人或者非法人组织的负责人超越权限订立的合同，除相对人知道或者应当知道其超越权限外，该代表行为有效，订立的合同对法人或者非法人组织发生效力。

3.无处分权人处分他人财产的合同。无处分权人原则上无权处分他人财产，但是，如经权利人追认或者无处分权人订立合同后取得处分权的，该合同有效。

第四节　合同的履行

合同的履行是一个过程，包括执行合同义务的准备、具体合同义务的执行、义务执行的善后等。在这一过程中，具体合同义务的执行是合同履行的核心内容，这也是传统意义上的合同履行。然而，为执行合同义务所做的准备和义务执行完毕的善后义务，因与合同履行有密切的联系，也是合同履行的内容。这也是现代合同法发展的趋势所在。合同的履行制度就是规范在这3个阶段中有关合同当事人行为的制度。它包括合同履行在法律效力上的总体要求、确保合同履行的一般法律制度、合同履行中的具体规则等，具体表现为合同履行的规则、合同履行中的抗辩、合同履行的保全制度等，由此构成《民法典》“合同编”完整的合同履行制度。

一、合同履行的概念

合同履行是指当事人按照合同约定或者法律的规定，全面、适当地完成各自所承担的义务，使债权人的债权得以实现的行为。合同履行是《民法典》“合同编”的核心内容，也是合同目的实现的根本条件。

二、合同履行的原则

（一）全面履行原则

全面履行原则是指当事人应当按照合同约定的标的、数量、质量、期限、地点、方式等条款，全面履行各自的义务。如确因情况发生变化，无法按原合同约定的内容履行义务，可以通过双方协商的途径修改合同的条款；否则，违反合同的一方要承担相应的法律责任。

（二）协作履行原则

协作履行原则是指当事人不但要履行自己的义务，还要提供便利条件帮助对方当事人履行其义务，以共同实现合同的目的。《民法典》“合同编”规定，当事人应当遵循诚实信用原则，根据合同的性质、目的和交易习惯履行通知、协助、保密等义务。例如，当卖方交货时，按照协作履行原则，买方应当协助卖方完成交货义务，即买方必须接货。

（三）保护生态原则

当事人在履行合同的过程中，应当避免浪费资源、污染环境和破坏生态。

三、特殊情形下合同履行的规则

（一）合同条款约定不明时的履行规则

合同生效后，当事人就质量、价款或者报酬、履行地点等内容没有约定或者约定不明确的，可以协议补充；不能达成补充协议的，按照合同相关条款或者交易习惯确定。仍不能确定的，适用下列规则履行：

1.质量要求不明确的，按照强制性国家标准履行；没有强制性国家标准的，按照推荐性国家标准履行；没有推荐性国家标准的，按照行业标准履行；没有国家标准、行业标准的，按照通常标准或者符合合同目的的特定标准履行。

2.价款或者报酬不明确的，按照订立合同时履行地的市场价格履行；依法应当执行政府定价或者政府指导价的，依照规定履行。

3.履行地点不明确，给付货币的，在接受货币一方所在地履行；交付不动产的，在不动产所在地履行；是其他标的的，在履行义务一方所在地履行。

4.履行期限不明确的，债务人可以随时履行，债权人也可以随时请求履行，但是应当给对方必要的准备时间。

5.履行方式不明确的，按照有利于实现合同目的的方式履行。

6.履行费用的负担不明确的，由履行义务一方负担；因债权人原因增加的履行费用，由债权人负担。

（二）价格变动时的履行规则

执行政府定价或者政府指导价的，在合同约定的交付期限内政府价格调整时，按照交付时的价格计价。逾期交付标的物的，当价格上涨时，按照原价格执行；当价格下降时，按照新价格执行。逾期提取标的物或者逾期付款的，遇价格上涨时，按照新价格执行；价格下降时，按照原价格执行，即执行对违约方不利的价格。

（三）涉及第三人时的履行规则

1.向第三人履行的合同。合同当事人可以约定由债务人向第三人履行债务。当事人约定由债务人向第三人履行债务的，债务人未向第三人履行债务或者履行债务不符合约定，应当向债权人承担违约责任。法律规定或者当事人约定第三人可以直接请求债务人向其履行债务，第三人未在合理期限内明确拒绝，债务人未向第三人履行债务或者履行债务不符合约定的，第三人可以请求债务人承担违约责任；债务人对债权人的抗辩，可以向第三人主张。

2.第三人代为履行的合同。合同当事人可以约定由第三人代为履行合同义务。当事人约定由第三人向债权人履行债务的，第三人不履行债务或者履行债务不符合约定，债务人应当向债权人承担违约责任。

（四）提前履行或部分履行时的规则

1.债务人提前履行。债权人可以拒绝债务人提前履行债务，但提前履行不损害债权人利益的除外。债务人提前履行债务给债权人增加的费用，由债务人负担。

2.债务人部分履行。债权人可以拒绝债务人部分履行债务，但部分履行不损害债权人利益的除外。债务人部分履行债务给债权人增加的费用，由债务人负担。

（五）合同主体发生变化时的履行规则

合同生效后，当事人不得因姓名、名称的变更或者法定代表人、负责人、承办人的变动而不履行合同义务。由于债权人分立、合并或者变更住所没有通知债务人，致使履行债务发生困难的，债务人可以中止履行或者将标的物提存。

（六）电子合同标的交付时间的确定规则

通过互联网等信息网络订立的电子合同的标的为交付商品并采用快递物流方式交付的，收货人的签收时间为交付时间。电子合同的标的为提供服务的，生成的电子凭证或者实物凭证中载明的时间为提供服务时间；前述凭证没有载明时间或者载明的时间与实际提供服务时间不一致的，以实际提供服务的时间为准。电子合同的标的物为采用在线传输方式交付的，合同标的物进入对方当事人指定的特定系统且能够检索识别的时间为交付时间。电子合同当事人对交付商品或者提供服务的方式、时间另有约定的，按照其约定。

（七）情势变迁时的履行规则

合同成立后，合同的基础条件发生了当事人在订立合同时无法预见的、不属于商业风险的重大变化，继续履行合同对于当事人一方明显不公平的，受不利影响的当事人可以与对方重新协商；在合理期限内协商不成的，当事人可以请求人民法院或者仲裁机构变更或者解除合同。

四、双务合同履行中的抗辩权

双务合同履行中的抗辩权是在符合法定条件时，当事人一方对抗对方当事人的履行请求权，暂时拒绝履行其债务的权利。它包括同时履行抗辩权、先履行抗辩权和不安抗辩权。

（一）同时履行抗辩权

同时履行抗辩权是指当事人互负债务，没有先后履行顺序的，一方在对方履行之前有权拒绝其履行请求。一方在对方履行债务不符合约定时，有权拒绝其相应的履行请求。同时履行抗辩权起源于“一手交钱一手交货”的交易规则，体现了合同履行中的公平原则。

行使同时履行抗辩权的主体是任何一方当事人。其适用条件包括：（1）由同一双务合同互负债务；（2）双方所负的债务均已届清偿期，且没有履行的先后顺序；（3）对方未履行债务或履行债务不符合约定；（4）对方的债务有可能履行。

【小案例6-3】

甲和乙签订了一份买卖合同，双方约定，甲购买乙的钢材100吨，价款合计10万元。双方于8月15日至9月15日之间履行，但没有明确履行的先后顺序。请问：（1）如果甲于8月10日请求乙交付钢材，乙能否拒绝？（2）如果甲于8月20日请求乙交付钢材，但自己没有履行付款的义务，乙能否拒绝？

分析提示：（1）合同当事人应按合同约定履行各自的义务。（2）乙可以行使同时履行抗辩权。

（二）先履行抗辩权

先履行抗辩权又称顺序履行抗辩权，是指在双务合同中，当事人互负债务，有履行的先后顺序，应当先履行的一方未履行的，后履行的一方有权拒绝其履行请求。先履行一方履行债务不符合约定的，后履行一方有权拒绝其相应的履行请求。

行使先履行抗辩权的主体是履行义务在后的一方当事人。其适用条件包括：（1）由同一双务合同互负债务；（2）债务的履行有先后顺序；（3）应该先履行的一方未履行或履行不符合约定；（4）应该先履行的债务有履行的可能性。

【小案例6-4】

甲和乙签订了一份买卖合同，约定甲付20万元买乙的钢材，甲先付钱乙后交货。后来甲反悔，要求乙先发货，自己收货后再付钱。请问，乙应该怎么办？

分析提示：合同约定甲先付钱乙后交货，甲未履行付款义务，要求乙先交货，乙可以行使先履行抗辩权。

（三）不安抗辩权

不安抗辩权是指双务合同成立后，应当先履行债务的当事人有确切证据证明对方不能履行债务或者有不能履行债务的可能时，有权中止履行合同义务。后履行义务的一方接到中止履行的通知后，在合理的期限内未恢复履行能力或者未提供适当担保的，先履行义务的一方可以解除合同。

行使不安抗辩权的主体是履行义务在先的一方当事人。其适用条件包括：（1）由同一双务合同互负债务；（2）后履行义务的当事人履行能力明显降低，有不能履行义务的现实危险。

由于中止履行合同关系到合同双方当事人的利益，因此，《民法典》“合同编”对当事人行使不安抗辩权做了严格的限制。应当先履行债务的当事人，有确切证据证明对方有下列情形之一的，可以中止履行：（1）经营状况严重恶化；（2）转移财产、抽逃资金，以逃避债务；（3）丧失商业信誉；（4）有丧失或者可能丧失履行债务能力的其他情形。当事人没有确切证据中止履行的，应当承担违约责任。

当事人依据法律规定中止履行的，应当及时通知对方。对方提供适当担保的，应当恢复履行。中止履行后，对方在合理期限内未恢复履行能力且未提供适当担保的，视为以自己的行为表明不履行主要债务，中止履行的一方可以解除合同并可以请求对方承担违约责任。

【小案例6-5】

甲和乙签订了一份买卖合同，约定甲付20万元买乙的钢材，甲于6月2日付钱，乙于6月4日交货。5月30日，甲发现乙把手里的货全部低价卖给了丙，担心自己付钱后乙交不了货。请问，甲应该怎么办？

分析提示：甲在有确切证据证明乙不能履行债务或者有不能履行债务的可能时，有权中止履行合同义务。乙接到中止履行的通知后，在合理的期限内未恢复履行能力或者未提供适当担保的，甲可以解除合同。

五、合同保全

合同保全是指法律为防止因债务人的财产不当减少而给债权人的债权带来损害，允许债权人行使代位权或撤销权，以保护其债权的法律制度。

合同保全从本质上讲是一种债的保全。众所周知，债作为一种可期待的信用，只有具备可靠的保障时才能得以实现。合同保全制度就是《民法典》“合同编”赋予债权人实现自己债权的一种保障措施。与程序法上的财产保全不同，合同保全使代位权和撤销权成为债权人的一项重要的实体权利，债权人可以用其保全债务人的总财产，以达到实现其合同债权的目的。

合同保全制度的法律意义在于，债务人以其财产承担债务责任为一般担保，作为一般担保的债务人的财产亦称为责任财产，责任财产的增减与一般债权能否实现息息相关。由于债权人不能支配债务人的财产，倘若债务人任意处分财产，自由减少责任财产，就会危及一般债权，所以法律赋予债权人干预债务人责任财产的权利。当债务人消极地怠于行使权利、听任责任财产减少危及债权时，债权人可以行使代位权，维持责任财产。当债务人积极地减少责任财产危及债权时，债权人可以行使撤销权，恢复责任财产。债权人通过行使代位权和撤销权，可以有效防止责任财产的不当减少，使债权得以保全。

【小思考6-5】

在司法实践中，经常可见在合同关系成立后，一些债务人在欠下债务时，不是想方设法偿还债务，而是采取一些不正当的手法故意躲债。有的是将个人财产非法转让给第三者；有的则明知可以从第三人处取得一定财产，却怠于行使权利，故意不取得；更有甚者，还串通他人合谋隐藏、转移财产以规避债务等。合同保全制度对解决上述避债行为有无价值？

答：债权人可以针对债务人的行为，通过行使代位权或者撤销权来维护自己的合法权益。

（一）债权人的代位权

1.债权人的代位权的概念。债权人的代位权是指当债务人怠于行使其对第三人的到期债权或者与该债权有关的从权利，影响债权人的到期债权实现的，债权人为保全自己的债权，可以向人民法院请求以自己的名义代位行使债务人对相对人的权利。

2.代位权的成立条件。

（1）债权人对债务人的债权必须合法、确定。

（2）债务人怠于行使其到期债权或者与该债权有关的从权利。此时，债务人已陷于迟延履行。债务人的债务未到履行期或履行期间未届满的，债权人不能行使代位权。

（3）债务人怠于行使权利的行为已经影响债权人的到期债权实现。这表现为债务人不履行其对债权人的到期债务，又不以诉讼方式或者仲裁方式向其债务人主张其享有的具有金钱给付内容的到期债权，致使债权人的到期债权未能实现。

（4）债务人的债权不是专属于债务人自身的债权。专属于债务人自身的债权是指基于扶养关系、抚养关系、赡养关系、继承关系产生的给付请求权和劳动报酬、退休金、养老金、抚恤金、安置费、人寿保险、人身伤害赔偿请求权等权利。

3.代位权的行使。债权人的代位权由债权人以自己的名义行使。债务人有多个债权人的，各债权人均可在法定条件下行使代位权。债权人行使代位权的方式仅限于诉讼程序，诉讼请求的范围以保全债权人的到期债权为限。债权人行使代位权的必要费用由债务人承担。

（二）债权人的撤销权

1.债权人的撤销权的概念。债权人的撤销权又称废罢诉权，是指债权人对于债务人损害其债权的行为，有请求人民法院对该行为予以撤销的权利。《民法典》“合同编”规定，债务人以放弃其债权、放弃债权担保、无偿转让财产等方式无偿处分财产权益，或者恶意延长其到期债权的履行期限，影响债权人的债权实现的，债权人可以请求人民法院撤销债务人的行为。债务人以明显不合理的低价转让财产、以明显不合理的高价受让他人财产或者为他人的债务提供担保，影响债权人的债权实现，债务人的相对人知道或者应当知道该情形的，债权人也可以请求人民法院撤销债务人的行为。

2.撤销权成立的条件。撤销权的行使必须同时具备主观要件与客观要件。主观要件是指债务人与第三人为法律行为时须具有主观恶意。对于低价转让的有偿行为，须以债务人与第三人的主观恶意为要件，债权人的撤销权才能成立。而对于无偿转让财产的行为，则不以债务人与第三人的主观恶意为要件。客观要件是指债务人实施了有害于债权的行为。这主要包括以下3个方面：（1）债务人有放弃其到期债权、放弃债权担保、无偿转让财产、恶意延长其到期债权的履行期限或以明显不合理的低价转让财产、以明显不合理的高价受让他人财产、为他人的债务提供担保的行为；（2）此行为须以财产为标的；（3）此行为积极或消极地损害了债权人的债权。

3.撤销权的行使。债权人的撤销权由债权人以自己的名义通过诉讼方式行使。债务人的行为一旦被人民法院撤销，该行为自始没有法律约束力。撤销权的行使范围以债权人的债权为限。债权人行使撤销权的必要费用由债务人承担。

撤销权自债权人知道或者应当知道撤销事由之日起1年内行使。自债务人的行为发生之日起5年内没有行使撤销权的，该撤销权消灭。

第五节 合同的担保

一、担保概述

（一）担保的概念

担保又称债的担保，是指法律为保证特定债权人利益的实现而特别规定的以第三人的信用或者以特定财产促使债务人履行义务，保障债权人的债权得以实现的制度。

（二）担保合同

所谓担保合同，是指为促使债务人履行其债务，保障债权人的债权得以实现，而在债权人（担保权人）和债务人之间，或在债权人、债务人和第三人（担保人）之间协商形成的，当债务人不履行债务时，以一定方式保证债权人的债权得以实现的协议。担保合同旨在明确担保权人和担保人之间的权利义务关系，保障债权人的债权得以实现。担保合同具有以下特征：

1.从属性。担保合同是主合同的从合同。担保合同可以与主合同同时订立，也可以主合同订立在先，担保合同随后订立。

2.补充性。担保合同的补充性体现在两个方面：（1）责任财产的补充，即担保合同一经有效成立，就在主合同关系的基础上扩张了保障债权实现的责任财产，或使债权人就特定财产享有了优先权，从而增强了债权人的债权得以实现的可能性。(2) 效力的补充，即只有在主债务不履行时，担保合同中担保人的义务才履行，使主债权得以实现。

3.相对独立性。担保合同的相对独立性表现在：首先，担保合同是一种独立的法律关系，其与被担保的合同债权的成立或者发生分属于两个不同的法律关系，受不同的法律规范的调整。其次，依照法律的规定或者当事人的约定，担保合同可以不依附于被担保的合同债权而单独发生效力，此时，被担保的合同债权不成立、无效或者失效，对已经成立的担保合同的效力不发生影响。

（三）担保法

我国调整担保活动中有关当事人之间发生的担保关系的法律规范主要有1995年6月30日通过并于同年10月1日起施行的《中华人民共和国担保法》和2007年3月16日通过并于同年10月1日起施行的《中华人民共和国物权法》(以下简称《物权法》)。这两部法律规范于2021年1月1日因《民法典》的施行而废止。

二、担保的主要方式

根据《民法典》的规定，合同担保的方式主要有5种：保证、抵押、质押、留置和定金。

（一）保证

1.保证的概念。保证是为保障债权的实现，保证人和债权人约定，当债务人不履行到期债务或者发生当事人约定的情形时，由保证人履行债务或者承担责任的担保方式。保证是基于第三人与债权人之间的约定，其成立与保证人的信用密切相关。因此，保证属于约定担保，而不是法定担保；属于人的担保，而不是物的担保。

2.保证人。

(1) 保证人的资格。什么人有资格成为保证人？这是保证担保中一个非常重要的问题。一般而言，具有代为清偿能力的法人、其他组织或者公民，可以作为保证人。

(2) 保证人资格的限制。《民法典》“合同编”对保证人的资格做了限制性规定，主要有：①机关法人不得为保证人，但是经国务院批准，为使用外国政府或者国际经济组织贷款进行转贷的除外；②以公益为目的的非营利法人、非法人组织不得为保证人。

3.保证合同。保证应当以书面形式订立。它是主债权债务合同的从合同。保证合同一般应包括被保证的主债权的种类、数额，债务人履行债务的期限，保证的方式、范围，以及保证期间等条款。

保证合同可以是单独订立的书面合同，也可以是主债权债务合同中的保证条款。

第三人单方以书面形式向债权人做出保证，债权人接受且未提出异议的，保证合同成立。

4.保证的方式。保证的方式包括一般保证和连带责任保证。当事人在保证合同中对保证方式没有约定或者约定不明确的，按照一般保证承担保证责任。

（1）一般保证。一般保证是指当事人在保证合同中约定，当债务人不能履行债务时，才由保证人承担保证责任的保证方式。

一般保证的保证人享有先诉抗辩权，即在主合同纠纷未经审判或者仲裁，并就债务人财产依法强制执行仍不能履行债务前，有权拒绝向债权人承担保证责任。但是有下列情形之一的除外：①债务人下落不明，且无财产可供执行；②人民法院已经受理债务人破产案件；③债权人有证据证明债务人的财产不足以履行全部债务或者丧失履行债务能力；④保证人书面表示放弃这一权利。

（2）连带责任保证。连带责任保证是指当事人在保证合同中约定，保证人和债务人对债务承担连带责任的保证方式。

连带责任保证的债务人不履行到期债务或者发生当事人约定的情形时，债权人可以请求债务人履行债务，也可以请求保证人在其保证范围内承担保证责任。

同一债务有两个以上保证人的，保证人应当按照保证合同约定的保证份额，承担保证责任；没有约定保证份额的，债权人可以请求任何一个保证人在其保证范围内承担保证责任。

【小思考6-6】

对保证合同的当事人而言，哪种保证方式对债权人最有利？哪种保证方式对保证人最有利？

答：连带责任保证对债权人最有利；对保证人而言，则是一般保证最有利。

5.保证责任。保证责任的范围包括主债权及其利息、违约金、损害赔偿金和实现债权的费用。当事人另有约定的，按照其约定。

债权人与保证人可以约定保证期间，但是约定的保证期间早于主债务履行期限或者与主债务履行期限同时届满的，视为没有约定；没有约定或者约定不明确的，保证期间为主债务履行期限届满之日起6个月。债权人与债务人对主债务履行期限没有约定或者约定不明确的，保证期间自债权人请求债务人履行债务的宽限期届满之日起计算。债权人和债务人变更主债权债务合同的履行期限，未经保证人书面同意的，保证期间不受影响。

一般保证的债权人未在保证期间对债务人提起诉讼或者申请仲裁的，保证人不再承担保证责任。连带责任保证的债权人未在保证期间请求保证人承担保证责任的，保证人不再承担保证责任。

债权人和债务人未经保证人书面同意，协商变更主债权债务合同内容，减轻债务的，保证人仍对变更后的债务承担保证责任；加重债务的，保证人对加重的部分不承担保证责任。

债权人转让全部或者部分债权，未通知保证人的，该转让对保证人不发生效力。保证人与债权人约定禁止债权转让，债权人未经保证人书面同意转让债权的，保证人对受让人不再承担保证责任。

债权人未经保证人书面同意，允许债务人转移全部或者部分债务，保证人对未经其同意转移的债务不再承担保证责任，但是债权人和保证人另有约定的除外。

【小案例6-6】

甲与乙签订了一份借款合同，约定乙向甲借款10万元，1年还清本息。丙作为乙的保证人在合同上签字盖章，丁作为见证人见证了该合同的签订过程，且在保证人处签了自己的名字。此案中，丁是否需要承担保证责任？合同如果没有约定丙所承担保证责任的形式和内容，丙应当承担何种责任？

分析提示：在保证人处签章，即承担保证人的法律责任。当事人对保证方式没有约定或者约定不明确的，按照一般保证承担保证责任。

（二）抵押

1.抵押的概念及特征。

抵押是指债务人或者第三人不转移对某一特定物的占有，而将该财产作为债权的担保，债务人不履行到期债务或者发生当事人约定的实现抵押权的情形，债权人有权就该财产优先受偿。其中，债务人或者第三人为抵押人，债权人为抵押权人。债务人或者第三人提供的用于担保债权得以实现的特定财产称为抵押物。债权人享有的优先受偿权称为抵押权。抵押的特征在于：

（1）抵押人可以是第三人，也可以是债务人自己。这与保证不同，在保证担保中，债务人自己不能作为担保人。

（2）抵押物可以是动产，也可以是不动产。这与质押不同，质物只能是动产和权利。

（3）抵押人不转移抵押物的占有，抵押人可以继续占有、使用抵押物。这也与质押不同，质物必须转移给质权人占有。

（4）抵押担保以抵押权人（债权人）行使优先受偿权而实现。优先受偿权是抵押权的核心内容。

（5）抵押权的行使必须以债务人不履行债务或者发生当事人约定的实现抵押权的情形为前提。

2.抵押财产。

（1）抵押财产的范围。根据《民法典》“物权编”的规定，债务人或者第三人有权处分的下列财产可以抵押：①建筑物和其他土地附着物；②建设用地使用权；③海域使用权；④生产设备、原材料、半成品、产品；⑤正在建造的建筑物、船舶、航空器；⑥交通运输工具；⑦法律、行政法规未禁止抵押的其他财产。抵押人可以将前款所列财产一并抵押。

【法律小知识6-3】

经当事人书面协议，企业、个体工商户、农业生产经营者可以将现有的以及将有的生产设备、原材料、半成品、产品抵押，债务人不履行到期债务或者发生当事人约定的实现抵押权的情形，债权人有权就抵押财产确定时的动产优先受偿。这就是《民法典》规定的动产浮动抵押制度。

建设用地使用权抵押因城乡差别而有不同的规定。由于建筑物与土地之间存在依附性，我国在处理房地产关系上一贯坚持“地随房走”或“房随地走”原则。据此，《民法典》规定，以建筑物抵押的，该建筑物占用范围内的建设用地使用权一并抵押。以建设用地使用权抵押的，该土地上的建筑物一并抵押。乡镇、村企业的建设用地使用权不得单独抵押。以乡镇、村企业的厂房等建筑物抵押的，其占用范围内的建设用地使用权一并抵押。抵押人未依照规定一并抵押的，未抵押的财产视为一并抵押。

（2）禁止抵押的财产。《民法典》“物权编”规定，下列财产不得抵押：①土地所有权；②宅基地、自留地、自留山等集体所有土地的使用权，但是法律规定可以抵押的除外；③学校、幼儿园、医疗机构等以公益为目的成立的非营利法人的教育设施、医疗卫生设施和其他公益设施；④所有权、使用权不明或者有争议的财产；⑤依法被查封、扣押、监管的财产；⑥法律、行政法规规定不得抵押的其他财产。

3.抵押合同。

设立抵押权，当事人应当采用书面形式订立抵押合同。《民法典》“物权编”规定，抵押合同一般包括下列条款：（1）被担保债权的种类和数额；（2）债务人履行债务的期限；（3）抵押财产的名称、数量等情况；（4）担保的范围。

《民法典》“物权编”规定，抵押权人在债务履行期限届满前，与抵押人约定债务人不履行到期债务时抵押财产归债权人所有的，只能依法就抵押财产优先受偿。与《物权法》禁止设立流押条款不同，《民法典》“物权编”对流押条款效力的认定是承认抵押权人依然对抵押财产享有优先受偿的权利，这对保护债权人的债权是有利的。

4.抵押登记。

依照法律规定，有些抵押物必须办理抵押登记手续，抵押权方可生效。

《民法典》“物权编”规定，以下列财产设立抵押的，应当办理抵押登记：（1）建筑物和其他土地附着物；（2）建设用地使用权；（3）海域使用权；（4）正在建造的建筑物。用应当办理抵押登记的财产抵押，抵押权自登记时设立。

以动产抵押的，抵押权自抵押合同生效时设立；未经登记，不得对抗善意第三人；不得对抗正常经营活动中已经支付合理价款并取得抵押财产的买受人。

5.抵押的效力。

（1）抵押人的权利。

①对抵押财产的使用、收益。抵押人在其财产设定抵押以后，仍享有对其财产的使用权和收益权。因为抵押物不转移占有，所以，在抵押存续期间，抵押财产所产生的孳息由抵押人收取。但债务履行期届满，债务人不履行债务或者发生当事人约定的实现抵押权的情形，致使抵押物被人民法院扣押的，自扣押之日起，抵押权人有权收取由抵押物分离的天然孳息和法定孳息。抵押权人未将扣押抵押物的事实通知应当清偿法定孳息的义务人的，抵押权的效力不及于该孳息。

【法律小知识6-4】

孳息是指物所产生的利益。依产生的方式不同，孳息可以分为天然孳息和法定孳息。天然孳息是指物依照自然规律所产生的收益，如母羊生的小羊羔、地里生长的蔬菜等。法定孳息是指依照法律规定所产生的收益，如将钱存入银行获得的利息、房屋租赁所得的租金等。

②转让抵押物的权利。抵押期间，抵押人可以转让抵押财产。当事人另有约定的，按照其约定。抵押财产转让的，抵押权不受影响。抵押人转让抵押财产的，应当及时通知抵押权人。抵押权人能够证明抵押财产转让可能损害抵押权的，可以请求抵押人将转让所得的价款向抵押权人提前清偿债务或者提存。转让的价款超过债权数额的部分归抵押人所有，不足部分由债务人清偿。

③出租抵押物的权利。抵押权设立前，抵押财产已经出租并转移占有的，原租赁关系不受该抵押权的影响，即“抵押不破租赁”原则。与《物权法》规定不同的是，《民法典》“物权编”增加了“转移占有”的条件。

（2）抵押权人的权利。

①抵押物的保全。当抵押人的行为足以使抵押物的价值减少时，抵押权人有权要求抵押人停止其行为。如果因抵押人的行为已经造成抵押物价值减少，抵押权人有权要求抵押人恢复原状，或者提供与减少的价值相当的担保。当上述请求被拒绝时，抵押权人可以请求债务人提前清偿债务。

②抵押权的处分。抵押权人可以放弃抵押权或者抵押权的顺位。抵押权人与抵押人可以协议变更抵押权顺位以及被担保的债权数额等内容。但是，抵押权的变更未经其他抵押权人书面同意的，不得对其他抵押权人产生不利影响。

③优先受偿权。当债务人不履行到期债务或者发生当事人约定的实现抵押权的情形时，抵押权人可以与抵押人协议以抵押物折价或者以拍卖、变卖后的价款受偿；协议不成的，抵押权人可以请求人民法院拍卖、变卖抵押财产。

同一财产向两个以上债权人抵押的，拍卖、变卖抵押财产所得的价款依照下列规定清偿：①抵押权已经登记的，按照登记的时间先后确定清偿顺序，抵押权已经登记的先于未登记的受偿；②抵押权未登记的，按照债权比例清偿。其他可以登记的担保物权，清偿顺序参照适用前款规定。

【小案例6-7】

甲因扩大生产经营规模，以其一处价值400万元的房产先后向乙、丙两银行各贷款200万元。甲与乙银行于3月6日签订抵押合同，3月8日办理抵押登记；与丙银行于3月7日签订抵押合同，同日办理抵押登记。后因甲到期无力还款，两银行欲行使抵押权，对甲的房产依法进行拍卖，仅得价款300万元。请问：(1) 两银行在拍卖款的分配中各能分得多少钱？(2) 若甲与丙银行签订的抵押合同未办理登记手续，情况又会如何？

分析提示：(1) 同一财产向两个以上债权人抵押，且抵押权已登记的，拍卖所得的价款按照登记的先后顺序清偿，因此，丙银行先于乙银行受偿。(2) 抵押权已登记的先于未登记的受偿，因此，乙银行先于丙银行受偿。

6.抵押权的实现。

《民法典》“物权编”规定，债务人不履行到期债务或者发生当事人约定的实现抵押权的情形，抵押权人可以与抵押人协议以抵押财产折价或者以拍卖、变卖该抵押财产所得的价款优先受偿。协议损害其他债权人利益的，其他债权人可以请求人民法院撤销该协议。抵押权人与抵押人未就抵押权实现方式达成协议的，抵押权人可以请求人民法院拍卖、变卖抵押财产。抵押财产折价或者变卖的，应当参照市场价格。

7.最高额抵押。

(1) 最高额抵押的概念及法律特征。

最高额抵押是指为担保债务的履行，债务人或者第三人对一定期间内将要连续发生的债权提供担保财产，债务人不履行到期债务或者发生当事人约定的实现抵押权的情形，抵押权人有权在最高债权额限度内就该担保财产优先受偿的情形。最高额抵押具有以下法律特征：

①最高额抵押是限额抵押。设定抵押时，抵押人与抵押权人协议约定抵押财产担保的最高债权限额，无论将来实际发生的债权如何增减变动，抵押权人只能在最高债权额范围内对抵押财产享有优先受偿权。比如，甲以一处价值200万元的房产作为抵押物，与债权人乙签订了一份担保将来可能发生的最高限额为100万元债权的最高额抵押合同。

②最高额抵押所担保的债权额是确定的，但实际发生的债权额是不确定的。实际发生的债权额超过最高限额的，以抵押权设定时约定的最高债权额为限优先受偿；不及最高限额的，以实际发生的债权额为限优先受偿。

③最高额抵押是为将来发生的债权提供担保。最高额抵押权设定时，不以主债权的存在为前提，是典型的担保将来债权的抵押权。这里的“将来债权”是指设定抵押时尚未发生，在抵押期间将要发生的债权。

④最高额抵押是对一定期间内连续发生的债权作担保。所谓一定期间，是指发生债权的期间。例如，从2020年1月1日至2020年3月31日发生了债权，抵押人对这一期间发生的债权作担保。所谓连续发生的债权，是指实际发生的债权次数是不确定的，并且是接连发生的。例如，甲在1月份向乙借款10万元，在2月份借款20万元，在3月份借款30万元，在4月份还了50万元，在5月份又借了50万元，依此类推。甲在半年之内借了还、还了借，只要借款额不超过100万元就行。甲抵押的房产对这半年之内发生的不超过100万元的借款的偿还作担保。

最高额抵押作为一种特殊的抵押形式，除适用于最高额抵押的特别规定外，还适用于普通抵押的一般规定。

（2）最高额抵押权的实现。

最高额抵押权的实现必须具备两个条件：一是抵押权担保的债权数额已确定；二是债权已到履行期或发生当事人约定的实现抵押权的情形。

就最高额抵押而言，债权数额的确定是主要问题。为了维护当事人的合法权益，《民法典》“物权编”规定，最高额抵押担保的债权确定之前，部分债权转让的，最高额抵押权不得转让，但当事人另有约定的除外。根据《民法典》“物权编”的规定，抵押权人的债权在下列情况下确定：①约定的债权确定期间届满；②没有约定债权确定期间或者约定不明确的，抵押权人或者抵押人自最高额抵押权设立之日起满2年后请求确定债权；③新的债权不可能发生；④抵押权人知道或者应当知道抵押财产被查封、扣押；⑤债务人、抵押人被宣告破产或者解散；⑥法律规定债权确定的其他情形。

抵押权人实现最高额抵押权时，如果实际发生的债权余额高于最高限额，以最高限额为限，超过部分不具有优先受偿的效力；如果实际发生的债权余额低于最高限额，以实际发生的债权余额为限对抵押物优先受偿。

（三）质押

1.质押的概念。

质押是指债务人或第三人将其动产或权利凭证移交债权人占有，作为债权的担保，当债务人不履行债务时，债权人有权依法就该动产或权利处分的价款优先受偿。以质物的性质为标准进行分类，质押可分为动产质押和权利质押。

【法律小知识6-5】

质权与质押是两个不同的概念。质押是指设定质权的法律行为，质权是指质权人的权利；质押是质权产生的原因，质权是质押引起的法律后果。债务人或者第三人将其动产交给债权人占有并实际控制的行为被称为质押，质权人因质押而取得的权利为质权，质权是担保物权的一种。作为担保物权的质权，具有从属性、不可分性、物上代位性和优先受偿性的特点。

2.动产质押。

（1）动产质押的概念。

动产质押是质押的原型，是指以动产为标的设定的质押。在动产质押法律关系中，债务人或者第三人为出质人，债权人为质权人，用于质押的动产称为质物，债权人享有的依法处分质物并就其价款优先受偿的权利称为质权。动产质权在各国立法中都是最主要的质权形态。

（2）质押合同。

《民法典》“物权编”规定，出质人和质权人应当以书面形式订立质押合同。质押合同应包括以下内容：①被担保债权的种类和数额；②债务人履行债务的期限；③质押财产的名称、数量等情况；④担保的范围；⑤质押财产交付的时间、方式。

质权人在债务履行期限届满前，与出质人约定债务人不履行到期债务时质押财产归债权人所有的，只能依法就质押财产优先受偿。与抵押相同，《民法典》“物权编”对流质条款效力的认定，也是明确流质条款不影响质权的优先受偿效力。

（3）动产质押的效力。

①质押担保的范围。质押担保范围包括主债权及其利息、违约金、损害赔偿金、保管质押财产和实现质权的费用。当事人另有约定的，按照其约定。

②质押财产孳息的收取。质物孳息是由质押财产产生的收益，包括天然孳息和法定孳息。《民法典》“物权编”规定，除质押合同另有约定外，质权人有权收取质押财产所产生的孳息，孳息应当先充抵收取孳息的费用。

③质押财产的保管。设定质押以后，质押财产虽然转移给质权人占有，但是未经出质人同意，质权人无权使用、处分质押财产。在占有质物期间，质权人负有妥善保管质押财产的义务。因保管不善致使质押财产灭失或者毁损的，质权人应当承担民事责任。质权人不能妥善保管质押财产可能致使其灭失或者毁损的，出质人可以要求质权人将质押财产提存，或者要求提前清偿债权而返还质押财产。

④质押财产有损坏或者价值明显减少时的补救措施。质押财产有损坏或者价值明显减少的可能，足以危害质权人权利的，质权人可以要求出质人提供相应的担保。出质人不提供的，质权人可以拍卖或者变卖质押财产，并与出质人协议将拍卖或者变卖所得的价款提前清偿债务或者提存。

（4）质权的实现。

《民法典》“物权编”规定，质权自出质人交付质押财产时设立。债务人不履行到期债务或者发生当事人约定的实现质权的情形，质权人可以与出质人协议以质押财产折价，也可以依法拍卖、变卖质押财产。质押财产折价或者拍卖、变卖后，其价款超过债权数额的部分归出质人所有，不足部分由债务人清偿。当出质人为第三人时，在质权人实现质权后，其有权向债务人追偿。

《民法典》“物权编”规定，出质人可以请求质权人在债务履行期届满后及时行使质权；质权人不行使的，出质人可以请求人民法院拍卖、变卖质押财产。出质人请求质权人及时行使质权，因质权人怠于行使权利造成损害的，由质权人承担赔偿责任。

【小案例6-8】

农民甲因改建猪圈，向乙借款人民币2万元，约定1个月后归还；丙以自己的一台小货车作为质押，乙、丙依约订立了质押合同。丙将小货车交给乙，乙将2万元交给甲。之后，丙因进城卖菜，与乙协商用车7天，乙同意。后甲改建猪圈也需用车拉货，丙用完后将车交给甲使用。此时，甲与乙的借款合同已过期限，甲未能按期偿还借款，乙即向人民法院起诉，要求变卖小货车清偿欠款。丙辩称，乙此时并未占有小货车，因此不得以质权变卖该车。请问：（1）质押合同在质权人不占有质物时是否有效？（2）乙是否有权要求变卖该车清偿欠款？

分析提示：这里要搞清楚两个概念：质押合同生效与质权设立。质押合同于合同签订时成立生效，质权于质押物交付时设立。本案中，乙与丙订立了书面质押合同，丙又将小货车交给乙实际占有，此时，双方已形成质押法律关系，乙享有质权。双方协商由丙使用该车一段时间，丙的使用权仍受乙的质权的限制，这时，丙是在使用乙的占有物，双方的协议并未改变质押合同的内容。小货车与乙的分离是有条件的、暂时的，乙的质权并未丧失。

3.权利质押。

权利质押是指以债权或者不动产用益物权之外的其他财产权利为标的设定的质押。权利质押是从动产质押中派生出来的一种现代质押形式，在成立方式、效力范围和实现方式等方面均有其自身特点，其地位日渐重要。权利质押除适用特别规定外，也适用动产质押的一般规定。

《民法典》“物权编”规定，债务人或者第三人可以将有权处分的下列权利出质：（1）汇票、支票、本票；（2）债券、存款单；（3）仓单、提单；（4）可以转让的基金份额、股权；（5）可以转让的注册商标专用权、专利权、著作权等知识产权中的财产权；（6）现有的以及将有的应收账款；（7）法律、行政法规规定可以出质的其他财产权利。

权利质押的当事人应当签订书面合同。以汇票、支票、本票、债券、存款单、仓单、提单出质的，质权自权利凭证交付质权人时设立；没有权利凭证的，质权自办理出质登记时设立。以基金份额、股权出质的，质权自办理出质登记时设立。以注册商标专用权、专利权、著作权等知识产权中的财产权出质的，质权自办理出质登记时设立。以应收账款出质的，质权自办理出质登记时设立。

（四）留置

1.留置的概念。

留置是指债权人依约占有债务人的动产，当债务人不履行到期债务时，债权人可以留置该动产，并有权将该动产折价或者以拍卖、变卖该动产的价款优先受偿。在此法律关系中，债权人为留置权人，占有的动产为留置财产。

留置权是一种法定担保的形式。因保管合同、运输合同、加工承揽合同或者法律规定可以留置的其他合同而发生的债权，债务人不履行债务的，债权人有权行使留置权。依据《民法典》“物权编”的规定，债权人留置的动产，应当与债权属于同一法律关系，但企业之间留置的除外。法律规定或者当事人约定不得留置的动产，不得留置。留置财产为可分物的，留置财产的价值应当相当于债务的金额。

2.留置的效力。

（1）留置担保的范围。留置担保的范围包括主债权及其利息、违约金、损害赔偿金、留置物保管费用和实现留置权的费用。

（2）留置权人的保管义务。在留置期间，留置权人负有妥善保管留置财产的义务。如果由于留置权人保管不善致使留置财产毁损、灭失，留置权人应当承担赔偿责任。

（3）留置权人收取孳息的权利。由于留置权人承担了保管留置财产的义务，因此，其有权收取留置财产的孳息。留置权人收取的孳息应当先充抵收取孳息的费用。

3.留置权的实现。

留置权的实现包括折价、拍卖和变卖3种方式。留置财产折价或者拍卖、变卖后，其价款超过债权数额的部分归债务人所有，不足部分由债务人清偿。

与抵押权和质权不同的是，当债务人不履行到期债务时，留置权人不得立即行使留置权，而应当给债务人一定的宽限期。只有过了宽限期债务人仍不履行债务的，留置权人方可行使留置权。《民法典》“物权编”对此做了明确规定，留置权人与债务人应当约定留置财产后的债务履行期限；没有约定或者约定不明确的，留置权人应当给债务人60日以上履行债务的期限，但鲜活易腐等不易保管的动产除外。留置财产折价或者变卖的，应当参照市场价格。

同一动产上已设立抵押权或者质权，该动产又被留置的，留置权人优先受偿。债务人可以请求留置权人在债务履行期限届满后行使留置权；留置权人不行使的，债务人可以请求人民法院拍卖、变卖留置财产。

【小案例6-9】

大华运输公司为江陵贸易公司运输一批冰箱，价值200万元，运费2万元，货到目的地，江陵贸易公司未提货，也未付款。大华运输公司遂通知江陵贸易公司，必须尽快提货并支付所欠运费。1个月后，江陵贸易公司仍未履行债务。大华运输公司就把留置的冰箱依法拍卖，得款195万元，在扣除运费2万元及其他费用3 000元后，将剩余的192.7万元退回江陵贸易公司。江陵贸易公司表示不能接受大华运输公司对此事的处理。请问：大华运输公司对此事的处理有哪些地方不符合法律规定？

分析提示：（1）留置财产为可分物的，留置财产的价值应当相当于债务的金额。大华运输公司只能就所欠运费2万元对部分冰箱行使留置权。（2）留置权人与债务人应当约定留置财产后的债务履行期间；没有约定或者约定不明确的，留置权人应当给债务人两个月以上履行债务的期间。大华运输公司行使留置权的时间不符合法律规定。

（五）定金

1.定金的概念。

定金是当事人在合同订立时或者债务履行之前，为担保合同的履行，由一方向对方支付的一定数额的货币。

【小思考6-7】

在日常生活中，人们有时将“定金”写成“订金”，此“定金”与彼“订金”是一回事吗？

答：二者不是一回事。定金是担保的一种方式，数额不能超过主合同标的额的20%，其法律效力体现在定金罚则上。订金在当事人没有特别约定的情况下，只是合同的预付款，数额可以由当事人自行约定。交付或收受订金的当事人不履行合同债务时，不发生丧失或者双倍返还预付款的后果。

2.定金合同。

定金应当以书面形式约定。定金合同是实践合同，从实际交付定金时成立。基于定金交付日期的重要性，当事人应在合同中做出明确约定。

当事人在合同中可以自行约定定金的数额，但不得超过主合同标的额的20%。当事人约定的定金数额超过这一限额的，超过部分不产生定金的效力。实际交付的定金数额多于或者少于约定数额，视为变更定金合同。

3.定金的效力。

定金的效力主要体现在定金罚则上。《民法典》“合同编”规定，给付定金的一方不履行债务或者履行债务不符合约定，致使不能实现合同目的的，无权请求返还定金；收受定金的一方不履行债务或者履行债务不符合约定，致使不能实现合同目的的，应当双倍返还定金。

债务人履行债务的，定金应当抵作价款或者收回。定金不足以弥补一方违约造成的损失的，对方可以请求赔偿超过定金数额的损失。

第六节 合同变更、转让及终止

一、合同变更

（一）合同变更的概念

合同变更是指有效成立的合同在尚未履行或未履行完毕之前，当事人对合同的内容进行修改或补充。合同变更是对合同内容进行调整。合同成立后，由于客观情况发生变化，合同不能按原来的约定履行，需要对其加以变更。法律允许当事人在一定条件下，经过法定程序对合同的内容做出相应的修改或补充。

（二）合同变更的条件

1.当事人之间已经存在有效的合同关系。

2.合同的内容发生变化，且变更后的合同关系与原合同关系应当保持同一性。

3.须依当事人双方的约定或者依法律的规定并通过人民法院的判决或仲裁机构的裁决发生。

4.必须遵守法定的方式。当事人协商一致就可以变更合同。

（三）合同变更的效力

合同变更的实质在于使变更后的合同代替原合同。合同变更后，当事人应当按照变更后的合同内容履行。当事人对合同变更的内容约定不明确的，推定为未变更。合同变更对已经履行的部分不具有法律效力，任何一方均不得以合同变更为由要求对方返还其已经履行的财产。

合同变更不影响当事人要求赔偿的权利。因合同变更使一方遭受损失的，除依法可以免除责任的以外，应由责任方负责赔偿。损害赔偿请求权应当视具体情况而定，在约定变更的情况下，如果合同没有约定损害赔偿问题，多数学者主张无损害赔偿请求权的存在。

二、合同转让

（一）合同转让的概念

合同转让又称为债的转移，是指当事人一方将其合同的权利和义务全部或部分转让给第三人，即由新的债权人、债务人代替原债权人、债务人，而债的内容保持同一性的一种法律制度。合同转让是合同的主体发生了变化。转让后，第三人成为合同的一方当事人，享有相应的合同权利，承担相应的合同义务。

根据合同转让的主体的不同，可将合同转让分为债权让与、债务承担和概括转让。债权人变更的叫作债权让与，债务人变更的叫作债务承担，债权、债务均转让的称为概括转让。合同转让可以基于法律规定（如继承）发生，也可以基于当事人的约定发生。

（二）债权让与

债权让与即债权的转让，是指债权人将其债权的全部或部分转让给第三人的行为。债权部分转让的，让与人与受让人同为债权人，但应明确各自的份额，是属于按份共有还是共同共有；债权全部转让的，受让人取代让与人的地位，成为新的债权人。

一般情况下，债权人可以将债权的全部或者部分转让给第三人，但法律对此也做了一定的限制。根据《民法典》“合同编”的规定，下列债权不得转让：一是根据债权性质不得转让；二是按照当事人约定不得转让；三是依照法律规定不得转让。当事人约定非金钱债务不得转让的，不得对抗善意第三人；当事人约定金钱债务不得转让的，不得对抗第三人。

债权人转让债权的，不必征得债务人的同意，但应当及时通知债务人。债权人未履行通知义务的，该转让对债务人不发生效力，即债务人仍得按照双方对原债务的约定履行。债权转让的通知不得撤销，但经受让人同意的除外。因债权转让增加的履行费用由让与人负担。

债权人转让债权的，受让人取得与债权有关的从权利，但是该从权利专属于债权人自身的除外。受让人取得从权利不因该从权利未办理转移登记手续或者未转移占有而受到影响。

债务人接到债权转让通知后，债务人对让与人的抗辩，可以向受让人主张。有下列情形之一的，债务人可以向受让人主张抵销：(1) 债务人接到债权转让通知时，债务人对让与人享有债权，且债务人的债权先于转让的债权到期或者同时到期；(2) 债务人的债权与转让的债权是基于同一合同产生。

(三) 债务承担

债务承担即合同义务的转让，是指债务人将合同义务全部或部分转让给第三人的行为。按照债务承担后原债务人是否免责，可将债务承担分为免责的债务承担和并存的债务承担。

免责的债务承担是指债务人将其债务全部转让给第三人负担。其效力表现在，原债务人脱离债的关系，不再对所转让的债务承担责任；第三人成为新的债务人，对所承受的债务负责。并存的债务承担是指债务人不脱离债的关系，第三人加入债的关系，与债务人共同承担债务。

无论是第三人取代原债务人成为新的债务人，还是第三人与债务人成为共同债务人，倘若第三人没有履行义务的能力，或信用不佳，那么债权人的利益都无法得到保障。因此，《民法典》“合同编”明确要求，债务人将债务的全部或部分转让给第三人的，应当经过债权人的同意。债务人或者第三人可以催告债权人在合理期限内予以同意，债权人未作表示的，视为不同意。

一般来说，有人替自己承担债务，对债务人是不会有什么损害的，因此，立法时，没有考虑债务承担是否要经债务人同意的问题，但实践中确实出现了违反债务人的意思承担债务的案例。对于这一问题，传统民法一般认为，让债权人丧失已经取得的对债务承担人的请求权并不合理，所以此时应当承认债务承担合同有效。当然，如果债权人与承担人签订债务承担协议给原债务人带来额外负担，则应当经过原债务人同意。总的来说，要区分该债务承担协议是否损害债务人的利益，据此判断债务承担协议的生效是否需要经过债务人同意。

第三人与债务人约定加入债务并通知债权人，或者第三人向债权人表示愿意加入债务，债权人未在合理期限内明确拒绝的，债权人可以请求第三人在其愿意承担的债务范围内和债务人承担连带债务。

债务人转移债务的，新债务人可以主张原债务人对债权人的抗辩；原债务人对债权人享有债权的，新债务人不得向债权人主张抵销。

与主债务有关的从债务，除专属于原债务人自身的以外，随主债务转移给新债务人承担。

(四) 概括转让

概括转让即合同的权利和义务一并转让，是指当事人一方将其合同权利和义务一起转让给第三人的行为。由于合同的概括转让既转让合同权利又转让合同义务，因而只能发生在双务合同中。《民法典》"合同编"规定，当事人一方经对方同意，可以将自己在合同中的权利和义务一并转让给第三人。合同的概括转让适用《民法典》"合同编"关于债权转让和债务承担的法律规定。

【小案例6-10】

徐某与张某是朋友关系。2019年4月，张某向徐某借款人民币2万元，并出具借条一张。后张某于2019年年底离家外出打工，杳无音信。张某外出后，徐某经常到张某家催讨借款。2020年6月6日，张某的母亲赵某向徐某书面承诺"借款2万元（不含利息）在两年内还清"，并在还款人处签下自己的名字。请问：（1）徐某能否向赵某主张2万元的债权？（2）张某如果恰在此时回来，应由谁向徐某偿还该笔债务？

分析提示：只要债权人与承担人签订的债务承担协议未给原债务人带来额外负担，即为有效。

三、合同终止

（一）合同终止的概念

合同终止是指合同权利和义务的终止，合同法律关系消灭。合同的权利和义务终止后，当事人应当遵循诚信等原则，根据交易习惯履行通知、协助、保密、旧物回收等义务。合同的权利和义务终止不影响合同中结算和清理条款的效力。

（二）合同终止的原因

1.债务已经履行。债务人履行了合同义务，债权人签订合同的目的就实现了，这是合同终止的最主要的原因。

2.合同解除。合同解除是指合同有效成立后，在一定条件下通过当事人的单方行为或者双方合意终止合同效力或者溯及地消灭合同关系的行为。合同解除可做如下分类：（1）单方解除与协议解除；（2）法定解除与约定解除。

合同法定解除的条件有：（1）因不可抗力致使不能实现合同目的；（2）在履行期限届满前，当事人一方明确表示或者以自己的行为表明不履行主要债务；（3）当事人一方迟延履行主要债务，经催告后在合理期限内仍未履行；（4）当事人一方迟延履行债务或者有其他违约行为致使不能实现合同目的；（5）法律规定的其他情形。合同协议解除的条件是双方当事人协商一致解除合同关系。此协议必须具备合同有效成立的要件，即当事人具有相应的行为能力，意思表示真实，内容合法，并采取适当的形式。

当事人单方解除合同时，不需对方的同意，即可发生解除合同的效果。关于解除权的行使期限，《民法典》"合同编"规定：（1）法律规定或者当事人约定解除权行使期限，期限届满当事人不行使的，该权利消灭；（2）法律没有规定或者当事人没有约定解除权行使期限，自解除权人知道或者应当知道解除事由之日起1年内不行使，或者经对方催告后在合理期限内不行使的，该权利消灭。关于解除权的行使程序，《民法典》“合同编”规定：（1）当事人一方依法主张解除合同的，应当通知对方，合同自通知到达对方时解除；通知载明债务人在一定期限内不履行债务则合同自动解除，债务人在该期限内未履行债务的，合同自通知载明的期限届满时解除。对方对解除合同有异议的，任何一方当事人均可以请求人民法院或者仲裁机构确认解除行为的效力。（2）当事人一方未通知对方，直接以提起诉讼或者申请仲裁的方式依法主张解除合同，人民法院或者仲裁机构确认该主张的，合同自起诉状副本或者仲裁申请书副本送达对方时解除。

合同解除后，尚未履行的，终止履行；已经履行的，根据履行情况和合同性质，当事人可以要求恢复原状、采取其他补救措施，并有权要求赔偿损失。

合同因违约解除的，解除权人可以请求违约方承担违约责任，但是当事人另有约定的除外。

主合同解除后，担保人对债务人应当承担的民事责任仍应当承担担保责任，但是担保合同另有约定的除外。

【小思考6-8】

合同终止与合同解除的区别是什么？

答：合同终止与合同解除的区别主要表现在：（1）适用范围不同。合同终止只适用于继续性合同，即债务不能一次履行完毕而必须持续履行方能完成的合同，如租赁合同、承揽合同、建设工程合同以及大部分以提供劳务为标的的合同；合同解除原则上只适用于非继续性合同。（2）适用的条件不同。合同终止既适用于一方违反合同，也适用于没有违反合同的情况；合同解除主要适用于当事人一方不履行合同的情况。（3）法律后果不同。合同终止只是使合同关系向将来消灭，并无溯及力，因此不产生恢复原状的法律后果；合同解除可使合同关系溯及既往地消灭，因而产生恢复原状的法律后果。

3. 债务相互抵销。这是指当事人双方互负给付种类相同的债务，双方各以其债权充当债务之清偿，而使互负债务在对等数额内相互消灭的法律制度。抵销因其产生的根据不同，可分为法定抵销和约定抵销。

法定抵销与约定抵销都是将双方债务在对等额内消灭。二者的区别表现在：（1）抵销的依据不同。法定抵销是基于法律规定，只要具备法定条件，任何一方都可以主张将自己的债务与对方的到期债务抵销，但根据债务性质、按照当事人约定或者法律规定不得抵销的除外；约定抵销的双方必须协商一致，不能由单方决定抵销。（2）对抵销债务的要求不同。法定抵销要求标的物的种类、品质相同；约定抵销标的物的种类、品质可以不同，但它们的价值应基本相当。例如，以1 500千克特级苹果抵销2 000千克一级苹果。（3）对所抵销债务的期限要求不同。法定抵销当事人双方互负的债务必须均已到期；约定抵销双方互负的债务即使没有到期，只要双方当事人协商一致，也可以抵销。（4）程序要求不同。法定抵销的当事人主张抵销的，应当通知对方，通知未到达对方，抵销行为不生效；约定抵销的双方达成抵销协议时，即发生抵销的法律效力。

4.债务人依法将标的物提存。提存是指由于债权人的原因无法向其交付合同标的物时，债务人将该标的物交给提存机关而消灭债务的制度。交付合同标的物的债务人为提存人，债权人为提存领受人，交付的标的物为提存物，由国家设立并保管提存物的机关为提存机关。

《民法典》“合同编”规定，债务人可以将标的物提存的情形有：（1）债权人无正当理由拒绝受领；（2）债权人下落不明；（3）债权人死亡未确定继承人、遗产管理人，或者丧失民事行为能力未确定监护人；（4）法律规定的其他情形。标的物不适于提存或者提存费用过高的，债务人依法可以拍卖或者变卖标的物，提存所得的价款。债务人将标的物或者将标的物依法拍卖、变卖所得价款交付提存机关时，提存成立。提存成立的，视为债务人在其提存范围内已经交付标的物。标的物提存后，毁损、灭失的风险由债权人承担。提存期间，标的物的孳息归债权人所有。提存费用由债权人负担。债权人可以随时领取提存物，但债权人对债务人负有到期债务的，在债权人未履行债务或者提供担保之前，提存机关根据债务人的要求应当拒绝其领取提存物。债权人领取提存物的权利，自提存之日起5年内不行使而消灭，提存物扣除提存费用后归国家所有。但是，债权人未履行对债务人的到期债务，或者债权人向提存机关书面表示放弃领取提存物权利的，债务人负担提存费用后有权取回提存物。

5.债权人免除债务。免除是指债权人免除债务人部分或者全部债务，使债权债务全部或部分终止。免除发生债务绝对消灭的效力，除非债务人在合理期限内拒绝。免除债务是债权人的权利，但债务的免除不得有害第三人的权利。例如，在融资租赁合同中，出租人（也即买受人）免除出卖人的交付义务，承租人的利益将受到损害，因此，不得免除出卖人的义务。

6.债权、债务同归于一人。这在民法理论上也称为混同。债权、债务的转让是产生混同的主要原因。混同不得损害第三人的利益。

7.法律规定或者当事人约定终止的其他情形。

第七节　违约责任

一、违约责任和违约行为

（一）违约责任的含义

1.违约责任的概念。违约责任是违反合同的民事责任的简称，是指合同当事人一方不履行合同义务或履行合同义务不符合合同约定所应承担的民事责任。

2.违约责任的法律特征。

（1）违约责任是一种民事责任。民事责任是指民事主体在民事活动中，因实施民事违法行为或基于法律的特别规定，依据民法所应承担的法律责任。违约责任作为一种民事责任，在目的、构成要件、责任形式等方面均有别于其他法律责任。

（2）违约责任是违约方向非违约方承担的法律责任。合同关系的相对性决定了违约责任的相对性，即违约责任是合同当事人之间的民事责任，合同当事人以外的第三人对当事人之间的合同不承担违约责任。

（3）违约责任有一定的选择性。非违约方可以选择违约方承担违约责任的方式，如违约方违反约定没有完成合同义务，非违约方可以在继续履行和违约金中选择一项要求违约方承担责任。这种选择是一种形成权，违约相对人一旦选择就不能改变。

3.违约责任的构成要件。这主要包括：（1）有违约行为；（2）有损害事实；（3）违约行为与损害事实之间存在因果关系；（4）无免责事由。

4.违约责任的归责原则。

（1）过错责任原则。过错责任是指由于当事人主观上的故意或者过失而引起的违约责任。在发生违约事实的情况下，只有当事人有过错，才能承担违约责任；否则，将不承担违约责任。

（2）无过错责任原则。无过错责任原则即严格责任原则，是指凡违反合同的行为，除了免责的外，都必须追究违约方的违约责任。《民法典》“合同编”规定，当事人一方不履行合同义务或者履行合同义务不符合约定的，应当承担继续履行、采取补救措施或者赔偿损失等违约责任。这就是无过错责任原则的体现。

（3）赔偿实际损失原则。所谓实际损失，是指违约方因自己的违约行为在事实上给对方造成的经济损失。一般情况下，实际损失包括财物的毁损灭失及支出的必要费用，还包括可得利益的损失。当因违约方的违约行为造成对方经济损失时，违约方应当向对方承担赔偿责任。

（4）全面履行原则。全面履行原则是指违约方承担经济责任（如支付违约金或者赔偿金等）后仍应按合同要求全面履行。也就是说，违约方承担了经济责任后并不能代替合同的履行，不能免除过错方继续履行合同的责任。只要受害方要求继续履行合同，除了法律另有规定外，违约方有能力履行，违约方就必须继续履行未完成的合同义务。

（二）违约行为

1.违约行为的概念及分类。违约行为是指当事人一方不履行合同义务或者履行合同义务不符合约定条件的行为。根据不同标准，可将违约行为做以下分类：

（1）以违约行为的实施方是单方还是双方为标准，可将违约行为分为单方违约与双方违约。《民法典》“合同编”规定，当事人都违反合同的，应当各自承担相应的责任。可见，在双方违约情况下，双方的违约责任不能相互抵销。

（2）以违约行为是否导致另一方订约目的不能实现为标准，可将违约行为分为根本违约与非根本违约。二者的区别在于，根本违约可构成合同法定解除的理由。根本违约是指合同一方当事人违反合同的行为使该合同的目的不能实现。

（3）以违约行为发生的时间为标准，可将违约行为分为预期违约与实际违约。

2. 预期违约。预期违约又称先期违约，是指当事人一方在合同规定的履行期到来之前，明示或者默示其将不履行合同义务的行为。其特征是：（1）当事人在合同履行期到来之前违约；（2）侵害的是对方当事人期待的债权而不是现实的债权；（3）其后果是造成对方信赖利益的损害。

预期违约包括明示预期违约和默示预期违约。明示预期违约是指在履行期到来之前，一方当事人无正当理由，明确、肯定地向对方表示其将不履行合同义务的行为。默示预期违约是指在履行期到来之前，一方当事人以自己的行为表明其将不履行合同义务的行为。例如，特定物买卖的出卖人在合同履行期届满前将标的物转卖给第三人。

【法律小知识6-6】

预期违约制度源于英美法系。这项制度的确立可以使双方当事人的实际损失降低到最低限度，并有利于保护守约方的利益，使守约方能及时解除合同，另订其他补救合同，以实现其所期望的经济利益，符合法律的公平原则。所以，不仅美国的《统一商法典》明确规定了预期违约制度，《联合国国际货物销售合同公约》也规定了预期违约制度。《民法典》吸收和借鉴了英美法系的预期违约制度，其“合同编”规定当事人一方明确表示或者以自己的行为表明不履行合同义务的，对方可以在履行期限届满前请求其承担违约责任。

3. 实际违约。

（1）不履行。不履行是指在合同履行期届满时，合同当事人完全不履行自己的合同义务。这包括履行不能和拒绝履行。履行不能是指债务人客观上已经没有履行能力。例如，在特定物的买卖合同中，该特定物灭失。拒绝履行是指履行期届满时，债务人能够履行而故意不履行合同规定的全部义务。

（2）迟延履行。迟延履行是指债务人无正当理由，在合同规定的履行期届满时，能够履行而未履行合同义务。合同中未约定履行期限的，在债权人提出履行催告后仍未履行债务，就是迟延履行。这具体包括债务人的迟延给付和债权人的迟延受领。

（3）不适当履行。不适当履行是指债务人虽然履行了债务，但履行不符合合同的约定。这具体包括瑕疵给付和加害给付。其中，质量不符合约定是不适当履行的主要表现形式。其后果是合同的履行损害了对方当事人应得到的利益，甚至造成人身和其他财产损害。

（4）其他违反合同义务的行为。其他违反合同义务的行为主要是指违反法定的通知、协助、保密等义务的行为。《民法典》“合同编”规定了买受人的协助义务，出卖人按照约定或者依照规定将标的物置于交付地点，买受人违反约定没有收取的，标的物毁损、灭失的风险自违反约定时起由买受人承担。

二、承担违约责任的方式

（一）继续履行

继续履行也称强制实际履行，是指违约方根据对方当事人的请求继续按照合同规定履行其义务。继续履行与违约金、赔偿损失等方式相比，更有利于实现当事人订立合同的目的。《民法典》“合同编”规定，对于金钱债务和非金钱债务，都可以要求违约方继续履行。其中，金钱债务应无条件适用继续履行。非金钱债务原则上可以请求继续履行，但下列情形除外：（1）法律或者事实上不能履行；（2）债务的标的不适于强制履行或者强制履行费用过高；（3）债权人在合理期限内未请求履行。有上述除外情形之一，致使不能实现合同目的的，人民法院或者仲裁机构可以根据当事人的请求终止合同权利义务关系，但是不影响违约责任的承担。当事人一方不履行债务或者履行债务不符合约定，根据债务的性质不得强制履行的，对方可以请求其负担由第三人替代履行的费用。

（二）补救措施

补救措施是指因当事人交付的标的物质量不符合合同约定，根据法律规定或对方的要求所采取的救济措施。这种责任形式与继续履行和赔偿损失具有互补性。

对于标的物质量不符合约定的违约责任，当事人有约定者应依其约定；没有约定或约定不明者，应按照《民法典》“合同编”的规定确定其违约责任；没有约定或约定不明又不能按照《民法典》“合同编”的规定确定违约责任的，受损害方根据标的的性质以及损失的大小，可以合理选择请求对方承担修理、重作、更换、退货、减少价款或者报酬等违约责任。

（三）赔偿损失

赔偿损失是指违约方以支付金钱的方式弥补受害方因违约行为所减少的财产或者所丧失的利益的责任形式。赔偿损失是以支付金钱的方式弥补损失，它是最重要的违约责任形式。

赔偿损失具有补偿性特征，它可以和其他救济方法同时使用。《民法典》“合同编”规定，当事人一方不履行合同义务或者履行合同义务不符合约定的，在履行义务或者采取补救措施后，对方还有其他损失的，应当赔偿损失。

损失赔偿额应当相当于因违约所造成的损失，包括合同履行后可以获得的利益，但是，不得超过违约一方订立合同时预见到或者应当预见到的因违约可能造成的损失。

当事人一方违约后，对方应当采取适当措施防止损失扩大；没有采取适当措施致使损失扩大的，不得就扩大的损失请求赔偿。当事人因防止损失扩大而支出的合理费用，由违约方负担。

债务人按照约定履行债务，债权人无正当理由拒绝受领的，债务人可以请求债权人赔偿增加的费用。在债权人受领迟延期间，债务人无须支付利息。

（四）违约金

违约金是指当事人一方违反合同时应当向对方支付的一定数额的金钱。

违约金是对损害赔偿额的预先约定，既可能高于实际损失，也可能低于实际损失，这就容易出现对损害一方当事人不公平的现象。对此，《民法典》“合同编”规定，约定的违约金低于造成的损失的，人民法院或者仲裁机构可以根据当事人的请求予以增加；约定的违约金过分高于造成的损失的，人民法院或者仲裁机构可以根据当事人的请求予以适当减少。当事人就迟延履行约定违约金的，违约方支付违约金后，还应当履行债务。

三、违约责任的免除

违约责任的免除是指在特殊情况下，当事人不履行合同义务也可以不承担违约责任。所谓的特殊情况包括：一是法律规定的免责事由，主要指不可抗力；二是当事人约定的免责事由。

（一）不可抗力

所谓不可抗力，是指不能预见、不能避免并不能克服的客观情况。不可抗力主要包括：(1) 自然灾害，如台风、洪水、冰雹；(2) 政府行为，如征收、征用；(3) 社会异常事件，如罢工、骚乱。合同中的不可抗力范围，当事人可以用列举的方式明确约定。约定不明确的，由人民法院或仲裁机构依法确定。

因不可抗力不能履行合同的，根据不可抗力的影响，违约方可部分或全部免除责任，但以下两种情况除外：(1) 金钱债务的迟延责任不得因不可抗力而免除；(2) 迟延履行后发生不可抗力的，不免除其违约责任。

当事人一方因不可抗力不能履行合同的，应当及时通知对方，以减轻可能给对方造成的损失，并应当在合理期限内提供证明。

（二）免责条款

免责条款是指当事人在合同中约定免除将来可能发生的违约责任的条款，其所规定的免责事由即约定免责事由。免责条款必须在合同中明示做出，并构成合同的有效组成部分。

免责条款不能排除当事人的基本义务，也不能排除故意或重大过失的责任；免责条款不得违背法律规定和社会公共利益，以免给相对人造成不利影响。

【法律小知识6-7】

《民法典》“合同编”对合同的免责条款做出一般性规定，下列免责条款无效：(1) 造成对方人身损害的；(2) 因故意或者重大过失造成对方财产损失的。

本章小结

合同是指民事主体之间设立、变更、终止民事法律关系的协议。要约和承诺是订立合同的必经阶段。为了约束当事人的缔约行为，在订立合同的过程中，如果一方当事人违背诚实信用原则导致另一方利益损失，应当承担缔约过失责任。当事人订立合同，可以采用口头、书面或其他形式。合同成立并不必然发生法律效力，可能因符合法律规定而生效，因违反法律规定而自始无效，因意思表示不真实而可撤销，因存在法定事由而效力待定。合同生效后，当事人应当全面、适当地履行各自的合同义务；否则，应当承担相应的违约责任。承担违约责任的方式包括继续履行、采取补救措施、赔偿损失、违约金和定金5种。违约责任可以因为发生不可抗力事件或出现当事人约定的免责事由而免除。担保是保障债权人的债权得以实现的一项重要制度。《民法典》规定了5种担保方式：保证、抵押、质押、留置、定金。其中，保证属于人的担保，抵押、质押、留置属于物的担保，定金属于金钱担保。债权人与债务人或者第三人通过签订担保合同来约定彼此的权利和义务。担保合同必须采用书面形式。

复习与思考

一、即测即评

第六章单项选择题　　第六章多项选择题　　第六章判断题

二、案例分析题

1.红星空调厂库存500台优质空调机。4月3日，该空调厂给保利商场发函，询问其是否愿意以每台3 700元的价格购买，备有现货，只要数量在500台以下，可以保证供应，限期在7日内答复。保利商场恰逢空调机脱销，急需购进一批，在收函后于4月6日复电称愿意以每台3 500元购买400台，并要求送货上门。该空调厂接到电文后，当天回函称愿意接受价格条件，但无法送货上门，要求保利商场支付运费自提货物，并要求立即答复。保利商场接到回函后，因忙于购进其他货物，将该函搁置一边。5月中旬，空调机到了销售旺季，价格上涨。保利商场组织车辆到该空调厂提货，要求按每台3 500元供应400台空调机。而此时，该空调厂仅库存100台空调机，其余均已售出。保利商场为此诉至人民法院，要求该空调厂履行合同，并赔偿损失。请问：（1）4月3日，该空调厂向保利商场发函的行为属于何种性质？说明理由。（2）4月6日，保利商场给该空调厂回函的行为属于何种性质？说明理由。（3）该空调厂与保利商场的合同是否已经成立？

2.2020年9月5日，张甲和李乙约定，张甲将其1幅祖传名画卖给李乙，价款20万元，9月25日双方同时履行各自的义务。9月15日，张甲因王丙出价26万元，将其祖传的名画卖给了王丙。请问：（1）李乙能否在9月15日要求张甲承担违约责任？李乙能否据此解除合同？（2）如果李乙9月25日前没有要求张甲承担违约责任，李乙能否在9月25日提出要求？（3）如果合同约定李乙应于9月18日付款，张甲于9月28日交付名画，那么，张甲9月18日要求李乙付款，李乙能否拒绝？

3.2020年5月27日，甲公司与乙农场签订了一份买卖大米的合同。合同约定由乙农场提供一级新大米4 000吨，总价款800万元，交货时间为2020年11月10日前。甲公司应支付给乙农场200万元定金，余款收货后3个工作日内付清。任何一方违约均应向对方支付总货款10%的违约金。甲公司当即向乙农场支付了200万元定金。同年9月15日，乙农场通知甲公司，因当地发生百年不遇的旱灾，农作物歉收，无法继续履行交货义务，乙农场愿意退还全部定金，并请求不可抗力免责。请问：(1) 乙农场无法履行交货义务，甲公司能否同时要求乙农场支付违约金并双倍返还定金？说明理由。(2) 乙农场能否以当地发生百年不遇的旱灾为由，请求不可抗力免责？说明理由。

4.甲公司因拓展业务需要，向乙银行贷款150万元。乙银行经审查认为甲公司符合贷款条件，遂要求甲公司提供担保。甲公司找到丙、丁两公司，要求它们为其贷款提供担保。丙、丁两公司遂在借款合同中写明：甲公司在贷款期满不能履行债务时，由丙、丁两公司承担保证责任。借款合同写明借款期限为6个月。贷款到期时，甲公司因经营不善，只偿还贷款30万元。乙银行遂诉至人民法院，要求甲公司偿还所欠贷款本息及滞期罚金，丙、丁公司承担保证责任。丙公司认为，丁公司资产雄厚，应由丁公司承担大部分保证责任；丁公司则认为，应平均承担保证责任。请问：(1) 该担保关系是一般保证还是连带责任保证？(2) 丙、丁两公司应如何承担保证责任？

5.2020年6月10日，甲公司因欠乙公司70万元货款，将其一处价值100万元的房产进行抵押，并承诺两个月内连本带息付清欠款。抵押合同规定，如果到期甲公司不能偿还欠款，将该房产转归乙公司所有。2020年8月10日，合同期满，甲公司未能清偿欠款，乙公司遂提出将抵押房产的所有权转归自己。甲公司认为，当时房产价格上涨，已超过借款价值很多，不同意乙公司的要求。乙公司则认为，双方基于平等自愿、协商一致达成的抵押协议，受法律保护，遂向人民法院起诉，要求取得抵押房产的所有权。请问：(1) 该抵押合同属于什么性质？(2) 乙公司是否有权按约定取得抵押房产的所有权？(3) 该抵押合同应如何处理？

第七章 商标法律制度

学习目标

通过本章学习，重点掌握商标注册的条件及原则；掌握商标的构成、注册商标所有人的权利与义务、商标侵权行为的表现形式；了解商标的注册程序；明确注册商标专用权保护的重要意义。

案例导入

A市甲电视机厂生产的“荷花”牌洗衣机，质量优良，价格适中，售后服务好，深受广大用户欢迎。后该厂一名技术人员受聘于B市一家生产“莲花”牌洗衣机的乙厂，担任了乙厂的技术副厂长。乙厂为扭转亏损落后的生产局面，一方面在技术上加大力度进行革新改造，另一方面希望通过改变产品名称打开销路。当得知甲电视机厂的商标还未注册时，乙厂便向商标局申请注册了“荷花”牌商标。此后，乙厂的产品销路大有好转。甲电视机厂得知这一情况后，以该品牌是自己首创、先使用为由，要求乙厂停止使用该商标。而乙厂则认为自己已经注册了该商标，享有商标专用权，要求甲电视机厂停止使用。为此，双方发生纠纷。请问：本案中谁是侵权人？

第一节 商标法概述

一、商标的概念和特征

（一）商标的概念

商标是指由文字、图形、字母、数字、三维标志、颜色组合和声音等，以及上述要素的组合，使用于一定的商品或者服务项目，用以区别商标使用者与同类商品的生产经营者或者同类服务经营者的显著标记。

商标最主要的作用是区别，此外商标还能起到广告宣传、质量保证等作用。商标是商标专用权人的一项重要无形资产，权利人依法可以将其商标权投资入股、质押、转让或者许可他人使用。

（二）商标的特征

1.商标应当由法定要素构成。任何能够将自然人、法人或者其他组织的商品与他人的商品区别开的标志，包括文字、图形、字母、数字、三维标志、颜色组合和声音等，以及上述要素的组合，均可以作为商标申请注册。

【法律小知识 7-1】

某些耳熟能详的曲子一响起，人们就知道它所代表的对象。《中华人民共和国商标法》（以下简称《商标法》）第三次修正时，增加了一项重要的内容，即声音可作为商标申请注册。这意味着大家熟知的《新闻联播》开始曲、QQ 消息声、英特尔等常见的声音标识可以作为商标申请注册。

2. 商标必须具备显著性。申请注册的商标应当有显著特征，既区别于具有叙述性、公知公用性质的标志，又区别于他人商品或服务的标志。商标具备的这种显著性可以通过两种方式产生：一是商标本身具有显著性；二是通过长期的使用获得商标的显著性。

3. 商标具有独占性。注册商标所有人对其商标具有专用权、独占权，未经注册商标所有人许可，他人不得擅自使用；否则，即构成侵犯注册商标所有人的商标专用权，属于违反《商标法》的行为。

4. 商标具有价值。商标代表商标所有人提供的产品或者服务的质量、信誉和企业信誉、形象，商标所有人通过商标的创意、设计、申请注册、广告宣传及使用，使商标具有了价值，也增加了商品的附加值。

5. 商标具有竞争性。生产经营者的竞争就是商品或服务质量与信誉的竞争，其表现形式就是商标知名度的竞争。商标知名度越高，商品或服务的竞争力就越强。

二、商标的种类

1. 平面商标和立体商标。根据商标构成要素的不同，可分为平面商标和立体商标。平面商标是指由文字、图形、字母、数字、颜色组合、声音等，或前述要素的相互组合构成的商标。立体商标是由产品的容器、包装、外形以及其他具有立体外观的三维标识构成的商标。

2. 注册商标和未注册商标。根据商标法律效力的不同，可分为注册商标和未注册商标。经商标局核准注册的商标为注册商标，包括商品商标、服务商标和集体商标、证明商标。商标注册人享有商标专用权，受法律保护。商标注册人有权标明“注册商标”或者注册标记。未注册商标是没有向商标局申请注册的商标，虽然可以使用，但是不享有商标专用权。

【小思考 7-1】

使用在商品或者服务上的商标是否必须注册？

答：《商标法》没有要求所有使用的商标必须注册，除了法律、行政法规规定必须使用注册商标的商品必须申请商标注册，未经核准注册的不得在市场销售外，其他商品使用的商标是否注册由使用人自己决定。

3. 商品商标和服务商标。根据商标使用对象的不同，可分为商品商标和服务商标。商品商标是指使用于各种商品上，用来区别不同生产者和经营者的商标。服务商标是指使用于服务项目，用来区别服务提供者的商标。

4.集体商标和证明商标。根据商标使用目的的不同，可分为集体商标和证明商标。集体商标是指以团体、协会或者其他组织名义注册，供该组织成员在商事活动中使用，以表明使用者在该组织中的成员资格的标志，如“景德镇”陶瓷、“茅台”酒等。集体商标的使用者必须是集团成员。证明商标是指由对某种商品或者服务具有监督能力的组织所控制，而由该组织以外的单位或者个人使用于其商品或者服务，用以证明该商品或者服务的原产地、原料、制造方法、质量或者其他特定品质的标志，如“绿色食品”“库尔勒香梨”“宜兴紫砂”等。

三、商标法的概念和作用

（一）商标法的概念

商标法是调整商标注册、使用、管理和商标权保护过程中产生的各种社会关系的法律规范的总称。1982年8月23日，《商标法》颁布，于1983年3月1日起施行；1993年2月22日、2001年10月27日、2013年8月30日、2019年4月23日先后做了4次修正。《商标法》及其实施细则是我国商标法律制度中最重要的法律文件。

（二）《商标法》的作用

加强商标管理，保护商标专用权，可以促使生产经营者保证商品和服务质量，维护商标信誉，从而有利于保障消费者和生产经营者的利益，促进社会主义市场经济的发展。

第二节 商标权的取得

一、商标权取得的方式

商标权取得的方式主要有两种：原始取得和继受取得。

（一）原始取得

原始取得是指商标权第一次产生或者不依靠原所有人的权利而取得商标权。大多数商标权都是通过原始取得的方式获得的，即通过依法注册而获取商标权。

（二）继受取得

继受取得是指商标权以原权利人的权利为依据，通过权利转移的方式产生。继受取得的主要方式有4种：（1）通过商标权的转让获得权利；（2）通过继承或赠与等方式获得商标权；（3）因企业合并而获得商标权；（4）因其他合法根据而获得商标权，如因合伙而共有商标权等。

二、商标注册的原则

商标注册是指自然人、法人或者其他组织为取得商标专用权，依照法定程序向商标局提出申请，经过审核予以注册的法律活动。在商标注册方面，《商标法》体现了以下基本原则：

（一）诚实信用原则

《商标法》规定，申请注册和使用商标，应当遵循诚实信用原则。

代理人或者代表人应当遵循诚实信用原则，未经授权，禁止以自己的名义将被代理人或者被代表人的商标进行注册。

《商标法》对恶意抢注他人商标的行为规定了禁止条款。在实践中，某些企业或者个人利用与商标在先使用人的特定关系而恶意抢注该商标的现象时有发生，如在订立合同过程中知悉他人已经使用的未注册商标而抢先注册等，严重损害了商标在先使用人的权益，也不利于营造公平竞争的市场环境。因此，《商标法》规定，自然人、法人或者其他组织在生产经营活动中，对其商品或者服务需要取得商标专用权的，应当向商标局申请商标注册。不以使用为目的的恶意商标注册申请，应当予以驳回。

《商标法》要求商标代理机构应当遵循诚实信用原则，遵守法律、行政法规，按照被代理人的委托办理商标注册申请或者其他商标事宜；对在代理过程中知悉的被代理人的商业秘密负有保密义务。这项规定主要针对实践中一些商标代理机构违反诚实信用原则，利用其业务上的优势，帮助委托人进行恶意商标注册，甚至自己恶意抢注他人商标进行牟利的行为。

（二）商标分类申请原则

商标注册申请人应当按规定的商品分类表填报使用商标的商品类别和商品名称，提出注册申请。商标注册申请人可以通过一份申请就多个类别的商品申请注册同一商标。商标注册申请等有关文件，可以用书面方式或者数据电文方式提出。

（三）自愿注册与强制注册相结合原则

自愿注册原则是指商标所有人对其所有的商标是否申请注册可根据情况自行决定。实行商标自愿注册原则，表明商标所有人也可以不申请商标注册。经过商标局核准注册的商标，注册人取得商标专用权，受法律保护；商标所有人在不申请商标注册的情况下，可以使用，但不受法律保护，不能禁止他人使用自己未经注册的商标，也不得与他人商标专用权相冲突。

在实行自愿注册原则的同时，我国法律规定在极少数商品上使用的商标必须进行注册。法律、行政法规规定必须使用注册商标的商品，必须申请商标注册；未经核准注册的，不得在市场销售。目前必须使用注册商标的商品主要有两大类：人用药品和烟草制品。

（四）申请在先与使用在先分别适用原则

申请在先原则又称注册原则，是指按照申请注册的先后顺序来确定商标专用权的归属问题，即谁先申请，谁就享有商标专用权。使用在先原则又称使用原则，是指按照使用商标的先后顺序来确定商标专用权的归属问题，即谁先使用商标，谁就享有商标专用权。《商标法》规定，两个或者两个以上商标注册申请人在同一种商品或者类似商品上，以相同或者近似的商标申请注册的，初步审定并公告申请在先的商标；在同一天提出注册申请的，初步审定并公告使用在先的商标，驳回其他人的申请，不予公告。

（五）优先权原则

依照《商标法》的规定，享有商标注册优先权的情形有以下两种：

1.商标注册申请人自其商标在外国第一次提出商标注册申请之日起6个月内，又在中国就相同商品以同一商标提出商标注册申请的，依照该外国同中国签订的协议或者共同参加的国际条约，或者按照相互承认优先权的原则，可以享有优先权。

2.商标在中国政府主办或者承认的国际展览会展出的商品上首次使用的，自该商品展出之日起6个月内，该商标的注册申请人可以享有优先权。

要求优先权的申请人应当在提出商标注册申请时提出书面声明，并且在3个月内提交第一次提出的商标注册申请文件的副本，或者提交展出其商品的展览会名称、在展出商品上使用该商标的证据、展出日期等证明文件。未提出书面声明或者逾期未提交商标注册申请文件副本或证明文件的，视为未要求优先权。

三、商标注册程序

（一）商标注册的申请

1.商标注册申请人。

（1）商品商标的申请人。生产、制造、加工、拣选或经销商品的自然人、法人或者其他组织。

（2）服务商标的申请人。提供服务项目的自然人、法人或者其他组织。

（3）共同商标申请人。两个以上自然人、法人或者其他组织可以共同向商标局申请注册同一商标，共同享有和行使该商标专用权。

【小案例7-1】

甲和乙共同申请的“白塔”商标经商标局核准注册，甲私自将共有商标转让给A公司，获利3万元，乙得知后提出反对意见。请问：（1）甲是否有权行使转让权？（2）如果A公司声称自己是善意第三人，甲与A公司的转让合同是否有效？

分析提示：（1）商标共有权人不能擅自处分其共有的商标专用权，否则无效。（2）商标注册证上登记了商标专用权人的信息，只要A公司依法签订转让合同，没有理由不知情，因此不构成善意第三人。

（4）商标代理机构。中国人或中国企业申请商标注册或者办理其他商标事宜，可以自行办理，也可以委托依法设立的商标代理机构办理。

外国人或外国企业在中国申请商标注册的，应当委托国家认可的具有商标代理资格的组织代理，按其所属国和中华人民共和国签订的协议或者共同参加的国际条约办理，或者按对等原则办理。

【相关链接7-1】

在实践中，由于商标代理机构从业人员素质参差不齐，欺诈委托人钱财等不法现象频频发生，为了加大对商标代理活动的监管力度，《商标法》增加了规范商标代理机构行为的条款。委托人申请注册的商标可能存在《商标法》规定不得注册情形的，商标代理机构应当明确告知委托人。商标代理机构知道或者应当知道委托人申请注册的商标属于《商标法》第15条和第32条规定情形的，不得接受其委托。商标代理机构除对其代理服务申请商标注册外，不得申请注册其他商标。

2.申请商标注册的程序。

（1）申请前的准备工作。在申请商标注册前，需要做好以下准备工作：①查询。申请人应该向商标注册机关查询有关商标注册情况，确认拟申请的商标是否符合申请注册条件，即是否与他人已经注册或者正在注册的商标相同或者相似，以提高商标的成功注册率。②确认申请资质。以法人或自然人的名义申请。③准备申请材料。这包括填写申请书、准备申请人资格证明及优先权证明等。

（2）交送申请书及费用。商标注册申请人向商标局提出申请时，需提交下列申请文件：申请书、商标图样、有关证明文件。委托商标代理机构申请的，须提交商标代理人委托书。

商标注册申请人向商标局申请商标注册、转让注册、续展注册、评审等，须按规定缴纳费用。

（二）商标注册的审查和核准

1.商标注册的审查。商标注册的审查包括形式审查和实质审查，只有通过审查核准的商标才能取得商标专用权。

（1）形式审查。形式审查是指商标局收到商标注册申请后，对申请资料所进行的审查，主要包括以下内容：审查商标注册申请人资格，是否具有该种商标注册申请的权利；审查商标注册申请的条件，是否符合《商标法》及其实施条例所要求的完备的手续；审查“商标注册申请书”填写是否符合规定要求；审查商品或服务分类是否准确，是否符合一件商标、一类商品或服务、一份申请的要求；审查商标注册申请是否委托了代理机构，委托书是否符合规定要求，商标图案是否清晰等。

形式审查合格，编写申请号，发给“受理通知书”，正式受理注册申请。

（2）实质审查。实质审查是指商标局就商标的合法性所进行的审查。这主要包括4个方面：①商标是否符合法定的构成要素；②是否具有显著特征；③是否违反了《商标法》的禁用条例；④是否与他人已经注册或者审定公告的商标相同或者近似。

【相关链接7-2】

《商标法》规定，下列标志不得作为商标使用：

（1）同中华人民共和国的国家名称、国旗、国徽、国歌、军旗、军徽、军歌、勋章等相同或者近似的，以及同中央国家机关的名称、标志、所在地特定地点的名称或者标志性建筑物的名称、图形相同的；

（2）同外国的国家名称、国旗、国徽、军旗等相同或者近似的，但经该国政府同意的除外；

（3）同政府间国际组织的名称、旗帜、徽记等相同或者近似的，但经该组织同意或者不易误导公众的除外；

（4）与表明实施控制、予以保证的官方标志、检验印记相同或者近似的，但经授权的除外；

（5）同“红十字”“红新月”的名称、标志相同或者近似的；

（6）带有民族歧视性的；

（7）带有欺骗性，容易使公众对商品的质量等特点或者产地产生误认的；

（8）有害于社会主义道德风尚或者有其他不良影响的。

县级以上行政区划的地名或者公众知晓的外国地名，不得作为商标。但是，地名具有其他含义或者作为集体商标、证明商标组成部分的除外；已经注册的使用地名的商标继续有效。

2.商标初审公告。商标局经过审查，认为申请注册的商标基本符合《商标法》的各项规定，予以初步审定，并予以公告。此公告的目的包括：一是公开征求社会各方面的意见，增加商标审查工作的透明度；二是使在先的商标注册人、申请在先的申请人，获得维护权益的机会，避免商标注册后可能发生的争议。商标初审公告并不是商标申请人取得注册商标专用权的凭证，而是其取得商标专用权的必经程序。

申请注册的商标，凡不符合《商标法》有关规定或者同他人在同一种商品或者类似商品上已经注册或者初步审定的商标相同或者近似的，由商标局驳回申请，不予公告。对驳回申请、不予公告的商标，商标局应当书面通知申请人。商标注册申请人不服的，可以自收到通知之日起15日内向商标评审委员会申请复审。

3.商标异议。对初步审定公告的商标，自公告之日起3个月内，任何人认为违反法律规定的，可以向商标局提出异议。对初步审定公告的商标提出异议的，商标局应当听取异议人和被异议人陈述事实和理由，经调查核实后，自公告期满之日起12个月内做出是否准予注册的决定，并书面通知异议人和被异议人。

4.核准注册。对初步审定公告的商标，自公告之日起3个月期满无异议或虽有人提出异议，但经商标局裁定异议不成立的，予以核准注册，发给商标注册证，并予以公告。商标注册证是证明商标注册人取得商标专用权的法律文件。

经审查异议不成立而准予注册的商标，商标注册申请人取得商标专用权的时间自初步审定公告3个月期满之日起计算。自该商标公告期满之日起至准予注册决定做出前，对他人在同一种或者类似商品上使用与该商标相同或者近似的标志的行为不具有追溯力，但是，因该使用人的恶意给商标注册人造成的损失，应当给予赔偿。

【小案例7-2】

2020年1月，张某向商标局申请注册商标，经初审后于2020年3月3日公告。2020年5月5日，李某提出异议，认为张某申请注册的商标与自己已使用多年的商标近似。商标局于2020年7月9日认定异议不成立，发给张某商标注册证。后来张某发现赵某从2018年6月6日至7月7日一直在同种商品上使用自己的注册商标。请问：(1) 张某的商标权保护期从何时起算？(2) 张某若要求赵某承担赔偿责任，该请求是否合法？

分析提示：(1) 经审查异议不成立而准予注册的商标，商标注册申请人取得商标专用权的时间自初步审定公告3个月期满之日（6月3日）起计算。(2) 自该商标公告期满之日起至准予注册决定做出前，对他人在同一种或者类似商品上使用与该商标相同或者近似的标志的行为不具有追溯力，因此，张某的请求不合法。但是，若因该使用人的恶意给商标注册人造成的损失，应当给予赔偿。

对商标局做出准予注册的决定，异议人不服的，可以依法向商标评审委员会请求宣告该注册商标无效。

商标局做出不予注册决定，被异议人不服的，可以自收到通知之日起15日内向商标评审委员会申请复审。

第三节 注册商标所有人的权利和义务

一、注册商标所有人的权利

（一）专用权

这是注册商标所有人享有的最基本的权利。根据《商标法》的规定，商标专用权的范围以核准注册的商标和核定使用的商品为限。商标专用权人有在核定的商品上独占地使用注册商标的权利，任何人不得干涉或侵犯。商标专用权人有权禁止他人未经许可在相同或类似商品上使用该商标。商标专用权人对侵犯其注册商标的行为可以通过市场监督管理部门和人民法院寻求法律保护。

《商标法》规定，注册商标的有效期为10年，自核准注册之日起计算。注册商标有效期满，需要继续使用的，商标注册人应当在期满前12个月内按照规定办理续展手续；在此期间未能办理的，可以给予6个月的宽展期。每次续展注册的有效期为10年，自该商标上一届有效期满次日起计算。期满未办理续展手续的，注销其注册商标。

（二）转让权

商标专用权人可以转让其注册商标。合法转让后，商标专用权转让至受让人。转让注册商标的，转让人和受让人应当签订转让协议，并共同向商标局提出申请。转让注册商标经核准后，予以公告。受让人自公告之日起享有商标专用权。

（三）许可使用权

商标注册人可以通过签订商标使用许可合同，许可他人使用其注册商标。许可他人使用其注册商标的，许可人应当将其商标使用许可报商标局备案，由商标局公告。商标使用许可未经备案不得对抗善意第三人。

【小案例7-3】

2019年9月1日甲公司将自己的注册商标以签订商标使用许可合同的形式，许可乙公司在两年内使用，但是没有办理备案手续。乙公司在使用过程中遭到丙公司的反对。经人民法院查实，2020年6月1日甲公司又将自己的注册商标转让给不知情的丙公司。请问：丙公司的反对理由成立吗?

分析提示：丙公司的反对理由成立。《商标法》规定，商标使用许可未经备案不得对抗善意第三人。本案中，丙公司并不知道甲、乙之间还有一份许可使用合同，属于善意第三人。

（四）标示权

《商标法》规定，商标注册人有权标明“注册商标”或者注册标记。但是，生产经营者不得将“驰名商标”字样用于商品、商品包装、容器或者用于广告宣传、展览以及其他商业活动中。

（五）变更权、放弃权

商标专用权人需要变更商标注册事项的，可以依法提出变更申请。商标专用权人也可以依法放弃自己的注册商标。

二、注册商标所有人的义务

（一）使用注册商标的义务

注册商标成为核定使用的商品的通用名称或者没有正当理由连续3年不使用的，任何单位或者个人可以向商标局申请撤销该注册商标。

（二）保证商品质量的义务

商标专用权人对使用注册商标的商品质量负责，其商品不得粗制滥造，以次充好，欺骗消费者。许可他人使用注册商标的，许可人应当监督被许可人使用其注册商标的商品质量；被许可人应当保证使用该注册商标的商品质量；经许可使用他人注册商标的，必须在使用该注册商标的商品上标明被许可人的名称和商品产地。

（三）不得自行改变注册事项的义务

注册商标需要变更注册人的名义、地址或者其他注册事项的，应当提出变更申请。商标注册人在使用注册商标的过程中，自行改变注册商标、注册人名义、地址或者其他注册事项的，由地方市场监督管理部门责令限期改正；期满不改正的，由商标局撤销其注册商标。

（四）依法缴纳有关费用的义务

申请商标注册和办理其他商标事宜的，应当依收费标准缴纳相关费用。

第四节　注册商标专用权的法律保护

一、注册商标专用权保护的意义

注册商标专用权保护是指通过法律手段制止一切侵犯商标专用权的行为，切实保护商标专用权人对其商标专用权的行使。注册商标专用权保护是《商标法》的核心所在。

二、侵犯注册商标专用权的行为

侵犯注册商标专用权的行为是指他人出于商业目的，未经商标专用权人许可而擅自使用他人已注册的商标，或者把他人注册商标的主要部分用作自己的商标，并使用在相同或类似的商品上，从而产生商标混同，欺骗消费者。

依据《商标法》的规定，有下列行为之一的，均属侵犯注册商标专用权：

1.未经商标注册人许可，在同一种商品上使用与其注册商标相同的商标的；

2.未经商标注册人许可，在同一种商品上使用与其注册商标近似的商标，或者在类似商品上使用与其注册商标相同或者近似的商标，容易导致混淆的；

3.销售侵犯注册商标专用权的商品的；

4.伪造、擅自制造他人注册商标标识或者销售伪造、擅自制造的注册商标标识的；

5.未经商标注册人同意，更换其注册商标并将该更换商标的商品又投入市场的；

6.故意为侵犯他人商标专用权行为提供便利条件，帮助他人实施侵犯商标专用权行为的；

7.给他人的注册商标专用权造成其他损害的。

【小思考7-2】

销售明知是侵犯注册商标专用权的商品和销售不知道是侵犯注册商标专用权的商品都是侵犯商标专用权吗？这两种行为有何不同？

答：这两种行为都侵犯商标专用权。前一种行为的侵权人是有过错的，后一种行为的侵权人没有过错，二者所承担的法律责任不同。销售明知是侵犯注册商标专用权的商品，须承担赔偿责任；销售不知道是侵犯注册商标专用权的商品，能证明该商品是自己合法取得并说明提供者的，不承担赔偿责任，但应当停止销售。

三、不视为侵犯商标专用权的行为

1.将他人注册商标、未注册的驰名商标作为企业名称中的字号使用，误导公众，构成不正当竞争行为的，依照《中华人民共和国反不正当竞争法》处理。

2.注册商标中含有的本商品的通用名称、图形、型号，或者直接表示商品的质量、主要原料、功能、用途、重量、数量及其他特点，或者含有的地名，注册商标专用权人无权禁止他人正当使用。

3.三维标志注册商标中含有的商品自身的性质产生的形状、为获得技术效果而需有的商品形状或者使商品具有实质性价值的形状，注册商标专用权人无权禁止他人正当使用。

4.商标注册人申请商标注册前，他人已经在同一种商品或者类似商品上先于商标注册人使用与注册商标相同或者近似并有一定影响的商标的，注册商标专用权人无权禁止该使用人在原使用范围内继续使用该商标，但可以要求其附加适当区别标识。

四、对侵犯商标专用权行为的处理

（一）侵犯商标专用权纠纷的处理方式

因侵犯注册商标专用权行为引起纠纷的，由当事人协商解决；不愿协商或者协商不成的，商标注册人或者利害关系人可以向人民法院起诉，也可以请求市场监督管理部门处理。

1.协商解决。协商解决是指双方当事人在发生纠纷后，在互谅互让的基础上进行磋商，寻求解决方案的一种方式。其目的主要是为愿意自行协商解决的当事人提供一种法律途径，可以减少诉争，提高处理纠纷的效率。

2.行政机关处理。市场监督管理部门应当事人的请求，可以就侵犯商标专用权的赔偿数额进行调解。调解不成或者不履行调解结果的，权利人可以向人民法院提起民事诉讼。

3.诉讼。人民法院依法受理对侵犯注册商标专用权行为提起的诉讼案件，通过诉讼程序解决侵犯注册商标专用权纠纷。

（二）侵犯商标专用权的赔偿

侵犯商标专用权的赔偿数额，按照权利人因被侵权所受到的实际损失确定；实际损失难以确定的，可以按照侵权人因侵权所获得的利益确定；权利人的损失或者侵权人获得的利益难以确定的，参照该商标许可使用费的倍数合理确定。对恶意侵犯商标专用权，情节严重的，可以在按照上述方法确定数额的1倍以上5倍以下确定赔偿数额。赔偿数额应当包括权利人为制止侵权行为所支付的合理开支。

人民法院为确定赔偿数额，在权利人已经尽力举证，而与侵权行为相关的账簿、资料主要由侵权人掌握的情况下，可以责令侵权人提供与侵权行为相关的账簿、资料；侵权人不提供或者提供虚假账簿、资料的，人民法院可以参考权利人的主张和提供的证据判定赔偿数额。

权利人因被侵权所受到的实际损失、侵权人因侵权所获得的利益、注册商标许可使用费难以确定的，由人民法院根据侵权行为的情节判决给予500万元以下的赔偿。

人民法院审理商标纠纷案件，应权利人请求，对属于假冒注册商标的商品，除特殊情况外，责令销毁；对主要用于制造假冒注册商标的商品的材料、工具，责令销毁，且不予补偿；或者在特殊情况下，责令禁止前述材料、工具进入商业渠道，且不予补偿。

假冒注册商标的商品不得在仅去除假冒注册商标后进入商业渠道。

（三）不承担赔偿责任的情形

1.注册商标专用权人请求赔偿，被控侵权人以注册商标专用权人未使用注册商标提出抗辩的，人民法院可以要求注册商标专用权人提供此前3年内实际使用该注册商标的证据。注册商标专用权人不能证明此前3年内实际使用过该注册商标，也不能证明因侵权行为受到其他损失的，被控侵权人不承担赔偿责任。

2.销售不知道是侵犯注册商标专用权的商品，能证明该商品是自己合法取得并说明提供者的，不承担赔偿责任。

五、侵犯注册商标专用权的法律责任

（一）商标侵权人的法律责任

1.未经商标注册人许可，在同一种商品上使用与其注册商标相同的商标，构成犯罪的，除赔偿被侵权人的损失外，依法追究刑事责任。

2.伪造、擅自制造他人注册商标标识或者销售伪造、擅自制造的注册商标标识，构成犯罪的，除赔偿被侵权人的损失外，依法追究刑事责任。

3.销售明知是假冒注册商标的商品，构成犯罪的，除赔偿被侵权人的损失外，依法追究刑事责任。

（二）商标代理机构侵权的法律责任

商标代理机构有下列行为之一的，由市场监督管理部门责令限期改正，给予警告，处1万元以上10万元以下的罚款；对直接负责的主管人员和其他直接责任人员给予警告，处5 000元以上5万元以下的罚款；构成犯罪的，依法追究刑事责任：

1.商标代理机构违反《商标法》，接受下列委托的：代理人或者代表人未经授权以自己的名义将被代理人或者被代表人的商标进行注册；恶意抢注他人未注册商标；申请商标注册损害他人现有的在先权利。

2.办理商标事宜过程中，伪造、变造或者使用伪造、变造的法律文件、印章、签名的。

商标代理机构有前款规定行为的，由市场监督管理部门记入信用档案；情节严重的，商标局、商标评审委员会可以决定停止其办理商标代理业务，并予以公告。

（三）商标管理机构工作人员的法律责任

从事商标注册、管理和复审工作的国家机关工作人员玩忽职守、滥用职权、徇私舞弊，违法办理商标注册、管理和复审事项，收受当事人财物，牟取不正当利益，构成犯罪的，依法追究刑事责任；尚不构成犯罪的，依法给予处分。

第五节 对驰名商标的特殊保护

一、驰名商标的概念及认定

（一）驰名商标的概念

驰名商标是在中国为相关公众广为知晓并享有较高声誉的商标。其中的“相关公众”是指与商标所标识的某类商品或者服务有关的消费者和与前述商品或者服务的营销有密切关系的其他经营者及经销渠道中所涉及的销售者和相关人员等。

“驰名商标”一词最早来自《保护工业产权巴黎公约》。按照国际和国内的知识产权法律法规，驰名商标制度是为充分保护知名商标所有权人的合法权益而创设的，其宗旨是合理保护相关的商标所有权，维护公平竞争，制止侵犯他人商标专用权的行为。

对驰名商标的保护不仅局限于相同或者类似商品或服务，而且就不相同或者不相类似的商品申请注册或者使用时，都将不予注册并禁止使用，因此，驰名商标被赋予了比较广泛的排他性权利。驰名商标持有企业的公司名以及网址域名都会受到不同于普通商标的格外法律保护。

【小思考7-3】

驰名商标和著名商标是一个概念吗？

答：驰名商标有别于著名商标。著名商标没有认定的标准和条件；而驰名商标则是法律有明确规定的，有一定的认定条件和认定程序。

（二）驰名商标的认定

《商标法》规定，驰名商标应当根据当事人的请求，作为处理涉及商标案件需要认定的事实进行认定。认定驰名商标应当考虑下列因素：一是相关公众对该商标的知晓程度；二是该商标使用的持续时间；三是该商标的任何宣传工作的持续时间、程度和地理范围；四是该商标作为驰名商标受保护的记录；五是该商标驰名的其他因素。

所谓驰名商标，是针对特定的侵权纠纷而言的，其获得特殊保护的效力有一定的范围和时效。此外，在此纠纷中被认定为驰名商标，不代表在其他的侵权纠纷中也享受同等的待遇。

【法律小知识7-2】

国家工商行政管理总局（根据《国务院关于机构设置的通知》（国发〔2018〕6号），2018年4月设立国家市场监督管理总局）于2003年4月17日发布了《驰名商标认定和保护规定》（根据2014年7月3日国家工商行政管理总局令第66号修订），对驰名商标的概念、认定和管理等做出了明确规定，使我国驰名商标认定和管理工作迈上法制化轨道。

二、驰名商标的特殊保护

为相关公众所熟知的商标，持有人认为其权利受到侵害时，可以依照《商标法》的规定请求驰名商标保护。

根据《商标法》的规定，对驰名商标的保护体现在两个方面：一是就相同或者类似商品申请注册的商标是复制、模仿或者翻译他人未在中国注册的驰名商标，容易导致混淆的，不予注册并禁止使用；二是就不相同或者不相类似商品申请注册的商标是复制、模仿或者翻译他人已经在中国注册的驰名商标，误导公众，致使该驰名商标注册人的利益可能受到损害的，不予注册并禁止使用。

在商标注册审查、市场监督管理部门查处商标违法案件过程中，当事人依照《商标法》第13条的规定主张权利的，商标局根据审查、处理案件的需要，可以对商标驰名情况做出认定。

在商标争议处理过程中，当事人依照《商标法》第13条的规定主张权利的，商标评审委员会根据处理案件的需要，可以对商标驰名情况做出认定。

在商标民事、行政案件审理过程中，当事人依照《商标法》第13条的规定主张权利的，最高人民法院指定的人民法院根据审理案件的需要，可以对商标驰名情况做出认定。

《商标法》规定，生产经营者不得将“驰名商标”字样用于商品、商品包装、容器或者用于广告宣传、展览以及其他商业活动中。违反此规定的企业将被处以10万元的罚款。驰名商标原本是加强对较高知名度商标进行保护的一个法律概念，但长期以来，市场经营者将驰名商标作为一种荣誉使用在产品或宣传活动中。市场对驰名商标这种广告效应的旺盛需求，在一定程度上助长了饱受诟病的驰名商标制度异化问题。《商标法》第三次修正时增加了对驰名商标宣传和使用行为的禁止性规定，旨在引导驰名商标回归为一种法律符号，而与荣誉称号有着本质的区别。

【小思考7-4】

《商标法》第三次修正时加强了对驰名商标的保护力度，具体表现在哪些方面？

答：（1）确定了驰名商标应当依照当事人的申请在个案中认定的原则，即“个案认定、被动保护”原则；（2）明确商标局、商标评审委员会、人民法院仅在处理商标争议过程中，当事人依法主张权利的，才可以根据审理案件的需要，对商标驰名情况做出认定；（3）新增“生产、经营者不得将‘驰名商标’字样用于商品、商品包装或者容器上，或者用于广告宣传、展览以及其他商业活动中”的规定；（4）规定了侵犯驰名商标的惩罚性措施。

本章小结

商标使用人可以通过依法向国家商标管理部门申请商标注册从而取得其所使用

商标的专用权。商标注册是取得商标权的主要方式。只有经过注册的商标，才受到法律的保护。商标专用权人依法行使《商标法》赋予的权利，承担相应的义务。对侵犯商标专用权的行为，行为人要承担相应的法律责任。《商标法》对驰名商标采取了特殊的保护方式，驰名商标享有更为广泛的排他性权利。

复习与思考

一、即测即评

第七章单项选择题　　第七章多项选择题　　第七章判断题

二、案例分析题

邢台某食品厂是“乐华”注册商标的商标权人，该商标使用在罐头上。保定某厂在罐头上使用未注册商标“月华”，且外包装与使用“乐华”商标的罐头相似。北京某仓储公司帮助保定某厂运输、存储“月华”罐头并在北京某商场销售。请问：(1)“月华”与“乐华”是否属于商标近似？为什么？(2) 保定某厂的商标是否侵犯了“乐华”的商标权？为什么？(3) 北京某仓储公司是否应承担责任？(4) 北京某商场是否应承担责任？

第八章
专利法律制度

学习目标

通过本章学习，重点掌握授予专利权的条件；掌握专利的种类、专利侵权行为的认定；了解我国专利制度；明确专利权保护的重要意义。

案例导入

2019年8月，甲厂研制出一种新型阀门，其技术方案极具创新性，经该厂测试、使用，效果极佳。甲厂遂采取商业秘密的形式对该技术予以保护。2020年8月，甲厂为强化对该技术的法律保护，向专利局提出实用新型专利申请。乙厂质检车间工程师齐某自购设备和科研资料，利用业余时间，于2020年6月独立完成这种阀门的研制工作，其结构、功能和技术方案与甲厂研制的阀门完全相同。齐某于2020年7月向专利局提出实用新型专利申请。请问：(1) 该阀门的专利申请权应当由谁享有？为什么？(2) 假设甲厂在2019年8月研制完成该新型阀门后，当年在国内一杂志上公开发表其技术方案，那么，齐某的专利申请是否能够获得批准？为什么？

第一节 专利法概述

一、专利和专利权的概念及特征

（一）专利和专利权的概念

“专利”一词来源于拉丁语litterae patentes，意为公开的信件或公共文献，是中世纪的君主用来颁布某种特权的证明，后来指英国国王亲自签署的独占权利证书。专利是世界上最大的技术信息源，据统计，专利包含了世界科技信息的90%~95%。

广义的专利通常有3层含义：一是指专利局授予的专利权；二是指受专利法保护的发明创造；三是指专利文献。狭义的专利指专利权。

专利权是指一项发明创造经依法审查后，由国家专利主管机关依法定条件和程序，授予申请人在一定期限内对其发明创造所享有的专有权。

（二）专利权的特征

1.排他性，也称独占性或专有性。专利权人对其拥有的专利权享有独占或排他的权利，未经其许可或者出现法律规定的特殊情况，任何人不得使用，否则即构成侵权。这是专利权（知识产权）最重要的法律特点之一。

2.时间性，指法律对专利权人的保护是有时间限制的，超过这一时间限制则不再予以保护，任何人都可以使用。

3.地域性，指任何一项专利权，只有依一定地域内的法律才得以产生并在该地域内受到法律保护。根据该特征，依一国法律取得的专利权只在该国领域内受到法律保护，而在其他国家则不受其他国家的法律保护，除非两国之间有双边专利（知识产权）保护协定，或共同参加了有关保护专利（知识产权）的国际公约。

二、专利制度

专利制度是运用法律和经济手段推动技术进步的一种管理制度。专利制度既有积极作用又有消极作用：积极的一面在于它有利于保护、鼓励、推广发明创造，保护专利权人的合法权益，提高创新能力，促进科学技术进步和社会经济发展；消极的一面在于产品成本提高，容易形成专利技术垄断，新技术、新产品难以广泛应用。

专利法是调整在确认、保护发明创造专有权以及利用发明创造过程中产生的各种社会关系的法律规范的总称。《中华人民共和国专利法》（以下简称《专利法》）于1984年3月12日通过，1985年4月1起正式施行；1992年9月4日、2000年8月25日、2008年12月27日、2020年10月17日，《专利法》历经4次修正。新《专利法》于2021年6月1日起施行。《专利法》及《中华人民共和国专利法实施细则》（以下简称《专利法实施细则》）是我国专利法律制度中最重要的法律文件。

第二节 专利权的客体及授予条件

一、专利权的客体

专利权的客体是《专利法》的保护对象，即依法应授予专利的发明创造。《专利法》所称的发明创造，是指发明、实用新型和外观设计。

1.发明是指对产品、方法或者其改进所提出的新的技术方案。发明是新颖的技术成果，不是单纯仿制已有的器物或重复前人已提出的方案和措施。发明必须是有应用价值的创新，它有明确的目的性，有新颖和先进的实用性。

【小思考8-1】

什么样的技术方案可以构成《专利法》的发明？

答：发明必须是前所未有的技术方案，有一定的进步或者难度。发明分为产品发明（如新机器、新设备）和技术发明（如新工艺、新方法）。

2.实用新型是指对产品的形状、构造或者其结合所提出的适于实用的新的技术方案。实用新型必须是具有一定形状和构造的产品，是能够经过生产加工过程而获得的实物，且具有一定的创新性。实用新型的创造性水平要低于发明，这是发明与实用新型之间的本质区别。

【小思考8-2】

实用新型只能是产品的实用新型吗?

答：实用新型仅适用于具有一定形状和构造的产品。其创新要求比发明低，俗称“小发明”。

3.外观设计是指对产品的形状、图案或者其结合以及色彩与形状、图案的结合所做出的富有美感并适于工业应用的新设计。它具有以下特征：（1）外观设计必须与产品有关；（2）外观设计必须适用于工业应用；（3）外观设计是对产品的形状、图案和色彩的设计；（4）外观设计应该富有美感。

新《专利法》第2条新增“保护局部外观设计”。在美国、日本、欧盟等世界主要国家和地区都有局部外观设计制度的情况下，为了与世界专利制度接轨，以后包括鞋底、茶杯把手、鼠标滚轮、手机屏幕等产品局部的改进，都可以在我国申请外观设计专利了。

【小思考8-3】

外观设计与产品包装有何不同?

答：外观设计必须以产品为依托，以追求美感为目的，如汽车外形、地毯花样等。产品包装的目的是方便商品运输和销售，不是产品的构成部分，也没有固定在产品上。

二、不授予专利权的发明创造或事项

不授予专利权的发明创造包括：违反法律、社会公德或者妨害公共利益的发明创造，如制造假币的方法、制造假钞的机器设备等；违反法律、行政法规的规定获取或者利用遗传资源，并依赖该遗传资源完成的发明创造，不授予专利权，如盗取别人的技术。

不授予专利权的事项包括：科学发现；智力活动的规则和方法；疾病的诊断和治疗方法；动物和植物品种，但是动物和植物的生产方法可以依法授予专利权；用原子核变换方法获得的物质；对平面印刷品的图案、色彩或者二者的结合做出的主要起标识作用的设计。新《专利法》将原子核变换方法也列为不授予专利的事项。

三、专利权的授予条件

（一）授予发明和实用新型专利权的条件

授予专利权的发明和实用新型，应当具备新颖性、创造性和实用性。

1.新颖性是指该发明或者实用新型不属于现有技术，也就是不属于申请日以前在国内外为公众所知的技术；也没有任何单位或者个人就同样的发明或者实用新型在申请日以前向国务院专利行政部门提出过申请，并记载在申请日以后公布的专利申请文件或者公告的专利文件中。

【法律小知识8-1】

所谓现有技术，是指申请日（有优先权的，指优先权日）前在国内外出版物上公开发表、在国内公开使用或者以其他方式为公众所知的技术。

新《专利法》第24条规定，申请专利的发明创造在申请日以前6个月内有下列情形之一的，不丧失新颖性：（1）在国家出现紧急状态或者非常情况时，为公共利益目的首次公开的；（2）在中国政府主办或者承认的国际展览会上首次展出的；（3）在规定的学术会议或者技术会议上首次发表的；（4）他人未经申请人同意而泄露其内容的。

2. 创造性是指与现有技术相比，该发明具有突出的实质性特点和显著的进步，该实用新型具有实质性特点和进步。

【小案例8-1】

张某研制出一种“自动加温保温瓶”，采用酒精作为恒温器的感温介质，用陶瓷制作瓶胆，目的是使保温瓶可以自动将瓶内的水温维持在一定的温度范围内。张某向专利局提出实用新型专利申请。专利局认为，酒精是一种常用的感温介质，陶瓷瓶容器早已在市面上销售，只是原来普通真空玻璃瓶的一种简单材料转换，没有产生突破性技术效果，所以不能授予专利权。请问：专利局的做法是否合法？

分析提示：授予专利权要求具有新颖性、创造性、实用性。本案张某研制出的“自动加温保温瓶”是原来普通真空玻璃瓶的一种简单材料转换，并没有产生突破性技术效果，不具有创造性。

3. 实用性是指该发明或者实用新型能够制造或者使用，并且能够产生积极效果。

【小案例8-2】

李某经过多年研究，配制出一种抗猪瘟的液态物质，命名为“猪瘟净”。李某与某生物制品厂签订了一份技术开发合同。合同规定，由该生物制品厂提供全部资金和场所，李某提供技术和药物制品，共同开发“猪瘟净”系列药品。实验分3批进行，第一批实验结果有效率为80%，但第二批和第三批的有效率只有10%~20%。请问：（1）“猪瘟净”能否获得发明专利？（2）“猪瘟净”能否申请为实用新型？

分析提示：（1）发明专利要求发明具有实用性，即该发明能够制造或者使用，并且能够产生积极效果。所谓积极效果，是指良好的经济效益和社会效益。“猪瘟净”的性能不稳定，缺乏显著而稳定的疗效，不具有实用性。（2）实用新型必须针对有形产品，没有确定形状的产品是被排除在实用新型之外的，“猪瘟净”是一种液态物质，无固定形状可言，因而不能授予实用新型专利。

（二）授予外观设计专利权的条件

授予专利权的外观设计，应当不属于现有设计，也没有任何单位或者个人就同样的外观设计在申请日以前向国务院专利行政部门提出过申请，并记载在申请日以后公告的专利文件中。这里所称现有设计，是指申请日以前在国内外为公众所知的设计。

授予专利权的外观设计与现有设计或者现有设计特征的组合相比，应当具有明显区别，并不得与他人在申请日以前已经取得的合法权利相冲突。

第三节　专利的申请与审批

一、专利的申请

（一）申请人

1.职务发明创造的单位。职务发明创造是指执行本单位的任务或者主要是利用本单位的物质技术条件所完成的发明创造。职务发明创造申请专利的权利属于该单位，申请被批准后，该单位为专利权人。新《专利法》规定，该单位可以依法处置其职务发明创造申请专利的权利和专利权，促进相关发明创造的实施和运用。

【法律小知识8-2】

职务发明创造包括：（1）在本职工作中做出的发明创造；（2）履行本单位交付的本职工作之外的任务所做出的发明创造；（3）退休、调离原单位后或者劳动、人事关系终止后1年内做出的，与其在原单位承担的本职工作或者原单位分配的任务有关的发明创造。

本单位包括临时工作单位，本单位的物质技术条件是指本单位的资金、设备、零部件、原材料或者不对外公开的技术资料等。

2.非职务发明创造的个人。非职务发明创造申请专利的权利属于发明人或者设计人，申请被批准后，该发明人或者设计人为专利权人。

【法律小知识8-3】

发明人或者设计人是指对发明创造的实质性特点做出创造性贡献的人。在完成发明创造的过程中，只负责组织工作的人、为物质技术条件的利用提供方便的人或者从事其他辅助工作的人，不是发明人或者设计人。

利用本单位的物质技术条件完成的发明创造，单位与发明人或者设计人订有合同，对申请专利的权利和专利权的归属做出约定的，从其约定。对发明人或者设计人的非职务发明创造专利申请，任何单位或者个人不得压制。

【小案例8-3】

2019年年初，A大学环境科研所环境化学研究室副主任王某应某市环保局邀请，帮助其研究有关印染污水处理技术。王某一直从事微量元素与健康研究工作，当时分管后勤工作。同年寒假，王某在A大学实验室内利用废旧原料、工具及试纸，对有关厂家提供的印染污水进行实验和测试，完成了“印染污水处理方法及工艺”发明创造。此后，A大学就该项发明创造向专利局申请了职务发明创造专利，并于2020年11月1日获得专利权。王某认为该发明专利权归属有误，于2020年12月向某市中级人民法院提起诉讼，请求变更该发明专利的归属权。请问：王某完成的“印染污水处理方法及工艺”发明创造是职务发明创造还是非职务发明创造？

分析提示：王某虽然在A大学环境科研所工作，但仅从事微量元素与健康研究工作，当时分管后勤工作，“印染污水处理方法及工艺”研究并非王某的本职工作，A大学既未交付其科研任务，也未予以投资，因此不属于《专利法》的“执行本单位任务”；王某用来完成发明的构思及试验所用的方法简单，所用的工具材料等为市场上常见的材料，不属于《专利法》的“主要利用本单位的物质条件所完成的发明”。

3.共同发明创造人或委托完成人。两个以上单位或者个人合作完成的发明创造、一个单位或者个人接受其他单位或者个人委托完成的发明创造，除另有协议以外，申请专利的权利属于完成或者共同完成的单位或者个人；申请被批准后，申请的单位或者个人为专利权人。

4.外国的单位或者个人。在中国没有经常居所或者营业场所的外国人、外国企业或者外国其他组织在中国申请专利的，依照其所属国同中国签订的协议或者共同参加的国际条约，或者依照互惠原则，根据《专利法》的规定办理。

5.专利代理机构。我国的单位或者个人在国内申请专利或办理其他专利事务，可以委托依法设立的专利代理机构办理。在中国没有经常居所或者营业场所的外国人、外国企业或者外国其他组织在中国申请专利或办理其他专利事务，应当委托依法设立的专利代理机构办理。

专利代理机构应当遵守法律、行政法规，按照被代理人的委托办理专利申请或者其他专利事务；对被代理人发明创造的内容，除专利申请已经公布或者公告的以外，负有保密责任。

6.专利申请权的合法受让人。专利申请权和专利权可以转让。转让专利申请权或者专利权的，当事人应当订立书面合同，并向国务院专利行政部门登记，由国务院专利行政部门予以公告。专利申请权或者专利权的转让自登记之日起生效。

【小案例8-4】

甲曾任A厂工程师，负责程控数字交换机的研究工作。2018年10月甲退休。2020年5月甲利用过去工作中积累的资料，研究出一种新的程控数字交换机，经在B厂实验使用，效果极佳。2020年5月，甲将此程控数字交换机以个人名义向专利局提出专利申请，同时经甲同意，B厂在其指导下制造了50台程控数字交换机试销，并准备进一步组织生产。2021年，甲申请的专利获得批准并公告。甲认为自己是A厂的老职工，取得的成绩离不开单位的支持，所以与A厂自行协商，将专利技术交由单位持有。请问：甲转让专利技术的行为是否有效？为什么？

分析提示：《专利法》规定，转让专利权的，当事人必须订立书面合同，经国务院专利行政部门登记和公告后生效。当事人自行订立的协议不发生效力。

（二）申请资料

1.申请发明或者实用新型专利。

申请发明或者实用新型专利应当提交请求书、说明书及其摘要和权利要求书等文件。其中，权利要求书最重要，它是判断他人是否侵权的依据。

请求书应当写明发明或者实用新型的名称，发明人姓名，申请人姓名或名称、地址，以及其他事项。

说明书应当对发明或者实用新型做出清楚、完整的说明，以所属技术领域的技术人员能够实现为准，必要的时候应当有附图。摘要应当简要说明发明或者实用新型的技术要点。

权利要求书应当以说明书为依据，清楚、简要地限定要求专利保护的范围。

依赖遗传资源完成的发明创造，申请人应当在专利申请文件中说明该遗传资源的直接来源和原始来源；申请人无法说明原始来源的，应当陈述理由。

2.申请外观设计专利。

申请外观设计专利应当提交请求书、该外观设计的图片或者照片以及对该外观设计的简要说明等文件。其中，图片或者照片最重要，是确定外观设计专利保护范围的依据。

申请人提交的有关图片或者照片应当清楚地显示要求专利保护的产品的外观设计。

（三）申请程序和原则

1.申请的提出。

（1）向中国政府申请专利。我国的单位或者个人可以自行申请或委托依法设立的专利代理机构代为申请国内专利，外国单位和个人应当委托依法设立的专利代理机构代为申请国内专利。

（2）向外国政府申请专利。任何单位或者个人将在中国完成的发明或者实用新型向外国申请专利的，应当事先报经国务院专利行政部门进行保密审查。保密审查的程序、期限等按照国务院的规定执行。

2. 申请日认定。国务院专利行政部门收到专利申请文件之日为申请日。如果申请文件是邮寄的，以寄出的邮戳日为申请日。申请人享有优先权的，优先权日为申请日。

依照《保护工业产权巴黎公约》的规定，优先权是指发明创造在一个缔约国提出专利申请以后，在法定期限内又向其他缔约国提出申请的，申请人有权要求将第一次申请日视为在其他缔约国的申请日，该申请日就是优先权日。

【小思考 8-4】

2021 年 4 月 4 日小王向国务院专利行政部门邮寄了一份外观设计专利申请，适逢清明节放假，国务院专利行政部门于 4 月 15 日收到资料的时候发现，寄出地邮戳是 2021.04.08，收件地邮戳是 2021.04.13。请问小王这份外观专利申请日应为哪一天？

答：根据法律规定，如果专利申请文件是邮寄的，以寄出的邮戳日为申请日。因此，申请日应该是 2021 年 4 月 8 日。

3. 申请的原则。

（1）单一性原则。同样的发明创造只能授予一项专利权。同一申请人同日对同样的发明创造既申请实用新型又申请发明专利，先获得的实用新型专利权尚未终止，且申请人声明放弃该实用新型专利权的，可以授予发明专利权。

（2）先申请原则。两个以上申请人分别就同样的发明创造申请专利的，专利权授予最先申请的人。《专利法实施细则》规定，两个以上申请人同日（指申请日；有优先权的，指优先权日）分别就同样的发明创造申请专利的，应当在收到国务院专利行政部门的通知后自行协商确定申请人。

【小案例 8-5】

北京某公司于 2021 年 1 月 10 日就其完成的“漏电保护器”向国务院专利行政部门提出实用新型专利申请。上海某公司于 2020 年 12 月底独立完成了“漏电保护器”发明创造，向国务院专利行政部门提出专利申请，并于 2021 年 1 月初投入生产。请问：国务院专利行政部门应将专利权授予哪家公司？

分析提示：根据《专利法》的规定，两个以上申请人分别就同样的发明创造申请专利的，专利权授予最先申请的人。

（3）一项申请一个专利原则。一项发明或者实用新型专利申请应当限于一项发明或者实用新型。属于一个总的发明构思的两项以上的发明或者实用新型，可以作为一项申请提出。

一项外观设计专利申请应当限于一项外观设计。同一产品两项以上相似外观设计，或者用于同一类别并且成套出售或者使用的产品的两项以上外观设计，可以作为一项申请提出。

(4) 优先权原则。申请人自发明或者实用新型在外国第一次提出专利申请之日起12个月内，或者自外观设计在外国第一次提出专利申请之日起6个月内，又在中国就相同主题提出专利申请的，依照该外国同中国签订的协议或者共同参加的国际条约，或者依照相互承认优先权的原则，可以享有优先权。申请人自发明或者实用新型在中国第一次提出专利申请之日起12个月内，又向国务院专利行政部门就相同主题提出专利申请的，可以享有优先权。新《专利法》新增外观设计6个月的国内优先权期限，即外观设计在中国第一次提出专利申请之日起6个月内，又向国务院专利行政部门就相同主题提出专利申请的，可以享有优先权。

新《专利法》规定，申请人要求发明、实用新型专利优先权的，应当在申请的时候提出书面声明，并且在第一次提出申请之日起16个月内，提交第一次提出的专利申请文件的副本。申请人要求外观设计专利优先权的，应当在申请的时候提出书面声明，并且在3个月内提交第一次提出的专利申请文件的副本。申请人未提出书面声明或者逾期未提交专利申请文件副本的，视为未要求优先权。

【小案例8-6】

中国学者甲在韩国完成了一项产品发明。2018年12月3日，甲在我国某学术研讨会上介绍了他的这项发明成果。2019年6月16日，出席过这次研讨会的某研究所工程师乙将这项成果作为他自己的发明，向国务院专利行政部门提出申请。2019年5月5日，甲以此成果在法国提出专利申请。2020年4月28日，甲又以同一成果向国务院专利行政部门提出专利申请，同时提出要求优先权的书面声明，并提交了有关文件。本案应怎么处理？

分析提示：本案应由甲享有优先权，所以专利申请权应属于甲，申请日为2019年5月5日。

(5) 诚实信用原则。新《专利法》规定，申请专利和行使专利权应当遵循诚实信用原则。不得滥用专利权损害公共利益和他人合法权益。滥用专利权，排除或者限制竞争，构成垄断行为的，依照《中华人民共和国反垄断法》处理。

二、专利的审查和批准

（一）审批原则

国务院专利行政部门应当按照客观、公正、准确、及时的要求，依法处理有关专利的申请和请求。

国务院专利行政部门应当完整、准确、及时发布专利信息，定期出版专利公报。

在专利申请公布或者公告前，国务院专利行政部门的工作人员及有关人员对其内容负有保密责任。

（二）审批程序

发明专利申请一般需要经过初步审查和实质审查两个阶段，实用新型和外观设计专利申请只需经过形式审查阶段。

1.发明专利的审批程序。

（1）初步审查。初步审查也称为形式审查，是对申请文件的格式和内容、委托事项以及发明创造是否属于法律禁止授予专利权的情形等事项进行审查。国务院专利行政部门收到发明专利申请后，经初步审查认为符合法律要求的，自申请日起满18个月，即行公布。申请人可以请求早日公布其申请。

（2）实质审查。实质审查是对发明创造是否具备新颖性、创造性和实用性特征进行的全面审查。发明专利申请自申请日起3年内，国务院专利行政部门可以根据申请人随时提出的请求，对其申请进行实质审查；申请人无正当理由逾期不请求实质审查的，该申请即被视为撤回。国务院专利行政部门认为必要的时候，可以自行对发明专利申请进行实质审查。

发明专利的申请人请求实质审查时，应当提交在申请日前与其发明有关的参考资料。发明专利已经在外国提出过申请的，国务院专利行政部门可以要求申请人在指定期限内提交该国为审查其申请进行检索的资料或者审查结果的资料；无正当理由逾期不提交的，该申请即被视为撤回。

国务院专利行政部门对发明专利申请进行实质审查后，认为不符合《专利法》规定的，应当通知申请人，要求其在指定的期限内陈述意见，或者对其申请进行修改；无正当理由逾期不答复的，该申请即被视为撤回。

发明专利申请经申请人陈述意见或者进行修改后，国务院专利行政部门仍然认为不符合《专利法》规定的，应当予以驳回。

（3）审定公告。发明专利申请经实质审查没有发现驳回理由的，由国务院专利行政部门做出授予发明专利权的决定，发给发明专利证书，同时予以登记和公告。发明专利权自公告之日起生效。

2.实用新型和外观设计专利审批程序。实用新型和外观设计专利申请经初步审查没有发现驳回理由的，由国务院专利行政部门做出授予实用新型专利权或者外观设计专利权的决定，发给相应的专利证书，同时予以登记和公告。实用新型专利权和外观设计专利权自公告之日起生效。

3.专利复审。新《专利法》规定，专利申请人对国务院专利行政部门驳回申请的决定不服的，可以自收到通知之日起3个月内，向国务院专利行政部门请求复审。国务院专利行政部门复审后，做出决定，并通知专利申请人。专利申请人对国务院专利行政部门的复审决定不服的，可以自收到通知之日起3个月内向人民法院起诉。

第四节 专利权人的权利和义务

一、专利权人的权利

（一）独占权

专利权人享有独占制造、使用和销售专利产品或使用专利方法的权利。专利权被授予后，除《专利法》另有规定外，任何单位或者个人未经专利权人许可，都不得实施其专利，即不得为生产经营目的制造、使用、许诺销售、销售、进口其专利产品，或者使用其专利方法以及使用、许诺销售、销售、进口依照该专利方法直接获得的产品。

（二）转让权

专利申请权和专利权可以转让。转让专利申请权和专利权的，当事人双方应订立书面合同，经国务院专利行政部门登记、公告，其权利的转让自登记之日起生效。我国的单位或个人向外国人转让专利申请权或专利权的，必须经国务院有关主管部门批准。专利权在专利有效期内可以转让，一旦转让，原专利权人就丧失专利权，受让人成为新专利权人。

（三）许可权

专利权人有许可他人实施其专利并收取使用费的权利，但必须订立书面实施许可合同。专利实施许可合同主要有3类：独占实施许可合同、排他实施许可合同和普通实施许可合同。

新《专利法》创设了专利权人自愿许可声明制度，由专利权人自愿向国务院专利行政部门声明其许可意愿以及许可费的支付方式与标准。有意愿实施某项专利许可的单位或者个人，只需要书面通知做出自愿许可声明的专利权人，然后按照公告的要求支付许可费，即可获得专利实施许可权，从而极大降低专利实施许可的交易成本。国家鼓励专利权人做出自愿实施许可，对于开放实施许可期间专利权人缴纳的年费予以减免。

实行开放许可的专利权人可以与被许可人就许可使用费进行协商后给予普通许可，但不得就该专利给予独占或者排他许可。

（四）标记权和署名权

专利权人有权在其专利产品或者该产品的包装上标明专利标识。通过专利号标记，可检索、显示该专利的法律状态，警示侵权，并能产生广告效应。发明人或设计人无论是否是专利权人，都有权在专利文件上写明自己是发明人或设计人。

（五）阻止权

专利权人有权阻止他人未经专利权人许可为了生产经营目的制造、使用、销售、进口其专利产品，或者进口依照其专利方法直接获得的产品。

（六）放弃权

专利权人有权以书面声明形式放弃其专利权。

二、专利权人的义务

（一）缴纳专利费的义务

专利权人应当自被授予专利权的当年开始缴纳年费。

（二）职务发明创造的单位有向发明人或设计人给予报酬奖励的义务

被授予专利权的单位应当对职务发明创造的发明人或者设计人给予奖励；发明创造专利实施后，根据其推广应用的范围和取得的经济效益，应对发明人或者设计人给予合理的报酬。新《专利法》规定，国家鼓励被授予专利权的单位实行产权激励，采取股权、期权、分红等方式，使发明人或者设计人合理分享创新收益。

（三）专利实施的强制许可

1.不实施时的强制许可。有下列情形之一的，国务院专利行政部门根据具备实施条件的单位或者个人的申请，可以给予实施发明专利或者实用新型专利的强制许可：

（1）专利权人自专利权被授予之日起满3年，且自提出专利申请之日起满4年，无正当理由未实施或者未充分实施其专利的。

（2）专利权人行使专利权的行为被依法认定为垄断行为，为消除或者减少该行为对竞争产生的不利影响的。

2.特殊情况下公共利益的强制许可。

（1）在国家出现紧急状态或者非常情况时，或者为了公共利益目的，国务院专利行政部门可以给予实施发明专利或者实用新型专利的强制许可。

（2）为了公共健康目的，对取得专利权的药品，国务院专利行政部门可以给予制造并将其出口到符合中华人民共和国参加的有关国际条约规定的国家或者地区的强制许可。

3.关联专利的强制许可。一项取得专利权的发明或者实用新型比以前已经取得专利权的发明或者实用新型具有显著经济意义的重大技术进步，其实施又有赖于前一发明或者实用新型的实施的，国务院专利行政部门根据后一专利权人的申请，可以给予实施前一发明或者实用新型的强制许可。

在依照前款规定给予实施强制许可的情形下，国务院专利行政部门根据前一专利权人的申请，也可以给予实施后一发明或者实用新型的强制许可。

4.实施强制许可应遵守的规定。

（1）国务院专利行政部门做出的给予实施强制许可的决定应当及时通知专利权人，并予以登记和公告。

（2）取得实施强制许可的单位或者个人不享有独占的实施权，并且无权允许他人实施。

（3）取得实施强制许可的单位或者个人应当付给专利权人合理的使用费，或者依照中华人民共和国参加的有关国际条约的规定处理使用费问题。付给使用费的，其数额由双方协商；双方不能达成协议的，由国务院专利行政部门裁决。

（4）给予实施强制许可的决定应当根据强制许可的理由规定实施的范围和时间。强制许可的理由消除并不再发生时，国务院专利行政部门应当根据专利权人的请求，经审查后做出终止实施强制许可的决定。

第五节 专利权的法律保护

一、专利权的保护期限、范围、内容和专利权的终止、无效

（一）专利权的保护期限

专利权在有效期限内受法律保护。发明专利权的保护期限为20年，实用新型

专利权的保护期限为10年，新《专利法》将外观设计专利权的保护期限改为15年，均自申请日起计算。

【小思考8-5】

约翰于2017年10月20日就某一项发明在德国申请了专利。2018年9月30日，他就该发明又向国务院专利行政部门提出了申请，并申请了优先权。约翰的发明分别在德国和中国于2019年12月3日、2020年8月15日被授予专利权。约翰的发明专利权在中国的有效期应到什么时候？

答：到2038年9月29日。根据规定，专利权的保护期限从实际申请日起算，而非从优先权日起算，保护期限为20年。

（二）专利权的保护范围

发明或者实用新型专利权的保护范围以其权利要求的内容为准，说明书及附图可以用于解释权利要求的内容。

外观设计专利权的保护范围以表示在图片或者照片中的该产品的外观设计为准，简要说明可以用于解释图片或者照片所表示的该产品的外观设计。

（三）专利权的保护内容

1.发明和实用新型专利权的保护。发明和实用新型专利权被授予后，除《专利法》另有规定外，任何单位或者个人未经专利权人许可，都不得实施其专利，即不得为生产经营目的制造、使用、许诺销售、销售、进口其专利产品，或者使用其专利方法以及使用、许诺销售、销售、进口依照该专利方法直接获得的产品。

2.外观设计专利权的保护。外观设计专利权被授予后，任何单位或者个人未经专利权人许可，都不得实施其专利，即不得为生产经营目的制造、许诺销售、销售、进口其外观设计专利产品。

3.专利实施的保护。任何单位或者个人实施他人专利的，应当与专利权人订立实施许可合同，向专利权人支付专利使用费。

发明专利申请公布后，申请人可以要求实施其发明的单位或者个人支付适当的费用。

（四）专利权的终止

有下列情形之一的，专利权在期限届满前终止：（1）没有按照规定缴纳年费的；（2）专利权人以书面声明放弃其专利权的。专利权在期限届满前终止的，由国务院专利行政部门登记和公告。

（五）专利权的无效

新《专利法》规定，自国务院专利行政部门公告授予专利权之日起，任何单位或者个人认为该专利权的授予不符合该法有关规定的，可以请求国务院专利行政部门宣告该专利权无效。国务院专利行政部门对宣告专利权无效的请求应当及时审查和做出决定，并通知请求人和专利权人。宣告专利权无效的决定由国务院专利行政部门登记和公告。宣告无效的专利权视为自始即不存在。

对国务院专利行政部门宣告专利权无效或者维持专利权的决定不服的，可以自收到通知之日起3个月内向人民法院起诉。人民法院应当通知无效宣告请求程序的对方当事人作为第三人参加诉讼。

宣告专利权无效的决定，对在宣告专利权无效前人民法院做出并已执行的专利侵权的判决、调解书，已经履行或者强制执行的专利侵权纠纷处理决定，以及已经履行的专利实施许可合同和专利权转让合同，不具有追溯力。但是因专利权人的恶意给他人造成的损失，应当给予赔偿。依照前款规定不返还专利侵权赔偿金、专利使用费、专利权转让费，明显违反公平原则的，应当全部或者部分返还。

【小思考8-6】

《专利法》规定的由国务院专利行政部门登记和公告的情形有哪些？

答：批准专利权时；转让专利权时；期限届满前终止专利权时；强制实施专利权时；宣告专利权无效时。

二、专利侵权行为和专利侵权纠纷

（一）专利侵权行为

专利侵权行为是指在专利有效期内，行为人未经专利权人许可，实施其专利的行为。

1.非法实施专利的行为。发明和实用新型专利权被授予后，除法律另有规定外，任何单位或者个人未经专利权人许可，不得为生产经营目的制造、使用、许诺销售、销售、进口其专利产品，或者使用其专利方法以及使用、许诺销售、销售、进口依照该专利方法直接获得的产品。外观设计专利权被授予后，任何单位或者个人未经专利权人许可，不得实施其专利，即不得为生产经营目的制造、许诺销售、销售、进口其外观设计专利产品。但是，为生产经营目的使用、许诺销售、销售不知道是未经专利权人许可而制造并售出的专利侵权产品，能证明该产品合法来源的，不承担赔偿责任。

2.假冒他人专利的行为。这种行为有：（1）未经许可，在其制造或者销售的产品、产品的包装上标注他人的专利号；（2）未经许可，在广告或者其他宣传材料中使用他人的专利号，使人将所涉及的技术误认为是他人的专利技术；（3）未经许可，在合同中使用他人的专利号，使人将合同涉及的技术误认为是他人的专利技术；（4）伪造或者变造他人的专利证书、专利文件或者专利申请文件。

3.以非专利产品、方法冒充专利产品、方法的行为。这种行为有：（1）制造或者销售标有专利标记的非专利产品；（2）专利权被宣告无效后，继续在制造或者销售的产品上标注专利标记；（3）在广告或者其他宣传材料中将非专利技术称为专利技术；（4）在合同中将非专利技术称为专利技术；（5）伪造或者变造专利证书、专利文件或者专利申请文件。

4.被许可人的侵权行为。被许可人无权允许合同规定以外的任何单位或者个人实施该专利，否则构成侵犯专利权。

5.专利共有人的侵权行为。专利申请权或者专利权的共有人对权利的行使有约定的，从其约定。没有约定的，共有人可以单独实施或者以普通许可方式许可他人实施该专利；许可他人实施该专利的，收取的使用费应当在共有人之间分配。除上述情形外，行使共有的专利申请权或者专利权应当取得全体共有人的同意。

（二）不视为侵犯专利权的行为

1.专利产品或者依照专利方法直接获得的产品，由专利权人或者经其许可的单位、个人售出后，使用、许诺销售、销售、进口该产品的。

2.在专利申请日前已经制造相同产品、使用相同方法或者已经做好制造、使用的必要准备，并且仅在原有范围内继续制造、使用的。

3.临时通过中国领陆、领水、领空的外国运输工具，依照其所属国同中国签订的协议或者共同参加的国际条约，或者依照互惠原则，为运输工具自身需要而在其装置和设备中使用有关专利的。

4.专为科学研究和实验而使用有关专利的。

5.为提供行政审批所需要的信息，制造、使用、进口专利药品或者专利医疗器械的，以及专门为其制造、进口专利药品或者专利医疗器械的。

（三）专利侵权纠纷的处理

侵犯专利权引起纠纷的，由当事人协商解决；不愿协商或者协商不成的，专利权人或者利害关系人可以向人民法院起诉，也可以请求管理专利工作的部门处理。

【法律小知识8-4】

新《专利法》第76条概括规定了药品专利纠纷的早期解决机制，即药品上市审批过程中发生的专利权纠纷，相关当事人可以请求人民法院对是否落入相关专利权保护范围做出判决，也可以请求行政裁决专利权纠纷。

相比于美国的Hatch-Waxman法案，新《专利法》第76条的规定是一种简化版的“专利链接制度”。首先，该条并未规定药品上市许可申请人对于专利相关问题进行声明的义务，也未规定其就药品上市申请向专利权人进行通知的义务。其次，该条字面上只涉及当事人请求人民法院对药品是否落入相关专利权保护范围做出判断，并不涉及相关专利权效力的判断。再次，该条没有规定相关当事人提请司法或者行政裁决的时限，亦没有规定纠纷解决期间药品上市的审批“中止”制度。

（四）专利侵权纠纷的举证责任

除了按民法中“谁主张，谁举证”的原则进行举证外，专利侵权纠纷的举证责任还有如下特点：（1）产品专利侵权，由原告举证。（2）方法专利侵权，由被告举证，证明不存在未经专利权人同意而使用专利方法；如能证明是用其他方法生产，即不构成侵权。(3) 实用新型专利侵权，由原告提供检索、分析和评价后做出的专利权评价报告，作为审理、处理专利侵权纠纷的证据。

在专利侵权纠纷中，被控侵权人有证据证明其实施的技术或者设计属于现有技术或者现有设计的，不构成侵犯专利权。

三、侵犯专利权的法律责任

(一) 诉讼时效

新《专利法》将侵犯专利权的诉讼时效改为3年，自专利权人或者利害关系人知道或者应当知道侵权行为以及侵权人之日起计算。

发明专利申请公布后至专利权授予前使用该发明未支付适当使用费的，专利权人要求支付使用费的诉讼时效为3年，自专利权人知道或者应当知道他人使用其发明之日起计算，但是，专利权人于专利权授予之日前即已知道或者应当知道的，自专利权授予之日起计算。

(二) 侵权人应当承担的法律责任

管理专利工作的部门处理时，认定侵权行为成立的，可以责令侵权人立即停止侵权行为，赔偿损失。

假冒专利的，除依法承担民事责任外，由负责专利执法的部门责令改正并予以公告，没收违法所得，可以处违法所得5倍以下的罚款；没有违法所得或者违法所得在5万元以下的，可以处25万元以下的罚款；构成犯罪的，依法追究刑事责任。

(三) 赔偿数额

新《专利法》规定，侵犯专利权的赔偿数额按照权利人因被侵权所受到的实际损失或者侵权人因侵权所获得的利益确定。权利人的损失或者侵权人获得的利益难以确定的，参照该专利许可使用费的倍数合理确定。对故意侵犯专利权，情节严重的，可以在按照上述方法确定数额的1倍以上5倍以下确定赔偿数额。

权利人的损失、侵权人获得的利益和专利许可使用费均难以确定的，人民法院可以根据专利权的类型、侵权行为的性质和情节等因素，确定给予3万元以上500万元以下的赔偿。

赔偿数额还应当包括权利人为制止侵权行为所支付的合理开支。

为了确定赔偿数额，在权利人已经尽力举证，但是与侵权行为相关的账簿、资料主要由侵权人掌握的情况下，人民法院可以责令侵权人举证；如果侵权人不举证，人民法院可以参考权利人的主张和证据判定赔偿额。举证责任倒置降低了权利人对于损害赔偿计算的举证难度。

(四) 不同责任主体的法律责任

1.专利申请人违法的责任。违反规定未先报国务院专利行政部门进行保密审查直接向外国申请专利，泄露国家秘密的，由所在单位或者上级主管机关给予行政处分；构成犯罪的，依法追究刑事责任。

2.专利主管机关违法的责任。管理专利工作的部门不得参与向社会推荐专利产品等经营活动。如有违反，由上级机关或者监察机关责令改正，消除影响，有违法收入的予以没收；情节严重的，对直接负责的主管人员和其他直接责任人员依法给予行政处分。

3.专利主管机关工作人员违法的责任。从事专利管理工作的国家机关工作人员以及其他有关国家机关工作人员玩忽职守、滥用职权、徇私舞弊，构成犯罪的，依法追究刑事责任；尚不构成犯罪的，依法给予行政处分。

本章小结

发明创造人可以依法向国务院专利行政部门申请对其发明创造予以保护。经国家授权的发明、实用新型、外观设计专利，专利权人享有独占实施权。其他任何单位或者个人未经专利权人许可实施专利均构成专利侵权，要承担相应的法律责任。《专利法》的贯彻实施有利于鼓励和推广发明创造，提高创新能力和创新积极性。

复习与思考

一、即测即评

第八章单项选择题　　第八章多项选择题　　第八章判断题

二、案例分析题

腾飞公司与业余发明人张某订立了一份技术开发协议，约定由张某为腾飞公司开发一项电冰箱温控技术，腾飞公司为张某提供技术开发资金、设备、资料等，并支付报酬。在约定的时间内，张某完成了协议约定的任务，并按约定将全部技术资料和权利都交给了腾飞公司。此外，张某在完成开发任务的过程中，还开发出了一项附属技术，他以自己的名义就该附属技术申请专利。腾飞公司知道此事后，认为该附属技术的专利申请权应归腾飞公司所有。腾飞公司和张某因该项附属技术的专利申请权归属发生争议。请问：(1) 该项附属技术的专利申请权应归谁所有？为什么？(2) 该纠纷可通过哪些途径解决？

第九章
消费者权益保护法律制度

学习目标

通过本章学习，重点掌握消费者的法定权益；掌握经营者的法定义务；了解消费者、消费者权益和消费者权益保护法的含义；能够运用法律规定解决具体的消费争议。

案例导入

朱佩在某购物网站购买了一件连衣裙，收到快递后，朱佩对服装的式样和面料不满意，穿起来也很不合身，跟其本人想象的差距很大。对此，根据《中华人民共和国消费者权益保护法》，朱佩应当如何维护自己的权益？

第一节　消费者权益保护法概述

一、消费者

在国际上，国际标准化组织消费者政策委员会将消费者定义为"为了个人目的购买或使用商品和接受服务的个体社会成员"。《中华人民共和国消费者权益保护法》（以下简称《消费者权益保护法》）没有对消费者做出明确的定义，只是规定消费者为生活消费需要购买、使用商品或者接受服务，其权益受本法保护；本法未做规定的，受其他有关法律、法规保护。《消费者权益保护法》保护的对象是自然人。从事消费活动的社会组织、企事业单位不是《消费者权益保护法》的保护对象，它们不是《消费者权益保护法》意义上的消费者。《消费者权益保护法》中的消费者是为满足生活消费需要购买、使用商品或接受服务的自然人。

在认定消费者时，需要注意的是，购买和使用商品既包括消费者购买商品用于自身的消费，也包括购买商品供他人使用或使用他人购买的商品。服务消费不仅包括自己付费自己接受服务，还包括他人付费自己接受服务。总之，不论是商品消费还是服务消费，只要有偿获得的商品和接受的服务是用于生活消费，就属于消费者。

【小思考9-1】

从事消费活动的社会组织、企事业单位为什么不属于《消费者权益保护法》中的消费者？

答：从事消费活动的社会组织、企事业单位购买商品和接受服务的行为，从本质上讲是一种经营行为和分配行为，如单位购买办公用品供自己使用或者购买商品作为员工福利分发给员工。因此，它们不属于《消费者权益保护法》中的消费者。

二、消费者权益保护法

（一）现行《消费者权益保护法》

《消费者权益保护法》经第八届全国人民代表大会常务委员会第四次会议通过，自1994年1月1日起施行。2009年8月27日第十一届全国人民代表大会常务委员会第十次会议通过《关于修改部分法律的决定》，进行第一次修正。2013年10月25日第十二届全国人民代表大会常务委员会第五次会议通过《关于修改〈中华人民共和国消费者权益保护法〉的决定》，进行第二次修正，自2014年3月15日起施行。《消费者权益保护法》分总则、消费者的权利、经营者的义务、国家对消费者合法权益的保护、消费者组织、争议的解决、法律责任、附则，共8章63条。

（二）《消费者权益保护法》的立法宗旨及基本原则

《消费者权益保护法》是为了保护消费者的合法权益、维护社会经济秩序稳定、促进社会主义市场经济健康发展而制定的一部法律。

《消费者权益保护法》规定了4项基本原则：（1）经营者与消费者交易应当遵循自愿、平等、公平、诚实信用的原则；（2）国家保护消费者的合法权益不受侵害的原则；（3）全社会共同保护消费者合法权益不受侵害的原则；（4）鼓励、支持一切组织和个人对损害消费者合法权益的行为进行社会监督的原则。

（三）《消费者权益保护法》的调整范围

《消费者权益保护法》主要调整为生活需要而购买、使用商品或接受服务的生活消费关系，适用于消费者为生活需要而购买、使用商品或接受服务，以及经营者为消费者提供其生产、销售的商品或者提供服务的情形。农民购买、使用直接用于农业生产的生产资料时，参照《消费者权益保护法》的规定执行。

第二节　消费者的权利

一、消费者的权利的概念

消费者的权利是指在消费活动中，消费者依法享有的合法权利的总和，即在法律保护下，消费者有权做出一定的行为或者有要求他人做出一定行为的权利。《消费者权益保护法》规定了消费者享有安全权、知情权、自主选择权、公平交易权、依法获得赔偿权、结社权、获取知识权、受尊重权、监督权9项权利。这些权利既相互独立又相互关联，是法律所赋予的，任何人不得剥夺。

二、消费者的权利的内容

（一）安全权

安全权又称安全保障权，是指《消费者权益保护法》规定的消费者在购买、使用商品和接受服务时享有人身、财产安全不受损害的权利。消费者有权要求经营者提供的商品和服务符合保障人身、财产安全的要求。消费者的安全权包括以下内容：

1.经营者提供的商品或服务必须具有合理的安全性，不得提供含有不合理危险的、有可能对消费者人身或财产造成损害的不安全商品或服务。如果该商品或服务有保障人身、财产安全的国家标准、行业标准，经营者应当提供符合该标准的商品或服务。

2.经营者提供的消费场所应当具有必要的安全保障，确保消费者在安全的环境中选购商品或接受服务。经营者应当负有合理的注意义务，尤其是一些具有危险性的特殊经营项目，经营者应当提供必要的警示与防护措施。

3.经营者在提供商品或服务的过程中应当履行确保安全的附随义务。经营者与消费者之间为主交易的完成而达成书面或默示的保管协议的，经营者即负有确保受托保管财产安全的义务。经营者因重大过失，未履行确保财产安全的附随义务，导致消费者财产毁损或灭失的，应承担赔偿责任。

4.经营者对于消费者在购买商品或接受服务时遭受的危险，应当及时采取救助措施。如果危险来自第三人，负有安全保障义务的经营者应当在其能够防止或者制止损害的范围内承担相应的补充赔偿责任。安全保障义务人承担责任后，可以向第三人追偿。

（二）知情权

知情权又称知悉真情权，是指消费者享有知悉其购买、使用商品或者接受服务的真实情况的权利。消费者有权根据商品和服务的不同情况，要求经营者提供商品的价格、产地、用途、性能、规格、等级、主要成分、生产日期、有效日期、检验合格证书、使用说明书及售后服务等有关情况。消费者知情权的范围不包括属于经营者商业秘密的经营、管理和技术信息。

（三）自主选择权

自主选择权是指消费者享有根据自己的意愿，自主选择商品和服务的权利。《消费者权益保护法》规定，消费者享有自主选择商品或者服务的权利。消费者有权自主选择提供商品或者服务的经营者，自主选择商品品种或者服务方式，自主决定购买或者不购买任何一种商品、接受或者不接受任何一项服务。消费者在自主选择商品或者服务时，有权进行比较、鉴别和挑选。

（四）公平交易权

公平交易是指经营者与消费者之间的交易应在平等的基础上达到公正的结果。《消费者权益保护法》规定，消费者享有公平交易的权利。消费者在购买商品或者接受服务时，有权获得质量保障、价格合理、计量正确等公平交易条件，有权拒绝经营者的强制交易行为。

【小案例9-1】

近几个月来，石先生对自家的固定电话费居高不下感到十分不解，于是便向电信部门查询。电信部门出具了长途电话明细清单，石先生要求查看区内通话明细清单，却遭到拒绝，理由是市话收费采用的是复式计次法，即电脑只记录通话次数，而不记录主叫号码、被叫号码和通话时间。即使石先生对自家的话通话费存在怀疑，也无法一一核对，只能进行大概估计。所以，电信部门只向石先生提供了区内通话费的总数和通话时间的总数。对此，石先生大为不解：电信部门在市话收费中不向消费者出具明细清单是否合法？

分析提示：《消费者权益保护法》第8条规定，消费者享有知悉其购买、使用的商品或者接受的服务的真实情况的权利。消费者有权根据商品或者服务的不同情况，要求经营者提供商品的价格、产地、生产者、用途、性能、规格、等级、主要成分、生产日期、有效期限、检验合格证明、使用方法说明书、售后服务，或者服务的内容、规格、费用等有关情况。这表明消费者有知悉真情权，即消费者在购买、使用商品或者接受服务时，有知悉商品真实情况和服务真实情况的权利。在固定电话消费中，消费者了解话费的详细情况就是行使自己在电信消费方面的知情权，电信部门有责任向消费者说明服务的一切真实情况，有义务回答消费者对收费明细内容的询问；否则，就有悖公平原则，就是侵犯消费者的知情权。

（五）依法获得赔偿权

依法获得赔偿权也称消费者索赔权，是指《消费者权益保护法》规定的消费者因购买、使用商品或者接受服务受到人身、财产损害的，享有依法获得赔偿的权利。享有索赔权的主体包括：（1）商品的购买者、使用者；（2）服务的接受者；（3）第三人，指消费者之外因某种原因在事故发生现场受到损害的人。

消费者的索赔权既包括依法获得补偿性的赔偿，也包括获得惩罚性的赔偿。索赔的内容包括：（1）人身损害赔偿，无论是生命健康还是精神方面的损害均可要求赔偿；（2）财产损害赔偿，依照《消费者权益保护法》及《民法典》“合同编”等相关法律的规定，包括直接损失及可得利益的损失。

（六）结社权

结社权是指消费者为维护自身的合法权益而依法组织社会团体的权利。根据《消费者权益保护法》的规定，消费者享有依法成立维护自身合法权益的社会团体的权利。消费者的结社权是十分重要的，它使得消费者能够从分散、弱小走向集中和强大，并通过集体的力量来改变自己的弱势地位，以便与实力雄厚的经营者相抗衡。目前，中国消费者协会及地方各级消费者协会已经成立，这对推动我国消费者权益保护运动的健康发展、沟通政府与消费者的联系、解决经营者与消费者的矛盾、充分地保护消费者权益起到了积极作用。

（七）获取知识权

获取知识权是指消费者享有获得有关消费和消费者权益保护方面的知识的权利。《消费者权益保护法》规定，消费者享有获得有关消费和消费者权益保护方面知识的权利。消费者应当努力掌握所需商品或者服务的知识和使用技能，正确使用商品，提高自我保护意识。

消费知识主要指有关商品和服务的知识，而消费者权益保护知识主要指有关消费者权益保护方面及权益受到损害时如何有效解决方面的法律知识。消费者通过对这些知识的学习，能够更好地掌握商品性能、正确使用商品、提高自我保护意识。

（八）受尊重权

受尊重权是指《消费者权益保护法》规定的，消费者在购买、使用商品和接受服务时，享有人格尊严、民族风俗习惯得到尊重的权利，享有个人信息依法得到保护的权利。人格权是消费者人身权的主要组成部分。尊重他人的人格尊严和不同民族的风俗习惯是社会文明进步的表现，也是尊重和保障人权的重要内容。《消费者权益保护法》将人格尊严和民族风俗习惯专条加以规定，是对消费者精神权利的有力保障，也是党和国家民族政策在法律上的体现。

在《消费者权益保护法》中，“个人信息依法受到保护”被纳入消费者的受尊重权，也就是说，经营者不得擅自泄漏消费者的个人信息。《消费者权益保护法》规定，消费者在购买、使用商品和服务时，享有姓名权、肖像权、隐私权等个人信息得到保护的权利，经营者及其工作人员对收集的消费者个人信息必须严格保密，确保信息安全。经营者未经消费者同意或者请求，或者消费者明确表示拒绝的，不得向其发送商业性信息。同时，《消费者权益保护法》又规定了对经营者违反此义务的处罚条款：除承担相应的民事责任外，其他有关法律、法规对处罚机关和处罚方式有规定的，依照法律、法规的规定执行；法律、法规未做规定的，由市场监督管理部门或者其他有关行政管理部门责令改正，可以根据情节单处或者并处警告、没收违法所得，处以50万元以下的罚款；情节严重的，责令停业整顿，吊销营业执照。

（九）监督权

监督权是指消费者享有对商品和服务以及保护消费者权益工作进行监督的权利。《消费者权益保护法》规定，消费者享有对商品和服务以及保护消费者权益工作进行监督的权利。消费者有权检举、控告侵害消费者权益的行为和国家机关及其工作人员在保护消费者权益工作中的违法失职行为，有权对保护消费者权益工作提出批评、建议。监督权实际上是上述各项权利的必然延伸，对消费者权利的切实实现至关重要。

第三节 经营者的义务

一、经营者的概念

经营者是通过市场为消费者提供消费资料和消费性服务的人，是与消费者相对应的一方主体。在消费法律关系中，消费者的权利就是经营者的义务。《消费者权益保护法》对经营者的义务的规定是基于消费者的弱势地位做出的，是对消费者权利保护的一种方法。

在《消费者权益保护法》中，经营者的主体资格并不限于以营利为目的。经营者无论是否具有营利性，只要通过市场将其产品或服务向消费者提供，都属于《消费者权益保护法》的经营者。例如，某些企业不以营利为目的，它们提供的服务包括电信、邮政、教育培训、医疗卫生等公共服务，仍然可以将其归为经营者，适用

《消费者权益保护法》的规定。

二、经营者义务的内容

（一）履行法定和约定的义务

经营者向消费者提供商品和服务，应依照法律、法规的规定履行义务，这是经营者的法定义务。双方有约定的，应按照约定履行义务，但双方的约定不得违背法律、法规的规定，这是经营者的约定义务。

《消费者权益保护法》规定，经营者向消费者提供商品或者服务时，应当恪守社会公德，诚信经营，保障消费者的合法权益；不得设定不公平、不合理的交易条件，不得强制交易。

（二）听取意见、接受监督的义务

经营者应当听取消费者对其提供的商品或者服务的意见，接受消费者的监督。

（三）保障安全的义务

经营者应当保证其提供的商品或者服务符合保障人身、财产安全的要求。经营者保障安全的义务包括以下3点：第一，经营者应保证其提供的商品或者服务符合保障人身、财产安全的要求，即经营者提供的商品或者服务应具有人们合理期待的安全性，不存在不合理的危险；第二，对可能危及人身、财产安全的商品或者服务，应做出真实说明和明确警示，表明正确使用及防止危害发生的方法；第三，经营者发现其提供的商品或者服务存在严重缺陷，有危及人身、财产安全危险的，应立即向政府有关部门报告和告知消费者，采取停止销售、警示、召回、无害化处理、销毁、停止生产或者提供服务等措施。采取召回措施的，经营者应承担消费者因商品被召回支出的必要费用。

此外，《消费者权益保护法》规定，宾馆、商场、餐馆、银行、机场、车站、港口、影剧院等经营场所的经营者，应当对消费者尽到安全保障义务。

保障安全的义务主要强调经营者提供的商品或者服务不应具有不合理的危险。如果产生了这种不合理的危险，经营者应承担的责任性质属于侵权责任。

【小案例9-2】

朱女士在海红酒店用餐，在去洗手间的途中因地面湿滑而摔伤。为此，她起诉海红酒店，索赔10万余元。A市东城区人民法院对此做出判决，海红酒店因未尽到安全保障义务，需承担70%的赔偿责任，赔偿朱女士7万余元。

分析提示：从事经营活动的法人未尽合理范围内的安全保障义务致使他人受伤，受害方可以请求其承担相应的赔偿责任。如果损害由第三人造成，受害方在起诉时应将第三人作为共同被告，但第三人不能确定的除外。本案中，海红酒店对于经营场所的安全负有保障义务。海红酒店未能举证证明其设置了相关安全保障设施，或组织了专门人员保证地面不湿滑，因此海红酒店存在过错，应承担相应的赔偿责任。

（四）提供真实信息的义务

消费者的利益之所以容易受到侵害，原因就在于消费者处于信息劣势一方，消费者要对商品或者服务进行正确的认识、评价、选择、使用，有赖于经营者提供真实的信息。经营者向消费者提供有关商品或者服务的质量、性能、用途、有效期限等信息，应当真实、全面，不得做虚假或者引人误解的宣传。经营者对消费者就其提供的商品或者服务的质量和使用方法等问题提出的询问，应当做出真实、明确的答复。经营者提供商品或者服务应当明码标价。

《消费者权益保护法》对网络购物经营者提供真实信息的义务做了特殊规定。采用网络、电视、电话、邮购等方式提供商品或者服务的经营者，以及提供证券、保险、银行等金融服务的经营者，应当向消费者提供经营地址、联系方式、商品或者服务的数量和质量、价款或者费用、履行期限和方式、安全注意事项和风险警示、售后服务、民事责任等信息。

（五）如实标记的义务

《消费者权益保护法》规定，经营者应当如实标明其真实名称和标记。租赁他人柜台或者场地的经营者，应当标明其真实名称和标记。

经营者的名称和标记是消费者识别经营者的主要途径。如果名称和标记不实，就会使消费者误认，消费者一般倾向于选择声誉较好的经营者，因而标明身份有利于消费者做出正确选择。在发生纠纷时，消费者也可以更快地确定提供商品或者服务的经营者，找到正确的求偿主体，以获得救济。此外，对租赁柜台或场地的行为，承租方有义务标明自己的真实名称和标记，目的在于区分承租方和出租方，一旦发生责任问题，便于确定责任承担者。

（六）出具凭证的义务

《消费者权益保护法》规定，经营者提供商品或者服务，应当按照国家有关规定或者商业惯例，向消费者出具发票等购货凭证或者服务单据；消费者索要发票等购货凭证或者服务单据的，经营者必须出具。

购货凭证或者服务单据通常表现为发票、收据、保修单等，是经营者与消费者之间签订合同的凭证。当消费者的合法权益受到损害时，这些凭证、单据可以成为确定当事人责任的直接证据，消费者可以据此向经营者索赔。出具发票等凭证或单据的义务包括主动出具与被动出具。主动出具是经营者应当按照法律、法规、商业惯例主动向消费者出具发票等购货凭证或者服务单据。被动出具是指在法律、法规无强制性规定，并且按照商业惯例也无须出具发票等购货凭证或服务单据的情况下，消费者索要购货凭证或单据的，经营者必须出具。

（七）保证质量的义务

经营者有义务保证商品或者服务的质量。首先，经营者应当保证在正常使用商品或者接受服务的情况下其提供的商品或者服务应当具有的质量、性能、用途和有效期限，但消费者在购买该商品或者接受服务前已经知道其存在瑕疵，且存在该瑕疵不违反法律强制性规定的除外。其次，经营者以广告、产品说明、实物样品或者其他方式表明商品或者服务的质量状况的，应当保证提供的商品或者服务的实际质量与表明的质量状况相符。

《消费者权益保护法》规定，经营者提供的机动车、计算机、电视机、电冰箱、空调器、洗衣机等耐用商品或者装饰装修等服务，消费者自接受商品或者服务之日起6个月内发现瑕疵，发生争议的，由经营者承担有关瑕疵的举证责任。

（八）承担“三包”和其他责任的义务

这项义务是关于售后服务的。“三包”义务即包修、包换、包退的义务，是对某些复杂和特殊的商品或者服务承担质量保证的一种方法。

《消费者权益保护法》基于保护消费者的基本立场，为了避免经营者利用契约逃避承担售后服务的义务，将交易中经营者的“三包”义务纳入法律，强制经营者不得以任何契约、售前承诺等方式逃避“三包”义务。经营者提供的商品或者服务不符合质量要求的，消费者可以依照国家规定、当事人约定退货，或者要求经营者履行更换、修理等义务。

《消费者权益保护法》规定，若经营者提供的商品或者服务不符合质量要求，在没有国家规定和当事人约定的情况下，消费者可以自收到商品之日起7日内退货。7日后符合法定解除合同条件的，消费者可以及时退货；不符合法定解除合同条件的，可以要求经营者履行更换、维修等义务。也就是说，消费者自收到商品之日起7日内，只要商品不符合质量要求，都可以要求退货。这是对“三包”义务的强化规定，是促使经营者保证商品或者服务质量的有效措施。

《消费者权益保护法》规定，经营者采用网络、电视、电话、邮购等方式销售商品，消费者有权自收到商品之日起7日内退货，且无须说明理由，但下列商品除外：（1）消费者定做的；（2）鲜活易腐的；（3）在线下载或者消费者拆封的音像制品、计算机软件等数字化商品；（4）交付的报纸、期刊。除前款所列商品外，其他根据商品性质并经消费者在购买时确认不宜退货的商品，不适用无理由退货。消费者退货的商品应当完好。经营者应当自收到退回商品之日起7日内返还消费者支付的商品价款。退回商品的运费由消费者承担；经营者和消费者另有约定的，按照其约定。

这一规定其实是新增了冷静期制度，赋予消费者在网购时的“后悔权”，旨在解决因消费者和经营者之间信息不对称导致的问题。考虑到网络购物市场的发育程度和对经营者的影响，为了防止消费者滥用这种权利，《消费者权益保护法》亦明确了不宜退货的情形、退货的商品应当完好以及退货费用的承担等细节，从而增强了法律适用的确定性和可操作性。对于法律列明的商品之外，商品性质不宜退货的，要求必须经消费者购买时确认，解决了可能发生的事后争议。

（九）不得排除或者限制消费者权利的义务

经营者排除或者限制消费者权利的问题主要源于格式条款在消费领域的广泛运用。经营者往往利用其在交易中的优势地位，通过单方提供格式条款对消费者做出不公平、不合理的规定，排除或者限制消费者的合法权益。为了保障消费者的合法权益，《消费者权益保护法》在《民法典》“合同编”有关格式合同的规定之外，特别强调经营者应当承担不得排除或者限制消费者权利的义务，经营者以任何形式做出的排除或者限制消费者权利的免责条款均无效。

《消费者权益保护法》规定，经营者在经营活动中使用格式条款的，应当以显著方式提请消费者注意商品或者服务的数量和质量、价款或者费用、履行期限和方式、安全注意事项和风险提示、售后服务、民事责任等与消费者有重大利害关系的内容，并按照消费者的要求予以说明。经营者不得以格式条款、通知、声明、店堂告示等方式做出排除或限制消费者权利、减轻或者免除经营者责任、加重消费者责任等对消费者不公平、不合理的规定。不得利用格式条款并借助技术手段强制交易。格式条款、通知、声明、店堂告示等含有前款所列内容的，其内容无效。

（十）尊重消费者人格权的义务

消费者的人格尊严和人身自由理应依法获得保障。经营者不得对消费者进行侮辱、诽谤，不得搜查消费者的身体及携带的物品，不得侵犯消费者的人身自由。此项义务与消费者的受尊重权相呼应，保护的是消费者在消费过程中的人格尊严、民族风俗习惯受到尊重的权利。

第四节 消费争议的解决与法律责任

消费争议是指消费者与经营者之间因商品或者服务质量造成消费者人身损害、财产损失而引发的纠纷。

一、消费争议的解决

（一）解决争议的途径

消费者与经营者发生消费者权益争议的，可以通过下列途径解决：

1.与经营者协商和解。协商和解是消费者与经营者发生争议后，就有关争议问题进行协商，达成和解协议，从而解决纠纷的活动。当消费者与经营者因商品或者服务发生争议时，协商和解是首选方式，特别是因误解产生的争议，通过解释及其他补救措施，便可化解矛盾，平息争议。协商和解必须在自愿平等的基础上进行。重大纠纷、双方立场对立严重、要求相去甚远的，可寻求其他解决方式。

2.消费者协会调解。消费者协会调解是将消费争议诉诸第三方——消费者协会或者依法成立的其他调解组织，由消费者协会对争议双方当事人进行说服劝导，以促成争议解决的活动。消费者协会是依法成立的对商品和服务进行社会监督的保护消费者合法权益的社会组织。对消费者的投诉事项进行调解，是《消费者权益保护法》规定的消费者协会的8项公益性职责之一。消费者协会的调解应当依照法律、行政法规及公认的商业道德进行，并由双方自愿接受和执行。

3.向有关行政部门投诉。向有关行政部门投诉是消费者在争议发生后，向有关行政机关提出投诉，要求行政机关保护自身的合法权益。政府有关行政部门依法具有规范经营者的经营行为、维护消费者的合法权益以及维护市场经济秩序的职能。

消费者权益争议涉及的领域很广，当消费者权益受到侵害时，消费者可根据具体情况，向不同的行政职能部门，如物价部门、市场监督管理部门、技术质量监督部门等提出申诉，寻求行政救济。

消费者向有关行政部门投诉的，该部门应当自收到投诉之日起7个工作日内，予以处理并告知消费者。

4.提请仲裁。仲裁是根据当事人之间的仲裁协议，由仲裁机构依照一定程序对纠纷进行处理的活动。对于消费者权益争议，如当事人之间存在仲裁协议，可将纠纷提交仲裁机构仲裁。有关消费争议的仲裁，应根据《中华人民共和国仲裁法》的规定进行。应当注意的是，仲裁是以双方有书面仲裁协议为前提的，在一般的消费活动中，大多数情况下没有必要也没有条件签订仲裁协议。因此，在实践中，很少有以仲裁方式解决争议的。

5.向人民法院提起诉讼。消费者权益受到损害时，可径直向人民法院起诉，也可因不服行政处罚决定而向人民法院起诉。司法审判具有权威性、强制性，是解决各种争议的最后手段。消费者为求公正解决争议，可依法行使诉权。

（二）解决争议的特别规定

1.销售者先行赔付义务。消费者在购买、使用商品时，其合法权益受到损害的，可以向销售者要求赔偿。销售者赔偿后，属于生产者的责任或者属于向销售者提供商品的其他销售者的责任的，销售者有权向生产者或者其他销售者追偿。

2.生产者与销售者的连带责任。消费者或者其他受害人因商品缺陷造成人身损害、财产损失的，可以向销售者要求赔偿，也可以向生产者要求赔偿。属于生产者责任的，销售者赔偿后，有权向生产者追偿。属于销售者责任的，生产者赔偿后，有权向销售者追偿。实际上，销售者与生产者承担的是连带责任。

3.变更后的企业仍应承担赔偿责任。消费者在购买、使用商品或者接受服务时，其合法权益受到损害，因原企业分立、合并的，可以向变更后承受其权利和义务的企业要求赔偿。

4.营业执照持有人与租借人的赔偿责任。使用他人营业执照是违反市场监督管理法规的行为。按照《消费者权益保护法》的规定，无论是出租、出借者，还是租用、借用者，只要是使用他人营业执照的违法经营者提供商品或者服务，损害消费者合法权益的，消费者可向其要求赔偿，也可以向营业执照的持有者要求赔偿。

5.展销会举办者、柜台租用者的赔偿责任。消费者在展销会、租赁柜台购买商品或者接受服务，其合法权益受到损害的，可以向销售者或服务者要求赔偿。展销会结束或者柜台租赁期满后，也可以向展览会的举办者、柜台的出租者要求赔偿。展览会的举办者、柜台的出租者赔偿后，有权向销售者或者服务者追偿。

二、法律责任

《消费者权益保护法》规定了消费者享有的9项权利和经营者的10项义务，使得原本双方在交易中强弱不平衡的状态趋于平衡。当消费者的权益因经营者的原因无法行使或受到损害时，《消费者权益保护法》规定可采取相应措施对违法者予以制裁。根据侵害消费者合法权益行为的不同情况，经营者应分别或者同时承担民事责任、行政责任和刑事责任。

（一）侵犯消费者合法权益的民事责任

1.一般规定。经营者提供商品或者服务有下列情形之一的，除《消费者权益保护法》另有规定外，应当依照其他有关法律、法规的规定，承担民事责任：（1）商品或服务存在缺陷；（2）不具备商品应当具备的使用性能而且出售时未做说明；（3）不符合商品或者其包装上注明采用的商品标准；（4）不符合商品说明、实物样品等方式表明的质量状况；（5）生产国家明令淘汰的商品或者销售失效、变质的商品；（6）销售的商品数量不足；（7）服务的内容和费用违反约定；（8）对消费者提出的修理、重做、更换、退货、补足商品数量、退还货款和服务费用或者赔偿损失的要求，故意拖延或者无理拒绝；（9）法律、法规规定的其他损害消费者权益的情形。此外，经营者对消费者未尽到安全保障义务，造成消费者权益被损害的，应当承担侵权责任。

2.特别规定。《消费者权益保护法》对侵害消费者合法权益的民事责任还有以下特别规定：

（1）关于售后服务。经营者提供商品或者服务，应当依照法律规定或者当事人约定承担修理、重做、更换、退货、补足商品数量、退还货款和服务费用或者赔偿损失等民事责任。

（2）网络交易的民事责任。关于涉及网络交易中由消费者合法权益受到侵害而产生的民事责任，《消费者权益保护法》规定，消费者通过网络交易平台购买商品或者接受服务，其合法权益受到损害的，可以向销售者或者服务者要求赔偿。网络交易平台提供者不能提供销售者或者服务者的真实名称、地址和有效联系方式的，消费者也可以向网络交易平台提供者要求赔偿；网络交易平台提供者做出更有利于消费者的承诺的，应当履行承诺。网络交易平台提供者赔偿后，有权向销售者或者服务者追偿。网络交易平台提供者明知或应知销售者或者服务者利用其平台侵害消费者合法权益，未采取必要措施的，依法与该销售者或者服务者承担连带责任。

这一规定有助于督促网络交易平台履行应尽的审核义务，有助于解决实践中网购异地消费，一旦发生纠纷难以找到经营主体的突出问题；有助于消费者求偿权的实现，对于维护网络交易秩序以及网购消费者的合法权益具有积极作用。

（3）预收款方式提供商品或服务的责任。在某些情况下，经营者先预收部分款项，提供商品或服务后再与消费者结算。《消费者权益保护法》规定，经营者以预收款方式提供商品或服务的，应当按照约定提供。未按照约定提供的，应依照消费者的要求履行约定或者退回预付款，并承担预付款的利息、消费者必须支付的合理费用。

（4）人身伤害的民事责任。经营者提供商品或者服务，造成消费者或其他受害人人身伤害的，应当支付医疗费、护理费、交通费等为治疗和康复支出的合理费用，以及因误工减少的收入。造成残疾的，除上述费用外，还应当赔偿残疾者生活辅助具费和残疾赔偿金。造成死亡的，应当支付丧葬费、死亡赔偿金。

（5）侵犯消费者人格尊严、人身自由的民事责任。《消费者权益保护法》规定，消费者享有人格尊严，经营者不得对消费者进行侮辱、诽谤，不得侵犯消费者的人身自由。违反上述规定的，经营者应当停止侵害、恢复名誉、消除影响、赔礼道歉，并赔偿损失。

如果经营者有侮辱、诽谤、搜查身体、侵犯人身自由等侵害消费者或者其他受害人人身权益的行为，造成严重精神损害的，受害人可以要求精神损害赔偿。

（6）财产损害的民事责任。经营者提供商品或者服务，造成消费者财产损害的，应当以修理、重做、更换、退货、补足商品数量、退还货款和服务费用或者赔偿损失等方式承担民事责任。同时，《消费者权益保护法》承认并尊重消费者与经营者的意思自治，双方对财产损害的补偿有约定的，可按照约定履行。

3.对经营者欺诈行为的惩罚性赔偿。经营者提供商品或者服务有欺诈行为的，应当按照消费者的要求增加赔偿其受到的损失，增加赔偿的金额为消费者购买商品的价款或者接受服务的费用的3倍；增加赔偿的金额不足500元的，为500元。

《消费者权益保护法》规定，对违法经营者处以没收违法所得、处以违法所得1倍以上10倍以下的罚款，没有违法所得的，处以50万元以下的罚款；情节严重的，责令停业整顿，吊销营业执照。这大大增加了对经营者的处罚力度，进一步加大了对消费者合法权益的保护。

这里所说的欺诈行为，是指经营者故意在提供的商品或服务中，以虚假陈述或者其他不正当手段欺骗、误导消费者，致使消费者权益受到损害的行为。一般来说，只要证明下列事实存在，即可认定经营者构成欺诈行为：第一，经营者对其商品或服务的说明是虚假的，足以使一般消费者受到欺骗或误导；第二，消费者因受误导而接受了经营者的商品或服务，即经营者的虚假说明与消费者的消费行为之间存在因果关系。

在实践中，可以被认定为欺诈行为的有：销售掺杂、掺假，以假充真，以次充好的商品；以虚假的“清仓价”“甩卖价”“最低价”“优惠价”或者其他欺骗性价格表示销售商品；以虚假的商品说明、商品标准、实物样品等方式销售商品；不以自己的真实名称和标记销售商品；采取雇佣他人等方式进行欺骗性的销售诱导；利用广播、电视、电影、报刊等大众传播媒介对商品做虚假宣传；销售假冒商品和失效、变质商品等。

（二）侵犯消费者合法权益的行政责任

《消费者权益保护法》规定了经营者应当承担行政责任的情形：

1.提供的商品或者服务不符合保障人身、财产安全要求；

2.在商品中掺杂、掺假，以假充真，以次充好，或者以不合格商品冒充合格商品；

3.生产国家明令淘汰的商品或者销售失效、变质的商品；

4.伪造商品的产地，伪造或者冒用他人的厂名、厂址，篡改生产日期，伪造或者冒用认证标志等质量标志；

5.销售的商品应当检验、检疫而未检验、检疫或者伪造检验、检疫结果的；

6.对商品或者服务做虚假或者引人误解的宣传；

7.拒绝或者拖延有关行政部门对缺陷商品或者服务采取停止销售、警示、召回、无害化处理、销毁、停止生产或者服务等措施；

8.对消费者提出的修理、重做、更换、退货、补足商品数量、退还货款和服务费用或者赔偿损失的要求故意拖延或者无理拒绝；

9.侵害消费者人格尊严、侵犯消费者人身自由或者侵害消费者个人信息依法得到保护的权利；

10.法律、法规规定的对损害消费者权益应当予以处罚的其他情形。

有上述10种违法情形的经营者，除应当承担民事责任外，其他有关法律、法规对处罚机关和处罚方式有规定的，依照法律、法规的规定执行；法律、法规未做规定的，由市场监督管理部门或者其他有关行政部门进行处罚。处罚方式有：责令改正，可以根据情节单处或者并处警告、没收违法所得、处以违法所得1倍以上10倍以下的罚款，没有违法所得的，处以50万元以下的罚款；情节严重的，责令停业整顿，吊销营业执照。经营者对行政处罚决定不服的，可以依法申请行政复议或者提起行政诉讼。

《消费者权益保护法》还规定经营者有前款规定的10种情形的，除依照法律、法规的规定予以处罚外，处罚机关应当将其记入信用档案，向社会公布。这种将违规企业记入信用档案的做法，将直接影响其申报各类奖项、著名商标、银行贷款，使不法企业无处遁形。

对于违反《消费者权益保护法》规定的经营者，应当承担民事赔偿责任和缴纳罚款、罚金，其财产不足以同时支付的，先承担民事赔偿责任。

（三）侵犯消费者合法权益的刑事责任

违反《消费者权益保护法》，构成犯罪的行为包括：（1）经营者提供商品或者服务，造成消费者或其他受害人受伤、残疾、死亡；（2）以暴力、威胁等方法阻碍有关行政部门工作人员依法执行职务；（3）国家机关工作人员玩忽职守或者包庇经营者侵害消费者合法权益。对这些行为，应根据情节依法追究刑事责任。

本章小结

与一般民事立法中对交易主体实行平等保护的立场有所不同，《消费者权益保护法》基于消费者的弱势地位，对消费者的利益进行了特殊保护，体现了国家对市场交易关系的干预。《消费者权益保护法》确定了国家保护消费者的合法权益不受侵害的基本方针，规定经营者与消费者交易应当遵循自愿、平等、公平、诚实信用原则，规定了消费者享有的权利和经营者应当承担的义务，还规定了国家对消费者合法权益进行保护的具体措施和要求。可以说，这部法律是我国目前对消费者权益进行保护的最全面、最有效的法律。

复习与思考

一、即测即评

第九章单项选择题　　第九章多项选择题　　第九章判断题

二、案例分析题

2021年年初，消费者刘某在某酒店就餐时，工作人员没有向其讲清楚可以选择收费餐具，也可以选择免费餐具，就收取了刘某餐具费10元。刘某将此事投诉到当地消费者协会。请问：某酒店收取的10元餐具费合法吗？

第十章 产品质量法律制度

学习目标

通过本章学习，掌握因产品瑕疵及缺陷所引起的瑕疵给付责任与产品责任之间的区别；理解生产者、经营者在产品质量领域应承担的义务；了解产品质量监督管理制度的相关规定。

案例导入

齐某于服装展览会上从某皮衣厂购得价值9 000元的貂皮大衣，看到该皮衣厂在展台的显眼处贴着“当面检验，概不退货”8个字。回家后，齐某发现貂皮大衣大面积脱毛，送交有关机构检验，被告知貂皮大衣质量不合格。齐某遂向该皮衣厂提出退货，该皮衣厂认为齐某当时未检验出问题，属于不予退货的范畴，拒绝了齐某的要求。齐某于是向其所在市电视台提供了貂皮大衣质量不合格的材料。该市电视台对该皮衣厂进行了曝光，导致该皮衣厂销售量锐减。该皮衣厂起诉齐某侵犯其名誉权，要求赔礼道歉，并赔偿经济损失。请问：(1) 该皮衣厂贴的“当面检验，概不退货”8个字是否有效？(2) 该皮衣厂起诉齐某侵权是否成立？为什么？(3) 该皮衣厂是否应承担产品责任？

第一节 产品质量法概述

一、产品

(一) 产品的概念

《中华人民共和国产品质量法》(以下简称《产品质量法》) 中的产品，是指经过加工、制作，用于销售的产品。它包括两个方面：一是产品必须包含人的加工、制作活动，非经人的加工、制作活动，非经人加工、制作的物品不是《产品质量法》所指的产品；二是产品是用于销售的，如果经过加工、制作，但不用于销售，也不是《产品质量法》所指的产品。

建设工程不适用《产品质量法》，但用于建设工程的建筑材料、装饰材料及在建筑物内使用的，能保持其原有特性和用途的产品，适用《产品质量法》。

【法律小知识10-1】

欧共体理事会1985年发布的《产品责任指令》规定，产品指一切动产，即使被组装或安装在另一动产或不动产中的动产也包括在内，但农业原产品和猎物除外。美国则从保护消费者的角度出发，以产品是否投入流通来确定产品责任法中产品的范围。《美国统一产品责任示范法》规定，产品是指真正有价值的，为进入市场而生产的能够作为组装整体或者作为部件、零件交付的物品。因此，美国产品责任法中的产品不仅包括工业产品，也包括农业产品（不论加工与否）。

（二）产品质量

1.产品质量的概念。产品质量是指产品在正常使用条件下，为满足合理的使用要求所必须具备的物质、技术、心理和社会特征的总和。产品质量是产品的生命，是产品生存和发展的前提，集中体现了用户和消费者的要求。产品质量要反映产品的特性及满足顾客和其他相关方的要求。这些质量要求可以转化成具有具体指标的特征和特性，通常包括使用性能、安全性、可靠性、可维修性和经济性等方面。

（1）产品的使用性能是指产品在一定条件下实现预定目的或者规定用途的能力。任何产品都具有特定的使用目的或者用途。

（2）产品的安全性是指产品在使用、储运、销售等过程中保障人体健康和人身、财产安全免受伤害的能力。

（3）产品的可靠性是指产品在规定的时间内完成规定功能的程度和能力，一般可用功能效率、平均寿命、失效率、平均故障时间、平均无故障工作时间等进行评定。

（4）产品的可维修性是指产品在发生故障以后能迅速维修恢复其功能的能力，通常采用平均修复时间等表示。

（5）产品的经济性是指产品的设计、制造、使用等各方面所付出或所消耗成本的程度，同时也包含其可获得经济利益的程度，即投入与产出的效益能力。

2.合格产品与不合格产品。合格产品是指产品内在质量要求符合法定条件的产品，也即符合《产品质量法》的规定。不合格产品是合格产品的对称，主要有以下两种：

（1）瑕疵，广义上是指产品不符合其应当具有的质量要求；狭义上是指一般性质量问题，如产品的外观、使用性能等方面。

（2）缺陷，是针对较大的质量问题而言的。《产品质量法》所称缺陷，是指产品存在危及人身、他人财产安全的不合理危险；产品有保障人体健康和人身、财产安全的国家标准、行业标准的，是指不符合该标准。产品的设计、原材料采用、制造装配、指示说明等都可能有缺陷。

二者的共同点是：都不符合产品质量要求；都应当承担质量责任。但对瑕疵，经营者做出了明确说明或者用户、消费者在购买该产品前已经知道的除外。

二者的区别是：在不合格程度上，有瑕疵轻、缺陷重之分。在消费者的接受程度上，对于瑕疵，因尚未丧失产品原有的使用价值，用户、消费者已经知道的，可以自行决定是否接受；对于缺陷，因存在不合理危险，原则上不应接受。对于瑕疵，消费者可以直接向销售者要求赔偿，销售者赔偿后，可向负有责任的生产者或其他销售者追偿；对于缺陷，消费者既可以向销售者也可以向生产者要求赔偿。在赔偿的方式和标准上，对于瑕疵，由销售者依照法律规定或者合同约定，负责修理、更换、退货以至赔偿损失；对于缺陷，以请求侵权损害赔偿为多。

二、产品质量立法

产品质量立法无论是在国内还是在国外，都是随着社会的发展而发展的，其完善经历了漫长的年代。我国是世界上较早进行产品质量立法的国家之一，特别是改革开放以来，颁布了大量有关产品质量的法律、法规，如《中华人民共和国标准化法》、《工业产品质量责任条例》和《产品质量法》等。

产品质量法是调整产品质量管理关系和产品质量责任关系的法律、法规的总称。产品质量法有广义和狭义之分。广义的产品质量法是指有关产品质量的所有法律、法规和行政规章制度，包括《中华人民共和国标准化法》、《产品质量国家监督抽查管理办法》、《工业产品质量责任条例》和《产品质量法》等。狭义的产品质量法仅指《产品质量法》。《产品质量法》于1993年2月22日第七届全国人民代表大会常务委员会第三十次会议通过，同年9月1日起施行。根据2000年7月8日第九届全国人民代表大会常务委员会第十六次会议、2009年8月27日第十一届全国人民代表大会常务委员会第十次会议和2018年12月29日第十三届全国人民代表大会常务委员会第七次会议的决议先后进行了3次修正。

产品质量法的调整对象有两个：一是产品质量管理关系。它是指国家为提高产品质量和经济效益，由各级产品质量监督管理部门与生产者、经营者之间在产品质量监督活动中所产生的经济关系。二是产品质量责任关系。

三、产品质量的监督

（一）产品质量的监督管理体制

1.产品质量监督组织机构的设置。

（1）国务院市场监督管理部门，主管全国产品质量监督工作。

（2）国务院有关部门，在各自的职责范围内负责产品质量监督工作。

（3）县级以上地方市场监督管理部门，主管本行政区域内的产品质量监督工作。

（4）县级以上地方人民政府有关部门（如各级卫生健康行政部门），在各自的职责范围内负责产品质量监督工作。

2.产品质量监督组织机构的职权。县级以上市场监督管理部门根据已经取得的违法嫌疑证据或者举报，对涉嫌违法的行为进行查处时，可以行使下列职权：

（1）对当事人涉嫌从事违反《产品质量法》的生产、销售活动的场所实施现场检查。

（2）向当事人的法定代表人、主要负责人和其他有关人员调查、了解与涉嫌从事违法的生产、销售活动有关的情况。

（3）查阅、复制当事人有关的合同、发票、账簿以及其他有关资料。

（4）对有根据认为不符合保障人体健康和人身、财产安全的国家标准、行业标准的产品或者有其他严重质量问题的产品，以及直接用于生产、销售该产品的原辅材料、包装物、生产工具，予以查封或者扣押。

（二）产品质量的监督检查制度

产品质量的监督检查制度是指由《产品质量法》确定的互相联系、互相依存、自成体系的产品质量管理规定的总和。

1.产品质量内部管理制度和检验制度。

（1）《产品质量法》规定，生产者、销售者应当建立健全内部产品质量管理制度，严格实施岗位质量规范、质量责任以及相应的考核办法。企业内部产品质量管理是质量管理的基础，是根本性管理，是产品质量好坏的决定性因素。企业必须严格执行产品质量标准和技术标准，严格实施岗位质量规范和质量责任，并将其落实到生产、管理的各个环节，制定科学的考核办法，落实奖惩，保证所生产和销售的产品的质量。

（2）产品质量检验是指检验机构依据特定的标准对产品质量进行检测，并判断其是否合格的活动。《产品质量法》规定，产品质量应当检验合格，不得以不合格产品冒充合格产品。企业的产品质量检验是基础性的自我检验。其检验标准有：一是法定标准，即企业在进行产品质量检验时必须采用的强制性标准，其中包括为保障人体健康和人身、财产安全的国家标准、行业标准等。二是约定标准，即由合同双方当事人依法商定的产品检验标准。三是企业标准，即企业自己制定的标准。企业的产品必须依法定标准和程序检验合格后，才能出厂和销售。企业的质量检验应当接受国家质量检验部门的指导和检查，以确保检验的质量。

2.认证制度。

（1）企业质量体系认证制度。企业质量体系认证制度是指通过认证机构的独立评审，对于符合规定条件的企业，颁发认证证书，从而证明该企业的质量体系达到相应的标准的制度，也称为企业质量保证体系。

我国根据国际通用的质量管理标准，推行企业质量体系认证制度。企业根据自愿原则，可以向国务院市场监督管理部门认可的或者国务院市场监督管理部门授权的部门认可的认证机构申请企业质量体系认证。经认证合格的，由认证机构颁发企业质量体系认证证书。

我国根据国际通用的“质量管理和质量保证”系列标准，即国际标准化组织（ISO）发布的ISO 9000系列国际标准，推行企业质量体系认证制度，促使企业改善经营管理，提高企业的整体素质，增强企业的竞争能力。

（2）产品质量认证制度。产品质量认证制度是指法定认证机构依据具有国际先进水平的产品标准和技术要求，经过独立评审，对于符合条件的产品，颁发认证证书和认证标志，从而证明某一产品达到相应标准的制度。产品质量认证分为安全认证和合格认证。

安全认证是指以安全为认证依据，对产品在生产、储存、运输和使用过程中是否能够保证人身安全等性能进行认证。我国目前主要对家用电器、煤气用具、锅炉压力容器、食品饮料、药品等实行强制性安全认证。凡列入认证目录的产品，未获得指定机构的认证证书并粘贴认证标志的，不得进口、出厂销售和在经营性活动中使用。

合格认证是对产品符合相应标准所规定的全部质量要求的确认，是对产品的各种质量要素是否符合相应标准的综合性评价。我国主要对采用国家标准或行业标准的重要工业品实行合格认证。一般产品采取自愿认证制度。

我国参照国际先进的产品标准和技术要求，推行产品质量认证制度。企业根据自愿原则，可以向国务院市场监督管理部门认可的或者国务院市场监督管理部门授权的部门认可的认证机构申请产品质量认证。经认证合格的，由认证机构颁发产品质量认证证书，准许企业在产品或者其包装上使用产品质量认证标志。

3.产品的召回制度。产品召回是指在流通中的产品存在缺陷，可能导致损害发生的情况下，经营者采取发布公告、通知等措施督促消费者交回缺陷产品，经营者采取有效措施消除缺陷、防止损害发生的一种事先救济措施。产品召回体现了产品质量管理“防患于未然”的方针，反映了产品质量多环节管理的特点。

《消费者权益保护法》规定，经营者发现其提供的商品或者服务存在缺陷，有危及人身、财产安全危险的，应当立即向有关行政部门报告和告知消费者，并采取停止销售、警示、召回、无害化处理、销毁、停止生产或者服务等措施。采取召回措施的，经营者应当承担消费者因商品被召回支出的必要费用。

【小案例10-1】

2019年4月16日，华晨宝马汽车有限公司及宝马（中国）汽车贸易有限公司根据《缺陷汽车产品召回管理条例》和《缺陷汽车产品召回管理条例实施办法》的要求，向国家市场监督管理总局备案了召回计划，决定自2019年8月30日起召回以下汽车：

1.华晨宝马汽车有限公司召回2014年1月2日至2017年10月16日期间生产的部分国产华晨宝马118i、218i、220i、316i、318i、318Li、320i、320Li、328i、328Li、330i、330Li、X1及ZINORO 1E、ZINORO 60H汽车，共计272 880辆。

2.宝马（中国）汽车贸易有限公司召回2000年4月5日至2018年2月21日期间生产的部分进口宝马116i、118i、120i、125i、130i、218i、220i、318i、320i、323i、325i、328i、330i、335i、340i、420i、425i、428i、430i、435i、440i、520i、528i、530i、535i、540i、550i、640i、650i、M135i、M140i、M2、M235i、M240i、M3、M4、M5、M6、X1、X3、X4、X5、X6、X5M、X6M及Active Hybrid X6汽车，共计87 121辆。

本次召回范围内车辆的安全气囊装配了高田公司生产的未带干燥剂的硝酸铵气体发生器。在安全气囊展开时，气体发生器可能发生异常破损，导致碎片飞出，伤及车内人员，存在安全隐患。华晨宝马汽车有限公司及宝马（中国）汽车贸易有限公司将为召回范围内的车辆免费更换所涉及部位的气囊气体发生器，以消除安全隐患。

分析提示：经营者发现其提供的商品或者服务存在缺陷，有危及人身、财产安全危险的，应当立即向有关行政部门报告和告知消费者，并采取相应的措施。采取召回措施的，经营者应当承担消费者因商品被召回支出的必要费用。

4.产品质量监督检查制度。产品质量监督检查制度是指国务院市场监督管理部门和县级以上地方市场监督管理部门依据国家法律、法规的规定，以及人民政府赋予的行政职权，对生产领域、流通领域的产品实施质量监督的一项制度。

国家对产品质量实行以抽查为主要方式的监督检查制度。抽查的样品应当从市场上或者企业成品仓库内的待销产品中随机抽取。

进行监督检查的产品主要有以下3种：一是可能危及人体健康和人身、财产安全的产品；二是影响国计民生的重要工业产品；三是消费者、有关组织反映有质量问题的产品。

监督抽查工作由国务院市场监督管理部门规划和组织，县级以上地方市场监督管理部门在本行政区域内也可以组织监督抽查。国家监督抽查的产品，地方不得另行重复抽查；上级监督抽查的产品，下级不得另行重复抽查。根据监督抽查的需要，可以对产品进行检验。检验抽取样品的数量不得超过检验的合理需要，并不得向被检查人收取检验费用。生产者、销售者对抽查检验的结果有异议的，可自收到检验结果之日起15日内向实施监督抽查的市场监督管理部门或上级市场监督管理部门申请复检。对依法进行的产品质量监督检查，生产者、销售者不得拒绝。国务院和省、自治区、直辖市人民政府的市场监督管理部门应当定期发布其监督抽查的产品质量状况公告。

5.产品质量的社会监督制度。产品质量的社会监督是指用户、消费者、保护消费者权益的社会组织以及新闻媒介等对产品实施的监督，主要包括以下3种：（1）消费者有权就产品质量问题，向产品的生产者、销售者查询；向产品质量监督部门、市场监督管理部门及有关部门申诉，接受申诉的部门应当负责处理。（2）保护消费者权益的社会组织可以就消费者反映的产品质量问题建议有关部门负责处理，支持消费者对因产品质量造成的损害向人民法院起诉。（3）任何单位和个人都有权对违反《产品质量法》的行为，向产品质量监督部门或者其他有关部门检举。

第二节　生产者及销售者的产品质量义务

生产者、销售者应当建立健全内部产品质量管理制度，严格实施质量规范、质量责任以及相应的考核办法，并依法履行其义务。

一、生产者的产品质量义务

（一）产品质量标准

产品质量标准亦称技术标准，是对产品质量要求的具体规定。它是国家制定颁布的关于产品质量、规格及检验方法的技术法律规范。产品质量标准一经颁布施行，便具有法律效力。生产者必须严格执行产品质量标准。目前我国的产品质量标准有以下4种：

1.国家标准，是由国家标准化主管机构批准颁布，在全国范围内统一的标准。

2.行业标准，是由国务院有关行政主管部门制定，并报国务院标准化行政主管部门备案，在某一行业范围内统一的标准。

3.地方标准，是由省、自治区、直辖市标准化行政主管部门制定，并报国务院标准化行政主管部门和国务院有关行政部门备案，在某一地区内统一的标准。

4.企业标准，是由企业或其上级有关机关批准颁布的标准。

（二）产品质量义务

《产品质量法》规定，生产者应当对其生产的产品质量负责。产品质量应当符合下列3项要求：

1.不存在危及人身、财产安全的不合理危险，有保障人体健康和人身、财产安全的国家标准、行业标准的，应当符合该标准。

2.具备产品应当具备的使用性能，但是对产品存在使用性能的瑕疵做出说明的除外。

3.符合在产品或者其包装上注明采用的产品标准，符合以产品说明、实物样品等方式表明的质量状况。

（三）依法使用产品标识义务

产品除应具备内在的质量要求以外，还须具备产品标识。产品标识是指用于识别产品或者其特征、特性所做的各种表示的统称。产品标识可以用文字、符号、标志、标记、数字、图案等表示。产品的名称、规格、型号、厂名、标准编号、生产日期、安全使用期、警示说明、警示标志、产品说明书等，均属于产品标识范畴。产品标识由生产者按照规定进行标注。产品或者其包装上的标识应当符合下列6项要求：

1.有产品质量检验合格证明，这是指生产者出具的用于证明出厂产品质量经检验合格的凭证，是产品合格证、合格印章等的统称。

2.有中文标明的产品名称、生产厂厂名和厂址。厂名、厂址的标注必须与营业执照上注册登记的厂名、厂址相同。

3.根据产品的特点和使用要求，需要标明产品规格、等级、所含主要成分的名称和含量的，用中文相应予以标明。需要事先让消费者知晓的，应当在外包装上标明，或者预先向消费者提供有关资料。

4.限期使用的产品，应当在显著位置清晰地标明生产日期和安全使用期或者失效日期。安全使用期包括保质期和保存期。保质期是指在规定的条件下保证产品质量的日期，超过此期限，产品是否失效、变质，应当以实际检验结果为准。保存期是指在规定的条件下保证产品质量的最终日期，超过此期限，产品则不具备使用价值。

5.使用不当，容易造成产品本身损坏或者可能危及人身、财产安全的产品，应当有警示标志或者中文警示说明。易碎、易燃、易爆、有毒、有腐蚀性、有放射性等危险物品以及储运中不能倒置和其他有特殊要求的产品，其包装质量必须符合相应的要求，依照国家有关规定做出警示标志或者中文警示说明，标明储运的注意事项。

6.裸装的食品和其他根据产品的特点难以附加标识的裸装产品，可以不附加产品标识。

【小案例10-2】

赵钢于2020年7月在某超市购买了一台“绚丽”牌电视机，使用3个月后电视机起火，赵钢损失了4 000元。赵钢找到超市，超市同意赔偿2 000元；赵钢认为，超市至少应赔偿3 000元。双方争执不下，赵钢遂诉至人民法院。人民法院认为，认定产品质量问题，应由技术监督部门出具鉴定书。技术监督部门认为，电视机已烧毁，又无库存，无法鉴定。请问：（1）本案中，电视机质量是否合格？为什么？（2）本案应当如何处理？

分析提示：（1）《产品质量法》规定，产品或者其包装上的标识必须真实，除裸装的食品和其他根据产品的特点难以附加标识的裸装产品可以不附加产品标识外，产品必须有质量检验合格证明。本案中，电视机并非裸装产品，却没有检验合格证，属于不合格产品。（2）本案中，电视机属于不合格产品，根据《产品质量法》的规定，销售者售出的产品如果不具备产品应当具备的使用性能而事先未做说明，不符合在产品或者其包装上注明采用的产品标准，或者不符合产品说明、实物样品等方式表明的质量状况，销售者应当负责修理、更换、退货；如果给购买产品的消费者造成损失，销售者应当赔偿其损失。因此，本案中赵钢的实际损失应当由超市赔偿。

（四）不作为义务

1.生产者不得生产国家明令淘汰的产品。

2.生产者不得伪造产地，不得伪造或者冒用他人的厂名、厂址。

3.生产者不得伪造或者冒用认证标志等质量标志。

4.生产者生产产品，不得掺杂、掺假，不得以假充真、以次充好，不得以不合格产品冒充合格产品。

二、销售者的产品质量义务

（一）进货检查验收义务

销售者应当建立并执行进货检查验收制度，验明产品合格证明和其他标识。产品进货检查验收，既是销售者的法定权利又是其法定义务，同时在一定程度上实现了产品质量责任的转移。产品进货检查验收包括产品标识检查、产品感观检查和必要的产品内在质量检验。

（二）质量保持义务

销售者应当采取措施，保持销售产品的质量。销售者应当根据产品的不同特点，采取必要的防雨、防晒、防霉变、隔离、分类等方式，对某些特殊产品还应当采取控制温度、湿度等措施，保持进货产品的质量。

（三）依法使用产品标识义务

销售者销售的产品标识应当符合规定，同上述生产者的产品标识义务相同。

（四）不作为义务

除了上述生产者的所有“不作为义务”外，销售者还不得销售失效、变质的产品。

第三节 生产者与销售者的产品质量责任

产品质量责任是指生产者、储运者、销售者以及对产品质量负有直接责任的人违反产品质量义务应承担的法律后果。

一、《产品质量法》的瑕疵给付责任

产品瑕疵是指产品不符合合同约定的标准，在质量、性能、用途和有效期限等方面存在不合格状况。

有瑕疵的产品是否可以销售呢？《产品质量法》规定，产品必须具备产品应当具备的使用性能，但是，对产品存在使用性能的瑕疵做出说明的除外。因此，存在瑕疵的产品是可以销售的，但是必须以“处理品”“次品”等形式注明，并告诉消费者哪些方面有瑕疵。如果将有瑕疵的产品冒充合格产品销售，则属于欺骗消费者行为，要承担相应的法律责任。

瑕疵给付责任主要基于买卖合同产生，在商品流通环节，销售商可能不知道产品质量有瑕疵，但仍然必须承担瑕疵担保义务。给购买产品的用户、消费者造成损失的，销售者应当赔偿损失。产品质量瑕疵责任是销售者出售产品后产生的，不是消费者的额外要求，销售者应当对产品质量负责并尊重消费者的权利。当产品存在瑕疵时，销售者应当负责修理、更换、退货。

（一）修理、更换

修理就是消费者可以在不改变物权所有人的情况下解决产品瑕疵责任问题，继续使用产品。修理费用应由销售者负责。更换属于另行给付。

（二）退货

退货就是解除买卖关系，销售者从消费者手中收回产品所有权，退还消费者支付的价款。退货是在修理、更换的前提下或者产品本身已不具有修理、更换的条件时，消费者退还产品、收回产品价款。符合退货条件的，销售者应当予以退货。

（三）赔偿损失

售出的产品存在瑕疵，给购买产品的消费者造成损失的，销售者应当赔偿损失。

产品质量瑕疵的救济方式是法定的，消费者应当从产品瑕疵的实际情况出发，选择适合的救济方式；消费者按《产品质量法》的规定要求销售者承担产品质量瑕疵给付责任时，可以行使法定的选择权，销售者应当允许并尊重其选择，切实履行“三包”责任。

销售者依照规定负责修理、更换、退货、赔偿损失后，属于生产者的责任或者属于向销售者提供产品的其他供货者的责任的，销售者有权向生产者、供货者追偿。

销售者未按照规定给予修理、更换、退货或者赔偿损失的，由市场监督管理部门责令改正。

【法律小知识10-2】

关于交付标的物质量不合格，存在两种立法体制：（1）按照罗马法的模式，确认瑕疵担保责任制度，但在违约形态中，不承认不适当履行，亦不存在不适当履行责任。瑕疵担保的责任形式主要是解除合同或减少价金，买受人只是在例外情况下才可以请求不履行的损害赔偿。（2）确认买卖合同中的出卖人对标的物质量负有明示或默示的担保义务，但在出卖人违反义务、交付有瑕疵或缺陷产品时，按违约行为对待，买受人可获得各种违约救济。

二、产品责任

（一）产品责任的含义

产品责任又称产品侵权责任，是指因产品的缺陷造成他人人身、缺陷产品以外的其他财产损害的，产品的生产者和销售者依法应承担的责任。产品责任是财产性责任。

最初的产品责任是作为合同责任来对待的。受害人与产品的生产者或销售者之间存在合同关系，是生产者或销售者对受害者承担责任的前提条件。随着社会的发展，人们发现，在经济高度发达的时代，将产品责任作为合同责任来处理已不能公平地处理受害人和生产者或销售者之间的关系。随着保护消费者权益运动的日益高涨，法律开始将产品责任作为侵权责任来对待，以侧重保护消费者的权益。依照这种责任归责，只要因产品缺陷造成他人人身、财产损害的，受害人即可要求生产者或销售者承担损害赔偿责任，而不必以相互之间的合同关系作为前提条件。

许多国家有专门的产品责任法来规定产品责任，我国没有制定专门的产品责任法，而是在《产品质量法》中规定产品责任，有关产品责任的规定是《产品质量法》的重要组成部分。

（二）产品责任的归责原则

产品责任的归责原则是确定生产者或销售者产品责任所依据的基本原则。世界各国立法所确认的产品归责原则有严格责任原则、过错推定原则和担保原则。

1.严格责任原则。严格责任原则是指产品因缺陷造成他人人身或该产品以外的其他财产损害时，生产者主观上不论是否有过错，均应向受害人承担赔偿责任。按照这一原则，受害人只需证明产品有缺陷及产品缺陷与其所受损害的因果关系即可，不必证明生产者主观上有过错。《产品质量法》规定，因产品缺陷造成人身、缺陷产品以外的其他财产损害的，生产者应当承担赔偿责任。我国大多数学者认为，这一规定确立了产品责任的严格责任原则。依照这一规定，生产者承担赔偿责任的构成要件是：其产品存在缺陷；造成人身或财产损害；产品存在缺陷与人身或财产损害之间有因果关系。

2.过错推定原则。过错推定原则又称过失推定原则或疏忽原则，是指由于生产者、销售者的过错（疏忽或过失）造成产品缺陷而造成他人人身或财产损害的，生产者或销售者应当承担赔偿责任。生产者或销售者承担责任的条件是其主观上有过错，生产者或销售者的过错不需受害人证明，受害人只需证明产品有缺陷及有引起的损害事实即可。如果生产者或销售者不能证明自己没有过错，他们就要承担过失责任。

《产品质量法》规定，由于销售者的过错使产品存在缺陷，造成人身、他人财产损害的，销售者应当承担赔偿责任。销售者不能指明缺陷产品的生产者也不能指明缺陷产品的供货者的，销售者应当承担赔偿责任。从这些规定中可以看出，销售者的产品责任有过错条件，只是当损害发生时直接推定其有过错。

3.担保原则。担保原则又称保证原则，是指产品给他人人身、财产造成损害时，生产者或销售者按照对产品质量的担保承担责任。生产者或销售者对产品的担保分为默示担保和明示担保。

（三）产品责任的免责

产品责任的免责是指产品责任事故发生后，生产者或销售者能够证明存在法定的免责条件而免除其全部或部分赔偿责任。世界各国的产品责任立法对产品责任的免责条件都有规定。《产品质量法》规定，生产者能够证明有下列情形之一的，不承担赔偿责任：

1.未将产品投入流通；

2.产品投入流通时，引起损害的缺陷尚不存在；

3.将产品投入流通时的科学技术水平尚不能发现缺陷存在。

【小案例10-3】

长江电器公司生产的某型号电热淋浴器经检验合格但未投入市场，该公司将其发给员工做福利。该公司员工吴某在使用时突然被按键漏电击中，整个右手烧伤，送医院抢救，被截除小拇指。吴某将长江电器公司诉至人民法院。长江电器公司辩称其未将该产品投入市场，因此不应承担赔偿责任。请问：长江电器公司是否应该承担赔偿责任？为什么？

分析提示：长江电器公司应该承担赔偿责任。《产品质量法》规定，因产品存在缺陷造成人身、缺陷产品以外的其他财产（以下简称他人财产）损害的，生产者应当承担赔偿责任。免责条款规定了3种情况，长江电器公司均不具备：(1) 未将产品投入流通。产品生产的目的就是销售，生产出来的产品经检验合格后就属待售产品，而且作为福利发给员工存在价值交换行为。(2) 产品投入流通时，引起损害的缺陷尚不存在。这需要生产者提供产品没有缺陷的证据，或者证明使用者存在故意破坏产品的行为致使其产品出现缺陷。(3) 将产品投入流通时的科学技术水平尚不能发现缺陷的存在。电器漏电属一般性产品故障，不存在流通时的科学技术水平不能发现缺陷存在的问题。

（四）产品责任的范围

产品责任的性质是财产性责任，基本形式是损害赔偿。关于赔偿的范围，各国规定宽窄不同，《产品质量法》规定，因产品存在缺陷造成受害人人身伤害的，侵害人应当赔偿医疗费、治疗期间的护理费、因误工减少的收入等费用；造成残疾的，还应当支付残疾者生活自助具费、生活补助费、残疾赔偿金以及由其扶养的人所必需的生活费等费用；造成受害人死亡的，还应当支付丧葬费、死亡赔偿金以及由死者生前扶养的人所必需的生活费等费用。

因产品存在缺陷造成受害人财产损失的，侵害人应当恢复原状或者折价赔偿。受害人因此遭受其他损失的，侵害人应当赔偿损失。

（五）生产者与销售者的产品责任关系

因产品存在缺陷造成他人人身、财产损害的，受害人可以向产品生产者要求赔偿，也可以向产品销售者要求赔偿。属于产品生产者的责任，产品销售者赔偿的，产品销售者有权向产品生产者追偿；属于产品销售者的责任，产品生产者赔偿的，产品生产者有权向产品销售者追偿。

（六）产品责任的诉讼时效

诉讼时效是指在法定时间内权利人不行使权利，即丧失在诉讼中的胜诉权的法律制度。《产品质量法》规定，因产品存在缺陷造成损害要求赔偿的诉讼时效为2年，自当事人知道或者应当知道其权益受到损害时起计算。因产品存在缺陷造成损害要求赔偿的请求权，在造成损害的缺陷产品交付最初用户、消费者满10年丧失，但是，尚未超过明示的安全使用期的除外。这包含3层意思：其一，产品责任的诉讼时效为2年；其二，损害赔偿请求权的丧失期间，即缺陷产品交付最初用户或者消费者满10年；其三，损害赔偿请求权丧失期间除外情况，即尚未超过明示的安全使用期的除外，这是明示担保原则的体现。

【小案例10-4】

张某从某商场购买了某厂生产的高压锅，烹饪时邻居吴某到其厨房聊天，高压锅爆炸致两人受伤。据负责高压锅质量检测的专家鉴定，高压锅爆炸的直接原因是其在设计上有问题，锅盖上的排气孔堵塞。张某要求出售此高压锅的商场承担损害赔偿责任，但商场声称缺陷不是自己造成的，张某应该找生产厂家要求赔偿。请问：商场是否应该承担赔偿责任？

分析提示：根据《产品质量法》的规定，因产品存在缺陷造成人身、他人财产损害的，受害人可以向产品生产者要求赔偿，也可以向产品销售者要求赔偿。本案中，因为高压锅缺陷引起了伤害，张某既可以向销售者要求赔偿，也可以向高压锅的生产厂家要求赔偿。

本章小结

产品是指经过加工、制作，用于销售的产品。产品质量是指产品在正常使用条件下，为满足合理的使用要求所必须具备的物质、技术、心理和社会特征的总和。产品质量法是调整产品质量管理关系和产品质量责任关系的法律、法规的总称。产品质量的监督管理制度包括产品质量内部管理制度和检验制度、认证制度、产品的召回制度、产品质量监督检查制度、产品质量的社会监督制度。产品质量责任是指生产者、储运者、销售者以及对产品质量负有直接责任的人违反产品质量义务应承担的法律后果。

复习与思考

一、即测即评

第十章单项选择题　　第十章多项选择题　　第十章判断题

二、案例分析题

刘某在红亚购物中心看中一台无绳电话，营业员小张从货架上取下样机给他看，刘某对电话的手感和试听效果均感到满意。小张遂从柜台里取出一台包装好的无绳电话，告诉刘某："这是一台新电话，不用打开了，绝对不会有问题的。"刘某付款后将无绳电话带回家，打开包装后发现电话的"2"键不灵敏，拨号困难。刘某到红亚购物中心要求退货或更换，营业员小张指着柜台上贴的"商品售出，概不退换"标示对刘某说："购物中心有规定，商品离开柜台后，概不退换。你买时没有仔细检查，责任应该由你自行承担。"请问：（1）刘某能否要求红亚购物中心退货或者更换？（2）刘某可以通过什么途径维护自己的合法权益？

第十一章
劳动法律制度

学习目标

通过本章学习，重点掌握劳动者的基本权利与义务、劳动合同的订立与解除方面的法律规定；掌握劳动合同的履行规则、有关工作时间及工资方面的法律规定；了解劳动法的适用范围、订立劳动合同的原则以及休息休假制度；熟悉劳动争议的处理方法，能够运用所学知识解决遇到的劳动争议。

案例导入

2020年年初，某房地产公司招聘售楼员，要求每位员工交500元押金，待试用期过后，再将押金全额返给员工。汪某参加应聘，并于2020年2月25日与该公司签订了为期1年的劳动合同。合同规定，试用期3个月，试用期工资每月1 300元（当地最低工资标准为1 500元），试用期满后月工资为1 750元。该公司每月工作22天。2020年5月，汪某在3个周六加班了3天，在“五一”劳动节法定假期加班了1天。请问：该房地产公司的哪些行为不符合法律规定？

第一节 劳动法概述

一、劳动法的概念

劳动法是调整劳动关系以及与劳动关系密切联系的其他社会关系的法律规范的总称。在我国，劳动法是一个独立的法律部门，包括促进就业法、劳动合同法、工作时间和休息休假时间法、工资法、劳动安全卫生法、女职工和未成年工特殊劳动者保护法、职业培训法、劳动纪律法、社会保险和福利法、工会和职工民主管理法、劳动争议处理法、劳动监督检查法等。制定劳动法的目的是保护劳动者的合法权益，维护、发展和谐稳定的劳动关系，维护社会安定，促进经济发展和社会进步。

【法律小知识11-1】

在劳动法范畴中，“劳动”具有特定的含义：（1）劳动的主体是职工；（2）劳动的目的是谋生；（3）劳动的性质是履行劳动法律义务；（4）劳动的形式是用人单位的集体劳动。

二、劳动法的适用范围

《中华人民共和国劳动法》（以下简称《劳动法》）由第八届全国人民代表大会常务委员会第八次会议于1994年7月5日通过，自1995年1月1日起施行；2009年8月27日、2018年12月29日先后进行了两次修正。

《劳动法》规定，在中华人民共和国境内的企业、个体经济组织（以下统称用人单位）和与之形成劳动关系的劳动者，适用本法。国家机关、事业组织、社会团体和与之建立劳动合同关系的劳动者，依照本法执行。

《劳动法》不适用于公务员和比照实行公务员制度的事业组织和社会团体的工作人员，以及农村劳动者（乡镇企业职工和进城务工、经商的农民除外）、现役军人、家庭保姆、在中华人民共和国境内享有外交特权和外交豁免权的外国人等。

三、劳动法的调整对象

《劳动法》的调整对象是劳动关系以及与劳动关系有密切联系的其他社会关系。在这两类关系中，劳动关系是《劳动法》调整的主要对象。

（一）劳动关系

劳动关系是指在实现社会劳动的过程中，劳动者与所在单位（即用人单位）之间的社会关系。依据2008年1月1日起施行的《中华人民共和国劳动合同法》（以下简称《劳动合同法》）（2012年12月28日修正）的规定，用人单位自用工之日起即与劳动者建立劳动关系。在我国，劳动关系具体表现为劳动者与用人单位——企业、事业组织、国家机关、社会团体、个体经济组织之间发生的关系。

必须明确的是，在社会关系中，许多关系都与劳动有关，《劳动法》并不调整一切与劳动有关的社会关系，仅调整其中一部分关系，即在实现集体劳动过程中劳动者与用人单位之间发生的关系。

【小思考11-1】

用人单位如果没有与劳动者签订劳动合同，应该如何认定劳动关系？

答：可参考以下标准：（1）用人单位和劳动者符合法律、法规规定的主体资格；（2）用人单位依法制定的各项劳动规章制度适用于劳动者，劳动者受用人单位的劳动管理，从事用人单位安排的有报酬的劳动；（3）劳动者提供的劳动是用人单位业务的组成部分。

（二）与劳动关系有密切联系的其他社会关系

这些关系本身不是劳动关系，但与劳动关系发生直接或间接的联系，有利于建立和维持正常的劳动关系。这些关系也可称为附随劳动关系，有的是发生劳动关系的必要前提，有的是劳动关系的直接后果，有的是随劳动关系而附带发生的关系。这具体包括：

1.劳动管理方面的关系。这主要是劳动行政部门、其他业务主管部门与用人单位或职工之间因就业、培训等发生的关系。

2.社会保险关系。这是指社会保险机构与用人单位及职工之间因执行社会保险制度而发生的关系。

3.处理劳动争议而发生的关系。这是指劳动争议调解机构、仲裁机构、人民法院等与用人单位、职工之间由于调处和审理劳动争议而发生的关系。

4.工会参与关系。这是指工会代表职工利益与用人单位、社会保障机构等之间发生的关系。

5.劳动监察关系。这是指国家劳动行政部门、卫生健康行政部门、用人单位主管部门等与用人单位之间因监督检查劳动法律、法规的执行而发生的关系。

【相关链接11-1】

劳动关系与雇佣关系的区别表现在：

（1）主体资格不同。劳动关系的主体一方只能是用人单位，另一方必须是劳动者个人；雇佣关系的主体双方当事人可以同时是法人、组织、公民，也可以一方是公民，另一方是法人、组织。

（2）主体地位不同。劳动关系中，主体双方具有行政上的隶属关系，劳动者是用人单位的内部成员，应当遵守内部规章制度；雇佣关系中，主体双方地位是平等的，是劳务与报酬的交换。

（3）适用的法律不同。劳动关系主要由《劳动法》和《劳动合同法》调整；雇佣关系主要由《民法典》等民事法律规范。

（4）处理机制不同。劳动争议的解决应该按照《劳动法》的相关规定进行，必须先经过劳动仲裁，不服仲裁裁决才能向人民法院起诉；雇佣关系中发生的纠纷应当按照民事争议处理，可以直接向人民法院起诉，不需要经过仲裁程序。

第二节 劳动者的基本权利与义务

一、劳动者的基本权利

（一）平等就业和选择职业的权利

《劳动法》第3条规定，劳动者享有平等就业和选择职业的权利。平等就业权是指劳动者在就业方面一律平等，不因民族、种族、性别、宗教信仰不同而受歧视。选择职业权是指劳动者在就业时，有权根据自己的意愿和兴趣选择用人单位，不受外在力量的强迫。在劳动制度改革以前，劳动者只有就业权而没有择业权。实行劳动合同制后，用人单位享有用人自主权，劳动者拥有择业自主权。用人单位和劳动者之间双向选择，在双方自愿的基础上订立劳动合同，建立劳动关系。

劳动者的平等就业权和选择职业权主要通过《劳动法》第2章“促进就业”和第3章“劳动合同和集体合同”保证实现。

（二）取得劳动报酬的权利

劳动者的劳动报酬是劳动者基于付出劳动而由用人单位支付的合法收入，包括工资、奖金、津贴、实物报酬和社会保险等。劳动报酬权是劳动权利的核心，不仅是劳动者及其家属的生活保障，也是社会对劳动者劳动的承认和评价。对于劳动者的劳动报酬权，国家不仅通过劳动立法对用人单位支付劳动报酬进行规范，而且采取了一系列政策措施给予保护。例如，通过提高工资和补贴、稳定物价、扩大劳动就业领域、举办各种集体福利事业等方式，保障劳动者实际收入不断增加，生活水平不断提高。

劳动者的劳动报酬权主要通过《劳动法》第5章“工资”保证实现。

（三）享有休息休假的权利

休息休假权是指劳动者在参加一定时间的劳动（工作）之后所获得的休息休假的权利。休息权是我国宪法赋予公民的基本权利之一。为了明确劳动者的休息休假时间，国家通过一系列劳动法律、法规做了直接规定。《劳动法》不仅在第3条将休息权作为劳动者的一项基本权利予以确认，而且通过第4章的专门规定，建立了保证其得以实现的具体的法律制度。为了保证用人单位认真遵守劳动者的休息时间制度，防止用人单位侵犯劳动者的休息权利，劳动立法还对用人单位延长工作时间（加班加点）做出了相应的限制性规定。

（四）获得劳动安全卫生保护的权利

劳动安全卫生保护权是劳动者在劳动过程中依法要求用人单位提供安全卫生的劳动条件，保护其生命安全和身体健康的一项基本劳动权利。确立劳动安全卫生保护权，是劳动生存权利的基本要求，也是提高劳动生产率的重要手段。

劳动者的劳动安全卫生保护权主要通过《劳动法》第6章“劳动安全卫生”、第7章“女职工和未成年工特殊保护”保证实现。

（五）接受职业技能培训的权利

职业技能培训是为了培养和提高劳动者从事各种职业所需要的技术业务知识和实际操作技能而进行的专门教育和训练活动。《劳动法》赋予劳动者享有这一权利，既有利于提高劳动者的文化素质和职业技能水平，提高劳动生产率；也有利于失业人员重新就业，缓解就业矛盾。

劳动者的职业技能培训权主要通过《劳动法》第8章“职业培训”保证实现。

（六）享有社会保险和社会福利的权利

社会保险是国家为保障劳动者在丧失劳动能力和劳动机会时的基本生活而依法强制实行的一项物质帮助制度。社会保险权作为劳动者基本人权的构成部分，其社会意义在于对劳动者生存权的保障。社会福利是国家和社会为方便劳动者的工作和生活，适应其物质文化需求而举办的各项事业。社会福利权是指劳动者依据国家制定的社会福利制度所享有的权利。劳动者享受社会保险和社会福利的权利是实现法律赋予其物质帮助权的重要保障。

劳动者的社会保险和社会福利权主要通过《劳动法》第9章“社会保险和社会福利”保证实现。

（七）享有提请劳动争议处理的权利

《劳动法》规定劳动者享有提请劳动争议处理的权利，从而明确了劳动者在劳动争议处理中的主动地位和与用人单位的平等地位。《劳动法》确认劳动者享有提请劳动争议处理权具有双重意义，既提醒劳动者可以运用其拥有的劳动诉权，有效解决与用人单位之间的劳动争议，维护自己的合法权益；也敦促用人单位认真履行其义务，切实保护劳动者的合法权利。

劳动者的提请劳动争议处理权主要通过《劳动法》第10章“劳动争议”保证实现。

（八）享有法律规定的其他劳动权利

劳动者除了享有上述各种劳动权利以外，还享有法律规定的其他劳动权利，主要包括：（1）民主管理企业的权利；（2）与用人单位进行平等协商的权利；（3）与企业签订集体合同的权利；（4）依法参加工会和组建工会的权利等。

二、劳动者的基本义务

（一）积极完成劳动任务

劳动者一旦与用人单位发生劳动关系，就必须履行其应尽的义务，其中最主要的义务就是完成劳动生产任务。这是劳动关系范围内的法定义务，也是强制性义务。它与劳动者享有的劳动报酬的基本权利相对应。劳动者不能履行劳动义务，就意味着劳动者违反劳动合同的约定，不但得不到约定的劳动报酬，用人单位甚至可以单方与其解除劳动合同。每个劳动者都应当积极、勤恳地劳动，认真完成或超额完成劳动任务，从而促进生产不断发展，使国家和社会财富极大丰富，不断提高劳动者自身的生活水平。

（二）不断提高职业技能

提高职业技能是指劳动者负有自觉地在学习和实践中不断接受新的业务知识、提高业务能力和操作技能的义务。劳动者履行提高职业技能的义务是通过行使接受职业技能培训的权利来实现的。用人单位除了必须对劳动者进行相应的职业技能培训外，劳动者自己还必须加强学习，加快知识更新，不断提高自身的劳动能力和业务水平，以适应不断发展的新的生产技术的需要。

（三）认真执行劳动安全卫生规程

从劳动者的角度出发，劳动安全卫生工作关系到劳动者的生命安全、身体健康，关系到职工及其家庭的切身利益。与劳动者享有安全卫生保护的权利相对应，劳动者在劳动过程中必须执行劳动安全卫生规程，这是劳动者应当履行的法定义务。

（四）严格遵守劳动纪律和职业道德

对企业职工来说，遵守劳动纪律就是要遵守企业内部劳动规则的各项规定。职业道德是某一职业对从事该职业劳动者的特有的道德要求，劳动者只有遵守职业道德，才能不断为社会创造物质财富和精神财富。严格遵守劳动纪律和职业道德，是保证生产正常进行和提高劳动生产率的需要。

【小案例11-1】

小李曾在某饭店上班，后辞职离开，应聘于另一家企业，恰巧这家企业的办公地点就在小李曾就职的饭店内。当小李欲前往该企业上班而踏入该饭店时，遭到该饭店的拒绝。因为该饭店有规定，辞职、辞退的员工6个月内不得以任何理由进入该饭店。小李应聘的这家企业要求他在规定的期限内上班，如不能上班，聘用合同将失效。请分析：该饭店的规定侵犯了小李的哪些权利？

分析提示：该饭店侵犯了小李的择业权和人身自由权。小李在就业时，有权根据自己的意愿和兴趣选择用人单位，不受外在力量的强迫。该饭店关于“辞职、辞退的员工6个月内不得以任何理由进入该饭店”的规定因为违法，所以无效。饭店属于对社会公众开放的场所，无权禁止小李进入。

第三节 劳动合同

一、劳动合同的概念及特征

（一）劳动合同的概念

劳动合同是劳动者与用人单位之间确立劳动关系、明确双方权利和义务的书面协议。《劳动法》规定，建立劳动关系应当订立劳动合同。这表明劳动合同是确定劳动关系的普遍性法律形式。劳动合同制度的基本出发点在于维护当事人交易公平，即防止用人单位利用自己在交易过程中的交易优势，使处于弱势地位的劳动者接受各种不公平的交易条件。

（二）劳动合同的特征

1.主体的特定性。劳动合同的双方当事人只能是劳动者和用人单位。作为劳动合同一方的劳动者包括具有劳动权利能力和劳动行为能力的中国人、外国人和无国籍人；作为劳动合同另一方的用人单位包括具有使用劳动能力的权利能力和行为能力的企业、个体经济组织、国家机关、事业组织、社会团体。

【法律小知识11-2】

劳动权利能力是指自然人依法享有劳动权利和承担劳动义务的资格。劳动行为能力是指自然人依法以自己的行为享有劳动权利、履行劳动义务的资格。自然人的劳动行为能力受4个因素影响：（1）年龄。《劳动法》将就业年龄规定为16周岁。（2）健康状况。身有残疾，根本不能劳动的，视为无劳动能力的人；身有残疾，不能提供正常劳动，但又没有完全丧失劳动能力的，视为有部分劳动能力的人；身体健康的人则是有完全劳动能力的人。（3）智力状况。不能辨认自己行为的精神病人，不具有劳动行为能力。（4）行为自由。在更广泛的意义上，劳动者还必须具备行为自由，才能以自己的行为去参加劳动。

2.客体的单一性。劳动合同的客体只能指向劳动者的劳动行为。劳动行为是劳动合同的唯一客体。

3.内容的权利和义务统一性。劳动合同是以双方当事人在劳动过程中的权利和义务为主要内容的。没有只享受权利或者只履行义务的劳动合同。劳动合同双方当事人的权利和义务具有统一性和对应性，即一方的权利是另一方的义务，一方的义务是另一方的权利。

二、劳动合同的订立

（一）含义

劳动合同的订立是指劳动者与用人单位经过相互选择和平等协商，就劳动合同的各项条款达成一致，明确双方的权利和义务，确立劳动关系的法律行为。

（二）订立劳动合同的原则

1.合法原则。订立劳动合同不得违反法律、行政法规的规定。

2.平等自愿、协商一致原则。订立劳动合同的双方当事人应当在平等的基础上，经过协商，自愿签订劳动合同。

3.公平原则。劳动合同的内容要体现对双方当事人的公平，任何一方不得利用自己的优势，约定对对方显失公允的条款。

4.诚实信用原则。劳动合同的双方当事人在签订合同时要履行如实告知义务，在履行合同时也要诚实、守信用。

（三）订立劳动合同的时间和形式

用人单位自用工之日起即与劳动者建立了劳动关系。建立劳动关系，应当订立书面劳动合同。

三、劳动合同的内容

劳动合同的内容是指劳动者与用人单位在平等协商的基础上就双方的权利和义务达成的具体条款，一般分为必备条款和协商约定条款。

（一）必备条款

必备条款是法律规定的生效劳动合同必须具备的条款。劳动合同必备条款有：（1）用人单位的名称、住所和法定代表人或者主要负责人；（2）劳动者的姓名、住址和居民身份证或者其他有效身份证件号码；（3）劳动合同期限；（4）工作内容和工作地点；（5）工作时间和休息休假；（6）劳动报酬；（7）社会保险；（8）劳动保护、劳动条件和职业危害防护；（9）法律、法规规定应当纳入劳动合同的其他事项。

（二）协商约定条款

劳动合同除规定的必备条款外，用人单位与劳动者可以协商约定试用期、培训、保密、补充保险和福利待遇等其他事项。

1.试用期条款。劳动合同的试用期是劳动者与用人单位为相互了解、选择而约定的考察期。对劳动合同的试用期，《劳动合同法》做了限制性规定：劳动合同期限3个月以上不满1年的，试用期不得超过1个月；劳动合同期限1年以上不满3年的，试用期不得超过2个月；3年以上固定期限和无固定期限的劳动合同，试用期不得超过6个月。同一用人单位和同一劳动者只能约定一次试用期。以完成一定工作任务为期限的劳动合同或者劳动合同期限不满3个月的，不得约定试用期。试用期包含在劳动合同期限内。劳动合同只约定试用期的，试用期不成立，该期限为劳动合同期限。劳动者在试用期的工资不得低于本单位相同岗位最低档工资或者劳动合同约定工资的80%，并不得低于用人单位所在地的最低工资标准。在试用期中，除劳动者有《劳动法》规定的情形外，用人单位不得解除劳动合同。用人单位在试用期解除劳动合同的，应向劳动者说明理由。

2.违约金条款。用人单位为劳动者提供专项培训费用，对其进行专业技术培训的，可以与该劳动者订立协议，约定服务期。劳动者违反服务期约定的，应当按照约定向用人单位支付违约金。违约金的数额不得超过用人单位提供的培训费用。用人单位要求劳动者支付的违约金不得超过服务期尚未履行部分所应分摊的培训费用。

3.保密条款。用人单位与劳动者可以在劳动合同中约定保守用人单位的商业秘密和与知识产权相关的保密事项。对负有保密义务的劳动者，如用人单位的高级管理人员、高级技术人员，用人单位可以在劳动合同或者保密事项中与其约定竞业限制条款，并约定在解除或者终止劳动合同后，在竞业限制期限内按月给予劳动者经济补偿。劳动者违反竞业限制约定的，应当按照约定向用人单位支付违约金。

除了服务期以及竞业限制这两种情形外，用人单位不得就其他事项与劳动者约定由劳动者承担违约金。

四、劳动合同的效力

劳动合同的效力即劳动法律、法规赋予劳动合同对双方当事人及相关第三人的法律约束力。

（一）劳动合同的生效

劳动合同的生效是指劳动合同产生法律效力。劳动合同由用人单位与劳动者协商一致，并经用人单位与劳动者在劳动合同文本上签字或者盖章，即行生效。劳动合同生效的结果是对当事人产生约束力，当事人双方必须履行合同规定的义务，否则便应承担违约责任。

（二）劳动合同的无效

劳动合同的无效是指当事人违反法律、法规订立的不具有效力的劳动合同。下列劳动合同无效或者部分无效：（1）以欺诈、胁迫手段或者乘人之危，使对方在违背真实意思的情况下订立或者变更劳动合同的；（2）用人单位免除自己的法定责任，排除劳动者权利的；（3）违反法律、行政法规强制性规定的。如果劳动合同上述条款被确认无效，给对方造成损害的，有过错的一方应当承担赔偿责任。

劳动合同部分无效，不影响其他部分效力的，其他部分仍然有效。劳动合同被确认无效，劳动者已付出劳动的，用人单位仍然应当向劳动者支付劳动报酬。劳动报酬的数额参照本单位相同或者相近岗位劳动者的劳动报酬确定。

【小案例11-2】

2016年10月，小朱持某大学中文和公共管理专业双学士学位证书，在A市开发区一家电子公司谋到一份总裁助理的工作，月薪8 000元。此后3年，小朱的月薪逐步增加到11 000元。2020年2月，因为晋升职位，该公司向某大学核实才知道，该校这两个专业的毕业学生名单中均没有小朱的名字，遂向人民法院起诉。请问：小朱与该公司订立的劳动合同是否有效？

分析提示：因为小朱向该公司提供了虚假的学历证明，属于采取欺诈手段订立的劳动合同，是无效的劳动合同。

五、劳动合同的履行

无论是用人单位还是劳动者，都应当按照劳动合同的约定全面履行各自的义务。

劳动者履行劳动合同最重要的就是“劳动”。劳动者在用人单位的组织、指挥下从事劳动，并按照用人单位的劳动规章制度的要求接受用人单位的管理。劳动者拒绝用人单位管理人员违章指挥、强令冒险作业的，不视为违反劳动合同，劳动者对危害生命安全和身体健康的劳动条件，有权对用人单位提出批评、检举和控告。

用人单位应当按照劳动合同的约定和国家的规定，向劳动者及时、足额支付劳动报酬。如果用人单位拖欠或者未足额支付劳动报酬，劳动者可以依法向当地人民法院申请支付令。同时，用人单位应当严格执行劳动定额标准，不得强迫或者变相强迫劳动者加班。用人单位安排加班的，应当按照国家有关规定向劳动者支付加班费。

用人单位变更名称、法定代表人、主要负责人或者投资人等事项，不影响劳动合同的履行。用人单位发生合并或者分立等情况，原劳动合同继续有效，劳动合同由承继其权利和义务的用人单位继续履行。

六、劳动合同的变更

劳动合同的变更是指劳动合同订立后，尚未履行或尚未完全履行前，因订立合同所依据的客观情况发生了变化，双方当事人依法协商一致而修改或补充劳动合同内容的行为。劳动合同的变更只限于劳动合同条款内容的变更，不包括当事人的变更。

根据《劳动合同法》的规定，用人单位与劳动者协商一致，可以变更劳动合同约定的内容。变更劳动合同，应当采用书面形式。例如，劳动者因车祸致残，不能胜任原工作岗位的劳动，用人单位和劳动者可以协商变更劳动合同中有关工作岗位的约定，将劳动者调整到适合他的工作岗位上。

七、劳动合同的解除与终止

（一）劳动合同的解除

劳动合同的解除是指当事人双方提前终止劳动合同的法律效力，解除双方的权利义务关系。根据《劳动合同法》的规定，劳动合同的解除有以下3种情况：

1.双方协商解除劳动合同。用人单位与劳动者协商一致，可以解除劳动合同。用人单位如果主动向劳动者提出解除劳动合同，劳动者接受的，用人单位应当向劳动者支付经济补偿。

2.劳动者单方解除劳动合同。

（1）劳动者提前30日以书面形式通知用人单位解除劳动合同，劳动者在试用期内提前3日通知用人单位，即可解除劳动合同。

（2）用人单位违反法律、法规或劳动合同要求的，劳动者可随时解除劳动合同。这主要有：①未按照劳动合同的约定提供劳动保护或者劳动条件的；②未及时、足额支付劳动报酬的；③未依法为劳动者缴纳社会保险费的；④用人单位的规章制度违反法律、法规的规定，损害劳动者权益的；⑤以欺诈、胁迫手段或者乘人之危，使劳动者在违背真实意思的情况下订立或者变更劳动合同，致使劳动合同无效的；⑥用人单位以暴力、威胁或者非法限制人身自由手段强迫劳动者劳动，或者用人单位违章指挥、强令冒险作业危及劳动者人身安全的；⑦法律、行政法规规定劳动者可以解除劳动合同的其他情形。

3.用人单位单方解除劳动合同。

（1）过错性辞退。《劳动合同法》规定，劳动者有下列情形之一的，用人单位可以单方解除劳动合同，且无须给予经济补偿：①在试用期被证明不符合录用条件的；②严重违反用人单位的规章制度的；③严重失职，营私舞弊，给用人单位造成重大损害的；④劳动者同时与其他用人单位建立劳动关系，对完成本单位的工作任务造成严重影响，或者经用人单位提出，拒不改正的；⑤以欺诈、胁迫手段或者乘人之危，使用人单位在违背真实意思的情况下订立或者变更劳动合同，致使劳动合同无效的；⑥被依法追究刑事责任的。

（2）非过错性辞退。《劳动合同法》规定，有下列情形之一的，用人单位提前30日以书面形式通知劳动者本人或者额外支付劳动者1个月工资后，可以解除劳动合同：①劳动者患病或者非因工负伤，在规定的医疗期满后不能从事原工作，也不能从事由用人单位另行安排的工作的；②劳动者不能胜任工作，经过培训或者调整工作岗位，仍不能胜任工作的；③劳动合同订立时所依据的客观情况发生重大变化，致使劳动合同无法履行，经用人单位与劳动者协商，未能就变更劳动合同内容达成一致的。

（3）经济性裁员。依据《劳动合同法》的规定，有下列情形之一，需要裁减人员20人以上或者裁减不足20人，但占企业职工总数10%以上的，用人单位提前30日向工会或者全体职工说明情况，听取工会或者职工的意见后，裁减人员方案经向劳动行政部门报告，可以裁减人员：①依照《企业破产法》的规定进行重整的；②生产经营发生严重困难的；③企业转产、重大技术革新或者经营方式调整，经变更劳动合同后，仍需裁减人员的；④其他因劳动合同订立时所依据的客观经济情况发生重大变化，致使劳动合同无法履行的。

对于经济性裁员，用人单位应向劳动者支付经济补偿。用人单位裁减人员时，应当优先留用下列人员：其一是与本单位订立较长期限的固定劳动合同的；其二是与本单位订立无固定期限劳动合同的；其三是家庭无其他就业人员，有需要扶养的老人或者未成年人的。用人单位依照规定裁减人员后，在6个月内重新招用人员的，应当通知被裁减人员，并在同等条件下优先招用被裁减人员。

用人单位依法解除劳动合同的，应给劳动者经济补偿金。用人单位违法解除劳动合同或者终止劳动合同，劳动者要求继续履行劳动合同的，用人单位应当继续履行；劳动者不要求继续履行劳动合同或者劳动合同已经不能继续履行的，应给劳动者经济赔偿金。

【法律小知识11-3】

用人单位支付经济补偿金的标准是，按劳动者在本单位工作的年限，每满1年支付1个月工资。工作6个月以上不满1年的，按1年计算；不满6个月的，向劳动者支付半个月工资的经济补偿。用人单位违反法律规定解除或者终止劳动合同的，应当以经济补偿金标准的2倍向劳动者支付赔偿金。

为了保护劳动者的利益，对特殊情况下劳动合同的解除，法律做了禁止性规定。根据《劳动合同法》的规定，有下列情形之一的，用人单位不得依照非过错性辞退方式或者经济性裁员方式提出解除劳动合同：(1) 从事接触职业病危害作业的劳动者未进行离岗前职业健康检查，或者疑似职业病病人在诊断或者医学观察期间的；(2) 在本单位患职业病或者因工负伤并被确认丧失或者部分丧失劳动能力的；(3) 患病或者非因工负伤，在规定的医疗期内的；(4) 女职工在孕期、产期、哺乳期的；(5) 在本单位连续工作满15年，且距法定退休年龄不足5年的；(6) 法律、行政法规规定的其他情形。

【小案例11-3】

许某2020年5月10日应聘到某广告公司工作，双方签订了书面劳动合同，约定合同期为1年。2020年10月17日，该公司向许某发出解聘通知，要求其立即办理离职手续并结算当月工资。许某无法接受该公司的决定，与该公司讨论赔偿时，遭到该公司的拒绝。

分析提示：《劳动合同法》规定的用人单位单方解除劳动合同的情形中，不存在该公司这种随意解除劳动合同的情况，其行为属于违反《劳动合同法》的行为，应当向许某支付赔偿金。由于许某工作不满半年，赔偿数额应为半个月工资的两倍，即1个月工资。

(二) 劳动合同的终止

《劳动合同法》规定，有下列情形之一的，劳动合同终止：(1) 劳动合同期满的；(2) 劳动者开始依法享受基本养老保险待遇的；(3) 劳动者死亡，或者被人民法院宣告死亡或者宣告失踪的；(4) 用人单位被依法宣告破产的；(5) 用人单位被吊销营业执照、责令关闭、撤销或者用人单位决定提前解散的；(6) 法律、行政法规规规定的其他情形。

在解除或者终止劳动合同时，用人单位应当向劳动者出具解除或者终止劳动合同的证明，并在15日内为劳动者办理档案和社会保险关系转移手续。劳动者应当按照双方约定，办理工作交接。

第四节 工作时间和休息休假

一、工作时间

（一）工作时间的概念

工作时间又称劳动时间，是指法律规定的劳动者在一昼夜和一周从事劳动的时间。它包括每日工作的小时数、每周工作的天数和小时数。

（二）我国现行工作时间的种类

1.标准工作时间。标准工作时间又称标准工时，是指法律规定的在一般情况下普遍适用，按照正常作息办法安排的工作日和工作周工时制度。我国的标准工时为劳动者每日工作8小时，每周工作40小时。

2.缩短工作时间。缩短工作时间是指法律规定的在特殊情况下少于标准工作时间的工时制度，即每日工作少于8小时。缩短工作时间适用于以下劳动者：（1）从事矿山井下、高山、有毒有害、特别繁重或过度紧张等作业的劳动者；（2）从事夜班工作的劳动者；（3）哺乳期内的女职工。例如，矿山井下实行“4班6小时工作制”；化工行业对从事接触有毒有害物质工作的职工，实行“三工一休制”，即工作3天、休息1天，每天工作时间为6~7小时，并定期轮流脱离接触一个半月到两个月；哺乳期女职工享有每日1小时的哺乳时间。

3.计件工时制。计件工时制是指以劳动者完成的劳动定额为标准而转换的工作时间。根据《劳动法》的规定，对执行计件工作的劳动者，用人单位应当根据本法规定的工时制度，合理确定其劳动定额和计件报酬标准。

4.不定时工作时间和综合计算工作时间。

不定时工作时间又称不定时间工作制，是指无固定工作时数限制的工时制度。不定时间工作制适用于工作性质和职责范围不受固定工作时间限制的劳动者，如企业的高级管理人员、外勤人员、推销人员、部分值班人员，从事交通运输工作的人员以及其他因生产特点、工作特殊需要或职责范围的关系，适合实行不定时间工作制的职工。不定时工作时间的基本特点是劳动者每日工作时间没有固定的限制，有时长于标准工作时间，有时短于标准工作时间。属于不定时工作时间的工作人员，工作时间长于标准工时，不按加班加点处理；短于标准工时，也不扣发劳动报酬。

综合计算工作时间又称综合计算工时工作制，即分别以周、季、年为周期综合计算工作时间，但其平均日工作时间和平均周工作时间应与法定标准工作时间基本相同。对符合下列条件之一的职工，可以实行综合计算工作时间：（1）交通、铁路、邮电、水运、航空、渔业等行业中因工作性质特殊，需连续作业的职工；

（2）地质及资源勘探、建筑、制盐、制糖、旅游等受季节和自然条件限制的行业的部分职工；（3）其他适合实行综合计算工时工作制的职工。

【法律小知识11-4】

对于实行不定时工作时间的劳动者，企业应根据标准工时合理确定劳动者的劳动定额或其他考核标准，以便安排劳动者休息。

实行综合计算工时工作制的企业，在综合计算周期内，某一具体日（或周）的实际工作时间可以超过8小时（或40小时），但综合计算周期内的总实际工作时间不应超过总法定标准工作时间，超过部分应视为延长工作时间，且延长工作时间平均每月不得超过36小时。

（三）延长工作时间

延长工作时间是指超过标准工时的工作时间，即日工作时间超过8小时，每周工作时间超过40小时。延长工作时间必须符合法律、法规的规定。

对于延长工作时间，国家历来严格限制。用人单位延长工作时间的法定条件是：（1）必须是生产经营需要的。（2）必须与工会协商。（3）必须与劳动者协商。（4）不得超过法定时数，即一般每日不得超过1个小时；因特殊原因需要延长工作时间的，在保障劳动者身体健康的条件下，延长工作时间每日不得超过3个小时，每月不得超过36个小时。

有下列情况之一的，可以延长工作时间，不受一般情况下延长工作时间条件和法定时数的限制：（1）发生自然灾害、事故或者因其他原因，使人民的安全健康和国家财产遭到严重威胁，需要紧急处理的；（2）生产设备、交通运输线路、公共设施发生故障，影响生产和公众利益，必须及时抢修的；（3）在法定节日和公休假日工作不能间断的；（4）必须利用法定节日或公休假日的停产期间进行设备检修、保养的；（5）为了完成国防紧急生产任务，或者完成上级在国家计划外安排的其他紧急生产任务以及商业、供销企业在旺季完成收购、运输、加工农副产品紧急任务的；（6）法律、行政法规规定的其他情形。

【小案例11-4】

小张系某电厂维修部技术骨干。2021年1月4日临下班时，该厂输煤传送带发生故障，急需抢修。维修部主任要求所有职工留下加班，抢修设备。小张因平时与维修部主任有矛盾，以自己家住得太远、家中老人生病没人照顾为由，径直回家。因小张没有参加抢修，抢修工作受到很大影响。事后，该厂了解得知，小张家离该厂只有10分钟路程，其父母均不在当地居住。经征求工会意见，该厂决定对小张给予警告处分，并扣发半年奖金。请问：维修部主任是否有权做出加班决定？该厂是否可以对小张进行处分？

分析提示：维修部主任是在生产设备发生故障、影响生产、必须及时抢修的情况下做出的决定，根据《劳动法》的规定，该决定可不受一般情况下加班加点程序的限制，可以不征求工会和本人的意见。同时，因为小张不加班的理由不成立，在需要紧急抢修设备的情况下拒不加班，已违反用人单位的劳动纪律，因此，该厂做出的处分决定没有违法。

二、休息休假

（一）休息休假的概念

休息休假是指劳动者为行使休息权在国家规定的法定工作时间以外，不从事生产或工作而自行支配的时间。

（二）休息的时间种类

1.工作日内的间歇时间，是指在工作日内给予劳动者休息和用膳的时间，一般为1~2小时，最少不得少于半小时。

2.工作日间的休息时间，即两个临近工作日之间的休息时间，一般不得少于16小时。

3.公休假日，又称周休息日，是劳动者在1周（7日）内享有的休息日，公休假日一般为每周2日，一般安排在周六和周日休息。不能实行国家标准工时的企业和事业组织，可根据实际情况灵活安排周休息日，应当保证劳动者每周至少休息1日。

（三）休假的种类

1.法定节假日。法定节假日是指法律规定用于开展纪念、庆祝活动的休息时间。

【法律小知识11-5】

根据2013年12月，《国务院关于修改〈全国年节及纪念日放假办法〉的决定》公布，我国全体公民放假的节日有：（1）新年，放假1天；（2）春节，放假3天；（3）清明节，放假1天；（4）劳动节，放假1天；（5）端午节，放假1天；（6）中秋节，放假1天；（7）国庆节，放假3天。部分公民放假的节日及纪念日有：（1）妇女节，妇女放假半天；（2）青年节，14周岁以上的青年放假半天；（3）儿童节，不满14周岁的少年儿童放假1天；（4）中国人民解放军建军纪念日，现役军人放假半天。

2.探亲假。探亲假是指与父母或配偶分居两地的职工，每年享有的与父母或配偶团聚的假期。根据《国务院关于职工探亲待遇的规定》，凡在国家机关、人民团体和全民所有制企业、事业单位工作满1年的固定职工，与配偶不住在一起，又不能在公休假日团聚的，可以享受探望配偶的待遇；与父亲、母亲都不住在一起，又不能在公休假日团聚的，可以享受探望父母的待遇。

3.年休假。年休假是特定劳动者每年享有的连续带薪休息假日。实行劳动者带薪年休假制度，是世界各国劳动制度的普遍做法。《劳动法》规定，国家实行带薪年休假制度。劳动者连续工作1年以上的，享受带薪年休假。

2008年1月1日起施行的《职工带薪年休假条例》规定，机关、团体、企业、事业单位、民办非企业单位、有雇工的个体工商户等单位的职工连续工作1年以上的，享受带薪年休假。单位应当保证职工享受年休假。职工在年休假期间享受与正常工作期间相同的工资收入。至于年休假的天数，《职工带薪年休假条例》规定，职工累计工作已满1年不满10年的，年休假5天；已满10年不满20年的，年休假10天；已满20年的，年休假15天。国家法定休假日、休息日不计入年休假的假期。

《职工带薪年休假条例》规定，单位确因工作需要不能安排职工休年休假的，经职工本人同意，可以不安排职工休年休假。对职工应休而未休的年休假天数，单位应当按照其日工资收入的300%支付年休假工资报酬。

第五节 工资

一、工资的概念

工资又称薪水，是指基于劳动关系，由用人单位根据劳动者提供的劳动数量和质量，按照法律规定或劳动合同约定，以货币形式直接支付给劳动者的劳动报酬，一般包括计时工资、计件工资、奖金、津贴、补贴、延长工作时间的报酬以及特殊情况下支付的工资等。

【法律小知识11-6】

奖金是给予劳动者的超额劳动报酬和增收节支的物质奖励，可分为月奖、季度奖和年度奖，经常性奖金和一次性奖金，综合奖和单项奖等。

津贴是对劳动者在特殊条件下的额外劳动消耗或额外费用支出给予物质补偿的一种工资形式，主要有岗位津贴、保健性津贴、技术性津贴等。

补贴是为了保障劳动者的生活水平不受特殊因素的影响而支付给劳动者的工资形式。补贴与劳动者的劳动没有直接关系，其发放根据主要是国家有关政策规定，如物价补贴、边远地区生活补贴等。

二、最低工资制度

最低工资是指劳动者在法定工作时间内提供了正常劳动的前提下，其所在用人单位应支付的最低劳动报酬。最低工资制度是国家通过立法，强制规定用人单位支付给劳动者的工资不得低于国家规定的最低工资标准，以保障劳动者能够满足其自身及家庭成员基本生活需要的法律制度。最低工资制度不仅是一种工资制度，也是一种社会保障制度。最低工资是法律规定的劳动者获得劳动报酬的最低界限，用人单位不得违反，否则会受到法律的制裁。

最低工资不包括以下各项：（1）加班加点工资；（2）中班、夜班、高温、低温、井下、有毒有害等特殊工作环境、条件下的津贴；（3）国家法律、法规和政策规定的劳动保险、福利待遇；（4）用人单位通过贴补伙食、住房等支付给劳动者的非货币性收入。

【小案例11-5】

赵亮为某县农民。2019年10月，他到A市某家装公司当搬运工，该公司每月支付赵亮工资1 000元，安排赵亮在该公司的集体宿舍居住。2020年2月，A市天桥区人力资源和社会保障局在公共场所宣传《劳动法》，赵亮才得知当地的最低工资标准为每月1 500元，遂找到该公司王经理要求增加工资。王经理不同意，认为该公司给赵亮提供的床位每月至少也值500元，加上该公司为工人提供免费午餐、免费工作服以及额外的加班加点费，赵亮的每月收入早已超过1 500元，该公司没有违反当地的最低工资标准。请问：王经理对该公司没有违反最低工资标准的表述是否正确？

分析提示：根据《企业最低工资规定》，加班加点工资、劳动保护待遇、福利待遇等不得作为最低工资的组成部分。

三、延长工作时间的工资报酬

用人单位延长工作时间的，必须按以下标准向劳动者支付工资报酬：（1）在标准工作日内安排劳动者延长工作时间的，支付不低于工资标准的150%的工资报酬；（2）休息日安排工作又不能安排补休的，支付不低于工资标准的200%的工资报酬；（3）法定休假日安排劳动者工作的，支付不低于工资标准的300%的工资报酬。

四、工资支付保障制度

工资支付保障是为保障劳动者劳动报酬的实现，防止用人单位滥用工资分配权而制定的有关工资支付的一系列规则。其主要内容有：

1.工资应以法定货币支付，不得以实物及有价证券代替货币支付。

2.工资应在用人单位与劳动者约定的日期支付。工资一般按月支付，至少每月支付一次。实行周、日、小时工资制的，可按周、日、小时支付。

3.劳动者依法享受年休假、探亲假、婚假、丧假期间，以及依法参加社会活动期间，用人单位应按劳动合同规定的标准支付工资。

4.对代扣工资的限制。用人单位不得非法克扣劳动者工资，有下列情形之一的，用人单位可以代扣劳动者工资：（1）用人单位代扣代缴个人所得税；（2）用人单位代扣代缴应由劳动者个人负担的社会保险费用；（3）依照人民法院的判决、裁定，用人单位可以从应负法律责任的劳动者工资中扣除其应负担的扶养费、赡养费、抚养费和损害赔偿等款项；（4）法律、法规规定可以从劳动者工资中扣除的其他费用。

5.对扣除工资金额进行限制，主要包括：（1）因劳动者本人原因给用人单位造成经济损失的，用人单位可以按照劳动合同的约定要求劳动者赔偿其经济损失。经济损失的赔偿可从劳动者本人工资中扣除，但每月扣除金额不得超过劳动者工资的20%；若扣除后的余额低于当地月最低工资标准，则应按最低工资标准支付。(2) 用人单位对劳动者违纪罚款，一般不得超过本人月工资标准的20%。

6.用人单位依法破产时，劳动者有权获得工资。用人单位应按《企业破产法》规定的清偿顺序，首先支付欠发的本单位劳动者工资。

第六节 劳动争议的处理

一、劳动争议的概念及类型

(一) 劳动争议的概念

劳动争议又称劳动纠纷，是指劳动关系双方当事人因执行劳动法律、法规或履行劳动合同、集体合同发生的纠纷。劳动争议包括：(1) 因确认劳动关系发生的争议；(2) 因订立、履行、变更、解除和终止劳动合同发生的争议；(3) 因除名、辞退和职工辞职、离职发生的争议；(4) 因工作时间、休息休假、社会保险、福利、培训以及劳动保护发生的争议；(5) 因劳动报酬、工伤医疗费、经济补偿或者赔偿金等发生的争议；(6) 法律、法规规定的其他劳动争议。

(二) 劳动争议的类型

1.根据劳动者人数的不同，分为个人劳动争议和集体劳动争议。个人劳动争议是指单个劳动者与用人单位之间发生的劳动争议。集体劳动争议是指用人单位发生劳动争议的劳动者一方为3人以上，并有共同理由的争议。

2.根据合同类型的不同，分为劳动合同争议和集体合同争议。劳动合同争议是指确认劳动合同效力和履行劳动合同发生的争议。集体合同争议是指因订立、履行集体合同所发生的争议。

3.根据争议内容角度的不同，分为因履行劳动合同发生的争议、因履行集体合同发生的争议、因工作时间和休息休假发生的争议、因工资发生的争议、因职业培训发生的争议、因社会保险和福利发生的争议、因企业处分职工发生的争议、因职工辞职或自动离职发生的争议等。

二、处理劳动争议的原则及方式

(一) 处理劳动争议的原则

1.根据事实，遵循合法、公正、及时处理的原则。处理劳动争议应当根据事实，遵循合法、公正、及时处理的原则，依法维护劳动争议双方当事人的合法权益。

2.调解的原则。由于劳动争议的特殊性，对劳动争议的处理要注重调解，但不能久调不决，要在查清事实的基础上及时依照劳动法律、法规的有关规定及劳动合同、企业规章制度进行处理。

3.举证的原则。发生劳动争议，当事人对自己提出的主张，有责任提供证据。与争议事项有关的证据属于用人单位掌握管理的，用人单位应当提供；用人单位不提供的，应当承担不利后果。

（二）处理劳动争议的方式

发生劳动争议，劳动者可以与用人单位协商，也可以请工会或者第三方共同与用人单位协商，达成和解协议。如果经过协商没能达成和解协议，可以通过以下方式解决当事人之间的劳动争议：

1.调解。劳动争议的调解是指劳动者与用人单位发生劳动争议后，向本单位的调解委员会或者法律规定的其他调解组织申请调解。若当事人没有提出调解，本单位的调解委员会也可在征得双方当事人同意后进行调解。调解不是处理劳动争议的必经程序。

劳动争议的调解主要通过企业劳动争议调解委员会来完成，也可以通过其他组织完成。

劳动争议经调解达成协议的，应当制作调解协议书。调解协议书经双方当事人签名或盖章，经调解员签名并盖调解组织印章后生效。调解协议书对双方当事人具有约束力，当事人应当履行。

自劳动争议调解组织收到调解申请之日起15日内未达成调解协议的，当事人可以依法申请仲裁。因支付拖欠劳动报酬、工伤医疗费、经济补偿或者赔偿金事项达成调解协议，用人单位在协议约定期限内不履行的，劳动者可以持调解协议书依法向人民法院申请支付令。人民法院应当依法发出支付令。

2.仲裁。劳动争议的仲裁是指由劳动争议仲裁委员会对劳动争议双方当事人争议的事项依法做出裁决的活动。在我国，劳动争议仲裁由国家设立的劳动争议仲裁委员会进行裁决。劳动争议仲裁委员会由劳动行政部门的代表、工会代表和企业代表组成。

劳动争议由劳动合同履行地或者用人单位所在地的劳动争议仲裁委员会管辖。双方当事人分别向劳动合同履行地和用人单位所在地的劳动争议仲裁委员会申请仲裁的，由劳动合同履行地的劳动争议仲裁委员会管辖。

劳动争议申请仲裁的时效期间为1年，从当事人知道或者应当知道其权利被侵害之日起计算。仲裁时效因当事人一方向对方当事人主张权利，或者向有关部门请求权利救济，或者对方当事人同意履行义务而中断。因不可抗力或者有其他正当理由，当事人不能在规定的仲裁时效期间申请仲裁的，仲裁时效中止。劳动关系存续期间，因拖欠劳动报酬发生争议的，劳动者申请仲裁不受以上规定的仲裁时效期间限制，但是，劳动关系终止的，应当自劳动关系终止之日起1年内提出。

仲裁申请应当以书面形式提出，书写仲裁申请确有困难的，可以口头申请，由劳动争议仲裁委员会记入笔录，并告知对方当事人。被申请人收到仲裁申请副本后，应当在10内向劳动争议仲裁委员会提交答辩书。被申请人未提交答辩书的，不影响仲裁程序的进行。

仲裁庭裁决劳动争议案件，应当自劳动争议仲裁委员会受理仲裁申请之日起45日结束。案情复杂需要延期的，经劳动争议仲裁委员会主任批准，可以延期并书面通知当事人，但是延长期限不得超过15日。逾期未做出仲裁裁决的，当事人可以就该劳动争议事项向人民法院提起诉讼。

下列劳动争议，除法律另有规定外，仲裁裁决为终局裁决，裁决书自做出之日起发生法律效力：（1）追索劳动报酬、工伤医疗费、经济补偿或者赔偿金，不超过当地月最低工资标准12个月金额的争议；（2）因执行国家劳动标准在工作时间、休息休假、社会保险等方面发生的争议。

3.诉讼。劳动争议的诉讼是指劳动争议双方当事人不服劳动争议仲裁委员会的裁决，在法定期限内，向人民法院起诉，由人民法院依照民事诉讼程序进行审理的法律活动。

劳动争议案件实行一裁两审制。当事人之间发生劳动争议，必须首先向劳动争议仲裁委员会申请仲裁，不得直接向人民法院起诉。当事人对于劳动争议仲裁委员会的裁决不服的，可以在接到仲裁决定书之日起15日内向人民法院起诉。人民法院审理劳动争议案件，依照《民事诉讼法》的有关规定进行。

本章小结

劳动法是以调整劳动关系为主并调整与劳动关系密切联系的其他社会关系的法律规范的总称。劳动合同是劳动者与用人单位之间确立劳动关系、明确双方权利和义务的书面协议。订立劳动合同，应遵循合法原则，平等自愿、协商一致原则，公平原则，诚实信用原则。劳动合同的解除分为协商解除、劳动者单方解除、用人单位单方解除等。劳动关系双方当事人因执行劳动法律、法规或履行劳动合同发生纠纷，可以通过调解、仲裁和诉讼方式解决，法律也鼓励争议双方通过协商解决争议。

复习与思考

一、即测即评

第十一章单项选择题　　第十一章多项选择题　　第十一章判断题

二、案例分析题

1.2021年2月1日，某乳制品厂（甲方）与吴某（乙方）订立牛奶运送合同。双方在合同中约定，乙方为甲方运送100瓶牛奶给指定地区的用户（用户名单由甲方提供），乙方每天下午4点到甲方处取牛奶，要在次日早上6点前送到用户奶箱。若乙方没有完成工作，甲方有权扣减乙方的报酬。甲方按月向乙方支付1 000元报酬，支付日期为每月的最后一天。合同期限为1年。2021年8月22日，吴某在骑自行车运送牛奶的路上与一辆摩托车相撞，发生事故而死亡。其妻要求甲方认定吴某为工伤，遭到甲方拒绝。请问：（1）甲乙双方是劳动关系还是劳务关系？说明理由。(2) 吴某的死亡是否为工伤?(3) 甲乙双方的纠纷属于什么性质? 应该适用什么法律?

2.韩某应聘到远达贸易公司从事销售工作,合同期3年,试用期3个月,基本工资每月800元加销售提成。合同到期前1个月,鉴于韩某3年来的销售业绩非常突出,该公司决定与韩某续签3年劳动合同,并升任其为销售部经理。但是,在续签的劳动合同中有一条"凡是新调整岗位人员均实行3个月的试用期",对此,韩某虽然觉得不妥,但是考虑到自己升职,也没有太在意。未曾预料,韩某任销售部经理的前3个月,该公司销售业绩很不理想。于是,该公司向韩某发出通知,以其在试用期内不符合录用条件为由解除了与他的劳动合同。对此,韩某很气愤,与该公司发生纠纷。请问:(1) 我国法律对试用期的长短是如何规定的?(2) 该公司规定"凡是新调整岗位人员均实行3个月的试用期"是否合法? 说明理由。(3) 韩某可以通过何种途径维护自己的劳动权益?

第十二章
经济纠纷解决的法律制度

学习目标

通过本章学习，重点掌握仲裁的前提条件、经济案件的受案范围及诉讼管辖；掌握仲裁裁决的执行方式、行政复议的范围；了解经济纠纷的仲裁程序、诉讼程序及行政复议程序；能够运用经济纠纷的解决方法解决实际发生的经济纠纷。

案例导入

甲市A县某加工厂和B县某食品厂在C县签订了一份真空食品袋的加工承揽合同。在合同履行过程中，B县某食品厂以A县某加工厂生产的真空食品袋质量不合格为由，拒绝收货和支付货款，导致该食品厂的食品大量腐败变质，损失5万元，双方发生纠纷。请问：(1) 如果合同中约定“发生纠纷的解决方式：在C县仲裁委员会仲裁，也可以向A县或B县人民法院起诉”，依照法律规定，此纠纷应通过仲裁还是诉讼解决？(2) 如果合同中没有约定，双方经多次协商未达成协议，B县某食品厂向甲市仲裁委员会申请仲裁。甲市仲裁委员会受理此案后，向A县某加工厂发出应诉通知书。A县某加工厂不同意由仲裁委员会解决纠纷，拒绝应诉，并向B县人民法院提起诉讼。此纠纷应如何解决？为什么？

第一节　经济纠纷概述

一、经济纠纷的概念与分类

（一）经济纠纷的概念

经济纠纷又称经济争议，是指经济法律关系主体之间发生的以经济权利和经济义务为内容的争议。

产生经济纠纷的原因多种多样，既有主观原因，也有客观原因。结合我国经济活动的现状，经济纠纷的产生主要有以下原因：

1. 未按法定形式开展经济活动。市场主体在进行经济活动时，其依据不规范是引起经济纠纷的主要原因。当事人未按《民法典》“合同编”的规定签订合同，导致经济合同履行过程无章可循，从而产生纠纷。

2. 有些经济法律关系主体在开展经济活动的过程中，不遵守市场运行规则，不严格依法办事，从私利出发，故意不履行合同或订立假合同，因而产生纠纷。

3. 有关行政机关在经济活动中实施行政干预，侵犯公民、法人或者其他组织的合法权益，导致经济纠纷发生。

（二）经济纠纷的分类

1.根据经济法律关系主体地位的不同，可分为横向关系经济纠纷和纵向关系经济纠纷。横向关系经济纠纷是指发生在平等民事主体之间的经济纠纷。纵向关系经济纠纷是指公民、法人或者其他组织认为行政机关在经济活动中的具体行政行为侵犯其合法权益而发生的争议。

2.根据经济纠纷性质的不同，可分为经济合同纠纷和经济侵权纠纷。经济合同纠纷是指因各类经济合同发生的争议，如买卖合同纠纷、借款合同纠纷、承揽合同纠纷、技术合同纠纷等。经济侵权纠纷是指因经济活动中的侵权行为引起的争议，如知识产权侵权纠纷、所有权侵权纠纷、经营权侵权纠纷等。

二、经济纠纷的解决方式

目前，我国解决经济纠纷的方式主要有3种：仲裁、诉讼和行政复议。

（一）仲裁

仲裁是指民（商）事争议的双方当事人达成协议，自愿将争议提交双方选定的第三者，根据一定程序、规则和公正原则做出裁决，并有义务履行裁决的一种法律制度。

仲裁通常是行业性的民间活动，是一种私人裁判行为，而非国家裁判行为，它与和解、调解、诉讼并列为解决民（商）事争议的方式。仲裁依法受国家监督，国家通过人民法院对仲裁协议的效力、仲裁程序的制定、仲裁裁决的执行等进行干预。因此，仲裁活动具有司法性，是我国司法制度的一个重要组成部分。

（二）诉讼

诉讼是指国家司法机关依照法定程序，解决纠纷、处理案件的专门活动。不同类型的经济纠纷适用不同的诉讼程序。横向关系经济纠纷属于民事诉讼的范畴，适用《民事诉讼法》；纵向关系经济纠纷属于行政诉讼的范畴，适用《中华人民共和国行政诉讼法》（以下简称《行政诉讼法》）。本章主要介绍平等主体的当事人之间发生的经济诉讼。

（三）行政复议

行政复议是指公民、法人或者其他组织不服行政主体做出的具体行政行为，依法向法定的行政复议机关提出复议申请，行政复议机关依法对该具体行政行为审查并做出行政复议决定的行政行为。

行政复议是行政机关内部的监督和纠错机制，在性质上属于行政程序。行政程序与司法程序相比，具有简易、高效等特点。但是，行政复议作为一种行政裁判制度，又具有准司法性，所以在程序上应尽量司法化，以保证行政复议活动的公正性和合理性。

第二节　经济仲裁

一、仲裁的概念和基本原则

（一）仲裁的概念

仲裁是指双方当事人根据在争议发生之前或之后达成的书面仲裁协议，自愿将纠纷提交仲裁机构进行审理并做出仲裁裁决的一种解决纠纷的制度。

为了保证公正、及时地仲裁经济纠纷，保护当事人的合法权益，保障社会主义市场经济健康发展，1994年8月31日第八届全国人民代表大会常务委员会第九次会议通过了《中华人民共和国仲裁法》（以下简称《仲裁法》），2009年8月27日、2017年9月1日先后进行了两次修正。

（二）仲裁的基本原则

仲裁的基本原则是仲裁机构与双方当事人在仲裁活动中必须遵守的行为准则。根据《仲裁法》的规定，仲裁的基本原则主要有：

1.自愿原则。这是仲裁制度的一项基本原则，主要体现在以下3个方面：（1）采用仲裁方式解决纠纷，必须双方自愿，并达成书面仲裁协议。《仲裁法》规定，当事人采用仲裁方式解决纠纷，应当双方自愿，达成仲裁协议。没有仲裁协议，一方申请仲裁的，仲裁委员会不予受理。（2）当事人双方有权自愿选择仲裁机构。《仲裁法》规定，仲裁委员会应当由当事人协议选定。仲裁不实行级别管辖和地域管辖。向哪个仲裁委员会申请仲裁，由当事人协商选定，被选定的仲裁委员会必须仲裁。(3) 当事人有权选择仲裁员。《仲裁法》规定，仲裁员由当事人自愿选定。

2.意思自治原则。仲裁的主要依据是当事人的意思自治。当事人的意思自治是仲裁的核心和基础。《仲裁法》规定了许多当事人可以自由约定的事项，如可约定仲裁庭的组成方式，可约定是否开庭仲裁、是否公开仲裁、是否进行调解等。但是，当事人的意思自治有时也受到一定的限制，如选择仲裁必须订立仲裁协议，当事人约定仲裁庭的组成方式或者选定仲裁员必须在仲裁规则规定的期限内等。

3.协议管辖原则。仲裁机构的管辖权来自当事人的选择和授权，不实行地域管辖和级别管辖。当事人之间自愿达成的仲裁协议是仲裁机构行使仲裁管辖权的依据，其具有排斥人民法院审判管辖权的效力。

4.仲裁独立原则。《仲裁法》规定，仲裁依法独立进行，不受行政机关、社会团体和个人的干涉。这是法律赋予仲裁机构和仲裁员的权力，也体现了仲裁机构的独立性。仲裁的独立性表现在仲裁机构不隶属于任何行政机关；仲裁庭享有独立的仲裁权，仲裁委员会不做干预；人民法院对仲裁的监督只是事后监督，不能事前干预。

5.一裁终局原则。这是仲裁制度的一项重要原则。仲裁裁决做出后，具有终局法律效力。《仲裁法》规定，仲裁实行一裁终局制度。裁决做出后，当事人就同一纠纷再申请仲裁或者向人民法院起诉的，仲裁委员会或者人民法院不予受理。裁决被人民法院依法裁定撤销或者不予执行的，当事人就该纠纷可以根据双方重新达成的仲裁协议申请仲裁，也可以向人民法院起诉。实行一裁终局制度，有利于迅速解决经济纠纷，更好地维护当事人的合法权益。

二、仲裁机构

（一）仲裁机构的性质

仲裁机构是专门负责仲裁活动的审理和裁决的机构。关于仲裁机构的性质，长期以来众说纷纭。有学者认为，仲裁机构属于特殊的事业单位法人，是由政府部门利用国有资产举办，并由政府进行监督和指导的，不以营利为目的，带有鲜明的社会公益性；也有学者认为，仲裁机构属于准司法机构，是以国家强制力作保证的公权力机关，仲裁权类似于司法权，仲裁机构也应该近似于司法机关；还有学者认为，仲裁机构属于法律服务机构、社团法人、民间机构等。《仲裁法》虽没有给仲裁机构的性质定位，但明确规定，仲裁委员会独立于行政机关，与行政机关没有隶属关系。这说明仲裁机构属于非政府的民间性质。

（二）仲裁委员会

我国的仲裁机构是仲裁委员会。仲裁委员会是独立、公正、高效地解决平等主体的公民、法人和其他组织之间发生的合同纠纷和其他财产权益纠纷的常设仲裁机构。它一般在直辖市，省、自治区人民政府所在地的市设立，也可以根据需要在其他设区的市设立，不按行政区划层层设立。仲裁委员会由市级人民政府组织有关部门和商会统一组建，并应经省、自治区、直辖市的司法行政部门登记；未经设立登记的，其仲裁裁决不具有法律效力。

设立仲裁委员会应当具备以下条件：（1）有自己的名称、住所和章程；（2）有必要的财产；（3）有该委员会的组成人员；（4）有聘任的仲裁员。

仲裁委员会由主任1人、副主任2~4人和委员7~11人组成。仲裁委员会的主任、副主任和委员由法律、经济贸易专家和有实际工作经验的人员担任。仲裁委员会的组成人员中，法律、经济贸易专家不得少于2/3。仲裁委员会每届任期为3年。

仲裁委员会根据不同专业设置仲裁员名册，便于当事人挑选仲裁员。仲裁委员会聘任的仲裁员应当符合下列条件：（1）通过国家统一法律职业资格考试，取得法律职业资格，从事仲裁工作满8年；（2）从事律师工作满8年；（3）曾任法官满8年；（4）从事法律研究、教学工作并具有高级职称；（5）具有法律知识，从事经济贸易等专业工作并具有高级职称或同等专业水平。

【法律小知识12-1】

中国仲裁协会是社会团体法人，实行会员制。仲裁委员会是中国仲裁协会的会员。中国仲裁协会的章程由全国会员大会制定。中国仲裁协会是仲裁委员会的自律性组织，根据章程对仲裁委员会及其组成人员、仲裁员的违纪行为进行监督。中国仲裁协会设在北京。

三、仲裁协议

（一）仲裁协议的概念

仲裁协议是整个仲裁活动得以进行的前提和基本依据。所谓仲裁协议，是指双方当事人在自愿的基础上将他们之间已经发生或者可能发生的争议提交仲裁解决的书面文件，是申请仲裁的必备材料。

从性质上看，仲裁协议是双方当事人意思表示一致的产物。它必须建立在双方当事人自愿、平等和协商一致的基础上。仲裁协议是双方当事人共同的意思表示，是他们同意将争议提交仲裁的一种书面形式。

从形式上看，仲裁协议是一种书面协议。一般的合同既可以用书面形式也可以用口头形式，仲裁协议的形式具有特殊性，这种特殊性要求其采用书面形式。《仲裁法》对此有明确规定。仲裁协议包括合同中订立的仲裁条款和以其他书面方式在纠纷发生前或者纠纷发生后达成的请求仲裁的协议。从这一规定可以看出，仲裁协议不管采用哪种表现形式，都必须是书面文件。我国只承认书面仲裁协议的法律效力，以口头方式订立的仲裁协议不受法律保护。当事人以口头仲裁协议为依据申请仲裁的，仲裁机构不予受理。

【小思考12-1】

当事人以口头形式订立了仲裁协议，应该如何处理？

答：如果当事人以口头形式订立仲裁协议，应及时转化为书面协议。例如，如果双方当事人通过电话谈妥了将他们之间的纠纷提交仲裁的事宜，一方当事人应当及时整理出电话记录，并要求对方予以确认，否则仲裁协议无效。

从内容上看，仲裁协议是当事人约定将争议提交仲裁解决的协议。当事人约定提交仲裁的争议可以是已经发生的，也可以是将来可能发生的。在仲裁协议中需要约定有关仲裁的内容。

（二）仲裁协议的类型

从书面仲裁协议的存在形式看，仲裁协议有3种类型：

1.仲裁条款。仲裁条款是指双方当事人在合同中订立的，将以后可能因该合同所发生的争议提交仲裁的条款。该条款作为合同的一项内容订立于合同中，是合同的组成部分。例如，当事人在买卖合同中，除了规定货物的价款、数量、质量，交货时间、地点等内容外，还规定了因履行合同引起的争议提交仲裁解决。其中，有关仲裁内容的规定是整个合同的一个条款，这个条款称为仲裁条款。仲裁条款是仲裁实践中最常见的仲裁协议的类型。

2.仲裁协议书。仲裁协议书是指当事人之间订立的，表示愿意将他们之间已经发生或可能发生的争议提交仲裁解决的单独的协议。当事人可以在争议发生之前，也可以在争议发生之后订立仲裁协议。例如，在订立加工承揽合同时，双方当事人没有约定争议解决方式，事后双方当事人再专门订立一个协议，约定有关仲裁事宜。这样的协议就是仲裁协议书。

3.其他文件中包含的仲裁协议。这种类型的仲裁协议与前两种类型的仲裁协议的不同之处在于，仲裁的意思表示一般不集中表现于某份法律文件中，而是分散在当事人之间多次往来的信函、电报、电传、传真、电子数据交换、电子邮件或其他书面材料等不同文件中。此时，这些写有仲裁意思表示的文件就是仲裁协议。例如，甲将他希望订立仲裁协议的事项向乙提出建议，如果乙愿意接受该建议，就必须将他接受该仲裁协议的意思传达给甲，通过这种往来，仲裁协议才能成立。目前，这种形式的仲裁协议较为常见。

【小思考12-2】

仲裁协议书或其他形式的仲裁协议既可以在争议发生之前订立，也可以在争议发生之后订立。一般来说，当事人采用哪种仲裁协议类型更为便利？

答：首先，当事人应尽可能在争议发生之前订立仲裁协议。因为争议发生后，由于当事人的利害关系明显，争议双方往往不容易达成仲裁协议。其次，当事人应尽量选择仲裁条款这种形式。因为仲裁条款是在争议发生之前订立的，它是当事人事先设定的，可以避免以后双方就仲裁问题发生争议。这种形式省时、简便，当事人只要在合同中做约定就可以了，避免了事后再专门约定仲裁条款的麻烦。同时，在合同中约定仲裁条款，也可以在一定程度上督促当事人履行合同。

（三）仲裁协议的内容

一份完整、有效的仲裁协议必须具备法定内容。根据《仲裁法》的规定，仲裁协议应当包括下列内容：

1.请求仲裁的意思表示。这是仲裁协议的首要内容。构成这种意思表示必须具备以下要素：一是仲裁协议中当事人请求仲裁的意思表示要明确，即通过该意思表示，可以得出当事人排除司法管辖而选择仲裁解决争议的结论；二是请求仲裁的意思表示必须是双方当事人真实的意思表示，即不存在当事人被胁迫、欺诈等而订立仲裁协议的情况，否则仲裁协议无效。

2.仲裁事项。仲裁事项即当事人提交仲裁的具体争议事项。在仲裁实践中，当事人只有把订立于仲裁协议中的争议事项提交仲裁，仲裁机构才能受理。同时，仲裁事项也是仲裁庭审理和裁决纠纷的范围。也就是说，仲裁庭只能在仲裁协议确定的仲裁事项的范围内进行仲裁，超出这一范围进行仲裁所做出的仲裁裁决，经一方当事人申请，人民法院可以不予执行或者撤销。仲裁协议中约定的仲裁事项应当符合以下两个条件：

（1）争议事项具有可仲裁性。仲裁协议中双方当事人约定提交仲裁的争议事项，必须是《仲裁法》允许采用仲裁方式解决的争议事项。约定的仲裁事项超出法律规定的仲裁范围的，仲裁协议无效。这已成为各国仲裁立法、国际公约和仲裁实践所认可的基本准则。《仲裁法》规定了可以仲裁的范围和不可仲裁的范围。其中，平等主体的公民、法人和其他组织之间发生的合同纠纷和其他财产权益纠纷，可以仲裁。下列纠纷不能仲裁：一是婚姻、收养、监护、扶养、继承纠纷；二是依法应当由行政机关处理的行政争议。仲裁事项必须是合同纠纷和其他财产权益纠纷，涉及当事人身份关系的争议和依法应当由行政机关处理的行政争议，不属于仲裁的范围。

（2）仲裁事项具有明确性。当事人应该明确将什么争议提交仲裁解决，仲裁机构只解决仲裁事项范围内的争议。如当事人约定“就产品质量问题引起的争议提交仲裁”，这一约定就排斥了对因货物数量问题引起的争议进行仲裁的可能性。在具体约定时，对于已经发生的争议事项，其具体范围比较明确和具体，因而较容易约定；对于未来可能发生的争议事项提交仲裁，应尽量避免在仲裁协议中做限制性规定，包括争议性质的限制、金额的限制以及其他具体事项的限制，选择采用宽泛的约定，如可以笼统地约定“因本合同引起的争议”，这样有利于仲裁机构全面、迅速地审理纠纷，充分保护当事人的合法权益。

3.选定的仲裁委员会。仲裁协议必须事先选定具体的仲裁委员会，否则仲裁委员会无法受理。当事人选定的仲裁机构只能有一个，且必须写明该仲裁机构的名称。

仲裁协议对仲裁事项或者仲裁委员会没有约定或者约定不明确的，当事人可以补充协议；达不成补充协议的，仲裁协议无效。

（四）仲裁协议的法律效力

仲裁协议的法律效力即仲裁协议所具有的法律约束力。一项有效的仲裁协议的法律效力包括对双方当事人的约束力、对人民法院的约束力和对仲裁机构的约束力。

1.对双方当事人的法律效力，约束双方当事人对纠纷解决方式的选择权。仲裁协议一经有效成立，即对双方当事人产生法律效力，双方当事人都受到他们所签订的仲裁协议的约束。发生纠纷后，当事人只能通过向仲裁协议中所确定的仲裁机构申请仲裁的方式解决该纠纷，丧失了就该纠纷向人民法院提起诉讼的权利。

2.对人民法院的法律效力，仲裁协议排除了人民法院的司法管辖权。有效的仲裁协议可以排除人民法院对仲裁协议中争议事项的司法管辖权，这是仲裁协议法律效力的重要体现，也是各国仲裁普遍适用的准则。《仲裁法》规定，当事人达成仲裁协议，一方向人民法院起诉的，人民法院不予受理，但仲裁协议无效的除外。当事人达成仲裁协议，一方向人民法院起诉未声明有仲裁协议的，人民法院受理后，另一方在首次开庭前提交仲裁协议的，人民法院应当驳回起诉，但仲裁协议无效的除外。当然，如果另一方在首次开庭前未对人民法院受理该案提出异议，视为放弃仲裁协议，人民法院应当继续审理。当事人在首次开庭前未对人民法院受理该案提出异议的，推定当事人默认司法管辖。

【法律小知识12-2】

《仲裁法》规定，有下列情形之一的，仲裁协议无效：(1) 约定的仲裁事项超出法律规定的仲裁范围；(2) 无民事行为能力人或者限制民事行为能力人订立的仲裁协议；(3) 一方采取胁迫手段，迫使对方订立的仲裁协议。

3.对仲裁机构的法律效力，授予仲裁机构仲裁管辖权并限定仲裁的范围。仲裁协议是仲裁委员会受理仲裁案件的基础，是仲裁庭审理和裁决仲裁案件的依据。没有仲裁协议就没有仲裁机构对仲裁案件的仲裁管辖权。《仲裁法》规定，没有仲裁协议，一方申请仲裁的，仲裁委员会不予受理。同时，仲裁机构的管辖权又受到仲裁协议的严格限制，即仲裁庭只能对当事人在仲裁协议中约定的争议事项进行仲裁，对仲裁协议约定范围以外的其他争议则无权仲裁。

仲裁协议独立存在，合同的变更、解除、终止或者无效，不影响仲裁协议的效力。当事人对仲裁协议的效力有异议的，可以请求仲裁委员会做出决定或者请求人民法院做出裁定。

四、仲裁程序

（一）申请和受理

1.申请。申请是指合同纠纷或财产权益纠纷的一方当事人根据仲裁协议，将所发生的争议依法请求仲裁机构进行仲裁的意思表示。申请是仲裁机构行使仲裁权的前提。

当事人申请仲裁应当符合下列条件：(1) 存在有效的仲裁协议；(2) 有具体的仲裁请求、事实和理由；(3) 属于仲裁委员会的受理范围。

当事人申请仲裁，应当向仲裁委员会递交仲裁协议、仲裁申请书及副本。仲裁申请书应当载明下列事项：(1) 当事人的姓名、性别、年龄、职业、工作单位和住所，法人或者其他组织的名称、住所和法定代表人或者主要负责人的姓名、职务；(2) 仲裁请求和所根据的事实、理由；(3) 证据和证据来源、证人姓名和住所。

2.受理。仲裁委员会收到仲裁申请书之日起5日内，经审查认为符合受理条件的，应当受理，并通知当事人；认为不符合受理条件的，应当书面通知当事人不予受理，并说明理由。

仲裁委员会受理仲裁申请后，应当在仲裁规则规定的期限内将仲裁规则和仲裁员名册送达申请人，并将仲裁申请书副本和仲裁规则、仲裁员名册送达被申请人。

被申请人收到仲裁申请书副本后，应当在仲裁规则规定的期限内向仲裁委员会提交答辩书。仲裁委员会收到答辩书后，应当在仲裁规则规定的期限内将答辩书副本送达申请人。被申请人未提交答辩书的，不影响仲裁程序的进行。

申请人可以放弃或者变更仲裁请求。被申请人可以承认或者反驳仲裁请求，有权提出反请求。此外，双方当事人均有权向仲裁委员会申请财产保全和证据保全，有权委托律师和其他代理人进行仲裁活动。

（二）仲裁庭的组成

1.仲裁庭的组成形式。仲裁机构审理案件是通过仲裁庭实现的。仲裁庭行使仲裁权基于当事人的授权。仲裁庭的组成有两种形式：

（1）合议仲裁庭。这是由3名仲裁员组成的仲裁庭。当事人约定由3名仲裁员组成仲裁庭时，应当各自选定或各自委托仲裁委员会主任指定1名仲裁员；第3名仲裁员即首席仲裁员，由当事人共同选定或共同委托仲裁委员会主任指定。

（2）独任仲裁庭。这是由1名仲裁员组成的仲裁庭。这时，当事人应当共同选定或共同委托仲裁委员会主任指定仲裁员。

仲裁庭的组成充分体现了《仲裁法》关于当事人意思自治原则和保证争议公正解决原则的统一。《仲裁法》规定，当事人没有在仲裁规则规定的限期内约定仲裁庭的组成方式或选定仲裁员的，由仲裁委员会主任指定。

2.仲裁员的回避。为保证公正仲裁，《仲裁法》在组成仲裁庭问题上确立了仲裁员回避制度。仲裁员有下列情形之一的，必须回避，当事人也有权提出回避申请：（1）是本案当事人或者当事人、代理人的近亲属；（2）与本案有利害关系；（3）与本案当事人、代理人有其他关系，可能影响公正仲裁；（4）私自会见当事人、代理人，或者接受当事人、代理人的请客送礼。

（三）开庭和裁决

1.开庭。仲裁应当开庭进行。当事人协议不开庭的，仲裁庭可以根据仲裁申请书、答辩书以及其他材料做出裁决。仲裁庭审理案件不公开进行。当事人协议公开的，可以公开进行，但涉及国家秘密的除外。

仲裁委员会应当在仲裁规则规定的期限内将开庭日期通知双方当事人。当事人有正当理由的，可以在仲裁规则规定的期限内请求延期开庭。是否延期由仲裁庭决定。申请人经书面通知，无正当理由不到庭或者未经仲裁庭许可中途退庭的，可以视为撤回仲裁申请。被申请人经书面通知，无正当理由不到庭或者未经仲裁庭许可中途退庭的，可以缺席裁决。

当事人应当对自己的主张提供证据。仲裁庭认为有必要收集的证据，也可以自行收集。证据应当在开庭时出示，当事人可以质证。当事人在仲裁过程中有权进行辩论。辩论终结时，首席仲裁员或者独任仲裁员应当征询当事人的最后意见。

当事人申请仲裁后，有自行和解的权利。达成和解协议的，可以请求仲裁庭根据和解协议做出裁决书，也可撤回仲裁申请。在庭审过程中，若双方当事人自愿调解，可以在仲裁庭主持下先行调解。调解成功的，仲裁庭依据已达成的调解协议书制作调解书，当事人可以要求仲裁庭根据调解协议制作裁决书。调解书与裁决书具有同等法律效力。调解书经双方当事人签收后，即发生法律效力。

2.裁决。在庭审过程中，若调解不成或者在调解书签收前当事人反悔，仲裁庭应当及时做出裁决。裁决应当按照多数仲裁员的意见做出，少数仲裁员的不同意见可以记入笔录。仲裁庭不能形成多数意见时，裁决应当按照首席仲裁员的意见做出。仲裁裁决为终局裁决，裁决书自做出之日起发生法律效力。

第三节 经济诉讼

一、经济诉讼概述

（一）经济诉讼的概念

经济诉讼也称经济审判，是指人民法院在当事人和其他诉讼参与人的参加下，依法审理经济纠纷并做出裁判的诉讼活动。经济诉讼主要发生在平等的民事主体之间，诉讼活动主要适用《民事诉讼法》及相关规定。

（二）经济诉讼的基本原则

经济诉讼的基本原则是指在民事诉讼的整个阶段起指导作用的准则。经济诉讼的基本原则有共有原则与特有原则之分。经济诉讼除了奉行民事诉讼、行政诉讼等诉讼法律共同的原则外，还须贯彻由《民事诉讼法》规定的，专门适用于民事诉讼、经济诉讼的特有原则。经济诉讼的特有原则有以下5个：

1.诉讼权利平等原则。这是指民事诉讼当事人在诉讼活动中享有平等的诉讼权利，不因民族、文化程度、社会地位等因素的不同而存在差别。人民法院审理民事案件，应当保障和便利当事人行使诉讼权利，对当事人在适用法律上一律平等。外国人、无国籍人、外国企业和组织在人民法院起诉、应诉，享有与我国公民、法人和其他组织同等的诉讼权利，承担同样的诉讼义务。

2.调解原则。这是指人民法院审理民事案件，应当根据自愿和合法原则进行调解。调解原则适用于解决民事争议的审判程序的全过程。依据调解原则，人民法院在调解过程中，不得久调不决。调解不成的，应当及时判决。

3.辩论原则。这是指人民法院审理民事案件时，当事人有权各自陈述各自的主张及依据，互相质证和答辩。辩论范围包括案件的实体问题、程序问题和适用法律等诸多方面。辩论形式可以是口头辩论，也可以是书面辩论。未经当事人辩论、质证的事实和证据，不得作为人民法院裁判的依据。

4.处分原则。这是指当事人有权在法律规定的范围内处分自己的民事权利和诉讼权利。在民事诉讼过程中，原告有权起诉、撤诉，有权变更、增加或者放弃诉讼请求；被告有权反驳原告的诉讼请求并提出反诉；当事人可以选择和解或者申请人民法院以调解的方式解决纠纷，有权决定是否上诉。但是，当事人行使处分权是有限制的，不得违反法律的规定，不得损害国家、社会和他人的合法权益，并经人民法院审查认可，方为有效。

5.支持起诉原则。这是指有关机关、社会团体、企事业单位对损害国家、集体或者个人民事权益的行为，可以支持受损害的单位或者个人向人民法院起诉。需要明确的是，有权出庭支持起诉的仅限于机关、社会团体和企事业单位，不包括个人。

【法律小知识12-3】

诉讼法奉行的共有原则包括：以事实为根据，以法律为准绳原则；人民法院依法独立审判原则；当事人适用法律一律平等原则；两审终审原则；公开审判原则；合议原则；回避原则；人民检察院对人民法院审判活动进行监督原则等。

（三）经济诉讼的基本制度

1.合议制度。《民事诉讼法》规定，人民法院审理民事案件，实行合议制度。合议制度是一项重要的审判制度，它是与独任制相对的一种审判组织形式，是指由3名以上审判人员组成合议庭，对案件进行审理并做出裁判的制度。合议庭是人民法院审判案件的基本审判组织，其成员是临时组成的，人数必须为单数。与合议制度相对应的是独任制，即由审判员一人独任审理。独任制适用于简易程序审理的民事案件。

2.回避制度。回避制度是指审判人员及其他相关人员，遇到法定情形，退出对某一具体案件的审理或诉讼活动的制度。《民事诉讼法》规定，审判人员与书记员、翻译人员、鉴定人、勘验人有下列情形之一的，必须回避，当事人有权用口头或者书面方式申请他们回避：（1）本案当事人或者当事人、诉讼代理人的近亲属；（2）与本案有利害关系；（3）与本案当事人有其他关系，可能影响对案件的公正审理。

3.公开审判制度。公开审判是指人民法院审理经济案件，除合议庭评议外，其审理过程和判决结果应该依法向社会公开的制度。人民法院不公开审理的案件只局限于涉及国家秘密的案件、涉及个人隐私的案件、当事人申请不公开审理的离婚案件和涉及商业秘密的案件。案件不论是否公开审理，宣判一律公开进行。

4.两审终审制度。两审终审是指一个经济案件经过两级人民法院审判就宣告终结的制度。对于第二审人民法院做出的终审判决、裁定，当事人等不得再提出上诉，人民检察院不得按照上诉审程序提起抗诉。

二、经济诉讼的主体

（一）人民法院

人民法院是我国的审判机关。在经济诉讼中，它代表国家行使审判权并履行法定的职责。人民法院在经济诉讼中处于主导地位，既是诉讼活动的参加者，也是诉讼活动的组织者，对解决经济纠纷起着决定性作用。我国设有最高人民法院、地方各级人民法院和军事法院等专门人民法院。最高人民法院是国家最高审判机关。最高人民法院监督地方各级人民法院和专门人民法院的审判工作，上级人民法院监督下级人民法院的审判工作。

（二）诉讼当事人

经济诉讼的当事人是指因经济权益发生争议，以自己的名义进行诉讼，并受人民法院裁判拘束的利害关系人。当事人主要有原告、被告和第三人。原告是指以自己的名义提起诉讼，请求人民法院保护其合法权益，从而启动诉讼程序的人。被告是指被诉侵犯原告的合法利益，人民法院通知其应诉的人。第三人是指对原、被告争议的诉讼标的具有独立请求权，或者虽然没有独立请求权，但因为案件的处理结果与其有法律上的利害关系，而参加到诉讼中来的人。作为经济诉讼的主体，当事人的地位非常重要。

（三）诉讼代理人

诉讼代理人是指以一方当事人的名义，在一定权限范围内，为当事人的利益进行经济诉讼的人。诉讼代理人在诉讼活动中不能同时代理双方当事人。其在代理权限范围内实施诉讼行为，产生的法律后果由被代理人承担。

（四）其他诉讼参与人

其他诉讼参与人是指除上述人员以外参加到经济诉讼中的人，包括证人、鉴定人、勘验人员和翻译人员等。他们与被审理的案件没有直接的利害关系，参加诉讼活动的目的是协助人民法院顺利完成审判工作。

三、经济案件的受案范围和诉讼管辖

（一）经济案件的受案范围

经济案件的受案范围是指人民法院受理哪些经济纠纷案件。人民法院受理平等主体的公民、法人、其他组织之间因财产关系发生的各类经济纠纷案件，主要包括各类合同纠纷案件和经济损害赔偿纠纷案件。专门法院因其专业性承担各自的审判任务，如铁路运输法院主要受理铁路运输合同纠纷案件，铁路系统内部的经济纠纷案件，铁路在装卸作业、线路维修等方面发生的委托外包劳务合同纠纷案件等；海事法院主要受理海事侵权纠纷案件和海商合同纠纷案件等。

（二）经济案件的诉讼管辖

诉讼管辖是指各级法院之间以及不同地区的同级法院之间，受理第一审经济纠纷案件的职权范围和具体分工。诉讼管辖主要有级别管辖、地域管辖、移送管辖与指定管辖。

1.级别管辖。级别管辖是指划分上下级法院之间受理第一审经济纠纷案件的分工与权限。人民法院共划分为4级，即基层人民法院、中级人民法院、高级人民法院和最高人民法院。

2.地域管辖。地域管辖是指根据当事人以及标的物与地域的关系，确定受理第一审经济纠纷案件的分工与权限。地域管辖可分为一般地域管辖、特殊地域管辖和专属管辖。

一般地域管辖又称为普通管辖或一般管辖，是以诉讼当事人住所地为标准来确定管辖的，通常采用的是“原告就被告”原则，即原告只能向被告住所地的人民法院提起诉讼。对公民提起的民事诉讼，由被告住所地人民法院管辖；被告住所地与经常居住地不一致的，由经常居住地人民法院管辖。对法人或者其他组织提起的民事诉讼，由被告住所地人民法院管辖。同一诉讼的几个被告住所地、经常居住地在两个以上人民法院辖区的，这几个人民法院都有管辖权。

特殊地域管辖是指以作为引起诉讼的特定法律关系产生、变更、消灭的法律事实所在地或者标的物所在地为标准而确定的管辖。特殊地域管辖有以下9种：（1）因合同纠纷提起的诉讼，由被告住所地或者合同履行地人民法院管辖；（2）因保险合同纠纷提起的诉讼，由被告住所地或者保险标的物所在地人民法院管辖；（3）因票据纠纷提起的诉讼，由票据支付地或者被告住所地人民法院管辖；（4）因铁路、公路、水上、航空运输和联合运输合同纠纷提起的诉讼，由运输始发地、目的地或者被告住所地人民法院管辖；（5）因侵权行为提起的诉讼，由侵权行为地或者被告住所地人民法院管辖；（6）因铁路、公路、水上和航空事故请求损害赔偿提起的诉讼，由事故发生地或者车辆、船舶最先到达地，航空器最先降落地或者被告住所地人民法院管辖；（7）因船舶碰撞或者其他海事损害事故请求损害赔偿提起的诉讼，由碰撞发生地、碰撞船舶最先到达地、加害船舶被扣留地或者被告住所地人民法院管辖；（8）因海难救助费用提起的诉讼，由救助地或者被救助船舶最先到达地人民法院管辖；（9）因共同海损提起的诉讼，由船舶最先到达地、共同海损理算地或者航程终止地人民法院管辖。

专属管辖是指某些经济纠纷案件依照法律规定必须由特定的人民法院管辖。专属管辖有以下3种：（1）因不动产纠纷提起的诉讼，由不动产所在地人民法院管辖；（2）因港口作业中发生纠纷提起的诉讼，由港口所在地人民法院管辖；（3）因继承遗产纠纷提起的诉讼，由被继承人死亡时住所地或者主要遗产所在地人民法院管辖。

3.移送管辖与指定管辖。移送管辖是指人民法院发现受理的案件不属于本院管辖的，应当移送有管辖权的人民法院，受移送的人民法院应当受理。但受移送的人民法院认为受移送的案件依照规定不属于本院管辖的，应当报请上级人民法院指定管辖，不得再自行移送。指定管辖是指有管辖权的人民法院由于特殊原因，不能行使管辖权的，由上级人民法院指定管辖。

四、经济诉讼程序

（一）第一审普通程序

普通程序是指人民法院审理第一审经济纠纷案件所适用的完整程序。它包括审判程序的全部主要内容，体现了经济纠纷诉讼的基本原则和制度。第一审普通程序有以下3个阶段：

1.起诉和受理。起诉是指当事人以自己的名义向人民法院提起诉讼，请求人民法院依照法定程序对经济纠纷进行审判的行为。起诉必须符合下列条件：（1）原告是与本案有直接利害关系的公民、法人和其他组织；（2）有明确的被告；（3）有具体的诉讼请求和事实、理由；（4）属于人民法院受理民事诉讼的范围和受诉人民法院管辖。起诉应当向人民法院递交起诉状，并按照被告人数提出副本。书写起诉状确有困难的，可以口头起诉，由人民法院记入笔录，并告知对方当事人。人民法院对符合法律规定的起诉，必须受理。符合起诉条件的，应当在7日内立案，并通知当事人；不符合起诉条件的，应当在7日内做出裁定书，不予受理；原告对裁定不服的，可以提起上诉。

2.审理前的准备。审理前的准备是指人民法院受理案件后、开庭审理前，为保证审理顺利进行，由承办案件的审判人员所做的一些准备工作，具体包括：（1）人民法院应当在立案之日起5日内将起诉状副本发送被告，由被告在收到之日起15日内提出答辩状。（2）人民法院在受理案件通知书和应诉通知书中向当事人告知有关的诉讼权利义务，或者口头告知。（3）人民法院审查当事人提出的管辖权异议成立的，裁定将案件移送有管辖权的人民法院；异议不成立的，裁定驳回。（4）组成合议庭，并在组成人员确定后的3日内告知当事人。（5）审判人员审核诉讼材料，调查收集必要的证据。（6）必须共同进行诉讼的当事人没有参加诉讼的，人民法院应当通知其参加诉讼。

3.开庭审理。开庭审理是指人民法院于确定的日期在当事人和其他诉讼参与人的参加下，依照法定的程序和形式，在法庭上对案件进行实体审理的诉讼活动。它是当事人行使诉权进行诉讼活动和人民法院行使审判权进行审判活动最集中、最生动的体现，对于人民法院正确审理民事案件具有重要的意义。

人民法院审理经济纠纷案件，除涉及国家秘密、个人隐私或者法律另有规定外，应当公开进行。涉及商业秘密的案件，当事人申请不公开审理的，可以不公开审理。人民法院审理民事案件，应当在开庭3日前通知当事人和其他诉讼参与人。公开审理的，应当公告当事人姓名、案由和开庭的时间、地点。人民法院开庭审理经济纠纷案件按照法庭调查、法庭辩论、评议和判决的程序进行。无论是公开审理还是不公开审理的案件，一律公开宣告判决。宣告判决时，必须告知当事人上诉权利、上诉期限和上诉的人民法院。

人民法院适用普通程序审理的案件，应当在立案之日起6个月内审结。有特殊情况需要延长的，由本院院长批准，可以延长6个月；还需要延长的，报请上级人民法院批准。

（二）简易程序

简易程序是指基层人民法院及其派出法庭审理第一审简单的经济纠纷案件所适用的程序。基层人民法院及其派出法庭审理事实清楚、权利义务关系明确、争议不大的简单民事案件，适用简易程序；审理其他民事案件，当事人双方也可以约定适用简易程序。对简单的民事案件，原告可以口头起诉。基层人民法院及其派出法庭审理简单的民事案件，可以用简便方式传唤当事人和证人、送达诉讼文书、审理案件，但应当保障当事人陈述意见的权利。简单的民事案件由审判员一人独任审理。人民法院适用简易程序审理案件，应当自立案之日起3个月内审结。

（三）第二审程序

第二审程序又称上诉审程序，是指经济纠纷案件的当事人不服地方各级人民法院做出的第一审裁判，在法定期间内向上一级人民法院提起上诉所引起的诉讼程序。它是第二审人民法院审理上诉案件所适用的程序，是第一审诉讼程序的继续和发展。

第二审程序因当事人提起上诉而发生。上诉是指当事人不服人民法院第一审的判决或裁定，依法请求上一级人民法院重新审理的诉讼行为及因此引起的一系列诉讼活动。能够提起上诉的第一审判决或者裁定，必须是依法允许上诉的判决或裁定。不服地方人民法院第一审判决的上诉期是自判决书送达之日起15日内，不服第一审裁定的上诉期是自裁定书送达之日起10日内。第二审人民法院审理上诉案件，除第二审程序有规定外，适用第一审普通程序的相关规定。

第二审人民法院对上诉案件，经过审理，按照下列情形，分别处理：（1）原判决、裁定认定事实清楚，适用法律正确的，以判决、裁定方式驳回上诉，维持原判决、裁定；（2）原判决、裁定认定事实错误或者适用法律错误的，以判决、裁定方式依法改判、撤销或者变更；（3）原判决认定基本事实不清的，裁定撤销原判决，发回原审人民法院重审，或者查清事实后改判；（4）原判决遗漏当事人或者违法缺席判决等严重违反法定程序的，裁定撤销原判决，发回原审人民法院重审。原审人民法院对发回重审的案件做出判决后，当事人提起上诉的，第二审人民法院不得再次发回重审。

第二审人民法院的判决、裁定是终审的判决、裁定。人民法院审理对判决的上诉案件，应当在第二审立案之日起3个月内审结。有特殊情况需要延长的，由本院院长批准。人民法院审理对裁定的上诉案件，应当在第二审立案之日起30日内做出终审裁定。

【小思考12-3】

第二审人民法院审理有关经济纠纷的二审案件，能否进行调解？

答：第二审人民法院审理上诉案件，可以进行调解。调解达成协议，应当制作调解书，由审判人员、书记员署名，加盖人民法院印章。调解书送达后，原审人民法院的判决即视为撤销。

（四）审判监督程序

审判监督程序又称再审程序，是指人民法院、人民检察院对已经发生法律效力的判决和裁定，发现在认定事实或适用法律上确有错误，依法提起并对案件进行重新审判的程序。审判监督程序不是人民法院审理每一个案件的必经程序，它是为纠正已经发生法律效力的错误的判决和裁定所采取的一种补救措施。在以下3种情况下，可以启动审判监督程序：

1. 人民法院依法决定再审。各级人民法院院长对本院已经发生法律效力的判决、裁定、调解书，发现确有错误，认为需要再审的，提交审判委员会讨论决定。最高人民法院对地方各级人民法院已经发生法律效力的判决、裁定、调解书，上级人民法院对下级人民法院已经发生法律效力的判决、裁定、调解书，发现确有错误的，有权提审或者指令下级人民法院再审。

人民法院审理再审案件，应当另行组成合议庭。发生法律效力的判决、裁定是由第一审人民法院做出的，按照第一审程序审理，所做的判决、裁定，当事人可以上诉；发生法律效力的判决、裁定是由第二审人民法院做出的，按照第二审程序审理，所做的判决、裁定是发生法律效力的判决、裁定；上级人民法院按照审判监督程序提审的，按照第二审程序审理，所做的判决、裁定是发生法律效力的判决、裁定。

2.当事人申请再审。当事人对已经发生法律效力的判决、裁定，认为有错误的，可以向上一级人民法院申请再审；当事人一方人数众多或者当事人双方为公民的案件，也可以向原审人民法院申请再审。当事人申请再审的，不停止判决、裁定的执行。

当事人对已经发生法律效力的调解书，提出证据证明调解违反自愿原则或者调解协议的内容违反法律的，可以申请再审。经人民法院审查属实的，应当再审。

当事人申请再审的，应当在判决、裁定发生法律效力后6个月内提交再审申请书等材料。有下列情形之一的，自知道或者应当知道之日起6个月内提出：（1）有新的证据，足以推翻原判决、裁定；（2）原判决、裁定认定事实的主要证据是伪造的；（3）据以做出原判决、裁定的法律文书被撤销或者变更；（4）审判人员审理该案件时有贪污受贿、徇私舞弊、枉法裁判行为。

3.人民检察院抗诉提起再审。最高人民检察院对各级人民法院已经发生法律效力的判决、裁定，上级人民检察院对下级人民法院已经发生法律效力的判决、裁定，发现有需要再审情形的，或者发现调解书损害国家利益、社会公共利益的，应当提出抗诉。

地方各级人民检察院对同级人民法院已经发生法律效力的判决、裁定，发现有需要再审情形的，或者发现调解书损害国家利益、社会公共利益的，可以向同级人民法院提出检察建议，并报上级人民检察院备案，也可以提请上级人民检察院向同级人民法院提出抗诉。

当事人也可以依法向人民检察院申请检察建议或者抗诉。人民检察院对当事人的申请应当在3个月内进行审查，做出提出或者不予提出检察建议或者抗诉的决定。当事人不得再次向人民检察院申请检察建议或者抗诉。

（五）督促程序

督促程序是指人民法院根据债权人提出的要求债务人给付一定金钱或者有价证券的申请，向债务人发出附条件的支付令，以催促债务人限期履行义务，如果债务人在法定期间内不提出异议，该支付令即具有执行力的一种程序。督促程序对提高诉讼效率、节约当事人的诉讼成本、及时保护当事人的合法权益具有重要意义。

债权人请求债务人给付金钱、有价证券，符合下列条件的，可以向有管辖权的基层人民法院申请支付令：（1）债权人与债务人没有其他债务纠纷的；（2）支付令能够送达债务人的。申请书应当写明请求给付金钱或者有价证券的数量和所根据的事实、证据。

债权人提出申请后，人民法院应当在5日内通知债权人是否受理。人民法院受理申请后，经审查债权人提供的事实、证据，对债权债务关系明确、合法的，应当在受理之日起15日内向债务人发出支付令；申请不成立的，裁定予以驳回。债务人应当自收到支付令之日起15日内清偿债务，或者向人民法院提出书面异议。债务人在此期间未提出异议又未履行支付令的，债权人可以向人民法院申请执行。人民法院收到债务人提出的书面异议后，经审查，异议成立的，应当裁定终结督促程序，支付令自行失效。支付令失效的，转入诉讼程序，但申请支付令的一方当事人不同意提起诉讼的除外。

（六）公示催告程序

公示催告程序是指人民法院根据当事人的申请，以公示的方式催告不明的利害关系人，在法定期间内申报权利，逾期无人申报，做出宣告票据无效的判决程序。

可以背书转让的票据持有人，因票据被盗、遗失或者灭失，可以向票据支付地的基层人民法院申请公示催告。目前可以背书转让的票据有支票、汇票、本票3种。《公司法》还规定记名股票被盗、遗失或者灭失时，股东可以申请人民法院公示催告并做出除权判决。

（七）执行程序

执行程序是指人民法院依债权人的申请，根据生效法律文书的规定，强制债务人履行所负义务的程序。法律文书一经生效，义务人应自觉履行；如拒不履行，权利人可申请人民法院强制执行。执行程序是民事诉讼程序的最后阶段，但不是必经阶段。执行程序具有以下特点：（1）执行权由人民法院统一行使。无论生效的法律文书是由何种机构做出的，凡应通过民事执行程序加以实现的，只能由人民法院执行。（2）执行程序的目的在于实现生效法律文书所规定的内容。（3）执行手段具有强制性。

执行程序的发生必须具备一定的条件：（1）必须具有作为执行根据的法律文书，包括人民法院做出的民事判决书、裁定书、调解书、支付令，仲裁机构做出的裁决书、调解书，公证机关制作的依法赋予强制执行效力的债权文书，行政机关制作的依法由人民法院执行的决定书。（2）作为执行根据的法律文书，必须已经发生法律效力，并具有给付内容。（3）负有义务的一方当事人故意拖延、逃避或拒绝履行义务。（4）申请人必须在2年内提出执行申请。

第四节　行政复议

一、行政复议的概念和原则

（一）行政复议的概念

行政复议是指公民、法人或者其他组织认为行政主体的具体行政行为违法或不当侵犯其合法权益，依法向主管行政机关提出复查该具体行政行为的申请，行政复议机关依照法定程序对被申请的具体行政行为进行合法性、适当性审查，并做出行政复议决定的一种法律制度。

为了防止和纠正违法的或者不当的具体行政行为，保护公民、法人和其他组织的合法权益，保障和监督行政机关依法行使职权，1999年4月29日第九届全国人民代表大会常务委员会第九次会议通过了《中华人民共和国行政复议法》（以下简称《行政复议法》），2009年8月27日、2017年9月1日先后进行了两次修正。行政复议有以下4个特点：

1.提出行政复议的人，必须是认为行政机关行使职权的行为侵犯其合法权益的公民、法人或其他组织。

2.当事人提出行政复议，必须是在行政机关已经做出行政决定之后。如果行政机关尚未做出决定，则不存在复议问题。复议的任务是解决行政争议，而不是解决民事或其他争议。

3.当事人对行政机关的行政决定不服，只能按法律规定，向有行政复议权的行政机关申请复议。

4.行政复议原则上采用书面审查的办法，但是申请人提出要求或者行政复议机关认为有必要时，可以向有关组织和人员调查情况，听取申请人、被申请人和第三人的意见。

（二）行政复议的原则

1.独立复议原则。独立复议是指行政复议机关依法行使职权，不受其他机关、社会团体和个人的非法干涉。

2.合法、公正、公开、及时、便民的原则。

合法是要求行政复议机关必须严格按照宪法和法律规定的职责权限，以事实为依据，以法律为准绳，对申请行政复议的具体行政行为，按法定程序进行审查，并根据审查的情况，依法做出不同的复议决定。坚持有错必纠，保障法律、法规的正确实施。

公正是指行政复议要符合公平、正义的要求。

公开是要求行政复议的依据、程序及结果都要公开，行政复议参加人有获得相关情报资料的权利。

及时是要求行政复议机关对复议申请的受理、复议的审查、复议决定的做出都应在法律、法规规定的时限内及时做出，不得拖延。

便民是要求行政复议机关在具体的复议工作中，要尽可能为复议申请人提供便利条件，让复议申请人少耗费时间、财力和精力来解决问题。

3.一级复议原则。一级复议是指除法律、法规另有规定外，行政复议实行一级终结复议制。公民、法人或者其他组织对行政复议决定不服的，可以依照《行政诉讼法》的规定向人民法院提起行政诉讼，但不能再次提起行政复议。

4.复议不停止执行原则。除以下4种情况外，在行政复议中，当事人争议的具体行政行为不因复议而停止执行：（1）被申请人认为需要停止执行的；（2）行政复议机关认为需要停止执行的；（3）申请人申请停止执行，行政复议机关认为其要求合理，决定停止执行的；（4）法律规定停止执行的。

5.合法与适当双重审查原则。这一原则要求行政机关在行政复议过程中，不仅要审查具体行政行为是否合法，还要审查具体行政行为是否适当，以保障行政相对人的合法权益。

二、行政复议的范围

凡是可以提起行政诉讼的行政争议案件，都可以申请行政复议；不能提起行政诉讼的行政争议，只要单行法律、法规规定可以申请行政复议的，公民、法人或者其他组织就可以申请行政复议。

（一）行政复议受理的范围

有下列情形之一的，公民、法人或者其他组织可以依照《行政复议法》申请行政复议：

1.对行政机关做出的警告、罚款、没收违法所得、没收非法财物、责令停产停业、暂扣或者吊销许可证、暂扣或者吊销执照、行政拘留等行政处罚决定不服的；

2.对行政机关做出的限制人身自由或者查封、扣押、冻结财产等行政强制措施决定不服的；

3.对行政机关做出的有关许可证、执照、资质证、资格证等证书变更、中止、撤销的决定不服的；

4.对行政机关做出的关于确认土地、矿藏、水流、森林、山岭、草原、荒地、滩涂、海域等自然资源的所有权或者使用权的决定不服的；

5.认为行政机关侵犯合法的经营自主权的；

6.认为行政机关变更或者废止农业承包合同，侵犯其合法权益的；

7.认为行政机关违法集资、征收财物、摊派费用或者违法要求履行其他义务的；

8.认为符合法定条件，申请行政机关颁发许可证、执照、资质证、资格证等证书，或者申请行政机关审批、登记有关事项，行政机关没有依法办理的；

9.申请行政机关履行保护人身权利、财产权利、受教育权利的法定职责，行政机关没有依法履行的；

10.申请行政机关依法发放抚恤金、社会保险金或者最低生活保障费，行政机关没有依法发放的；

11.认为行政机关的其他具体行政行为侵犯其合法权益的。

（二）不得申请行政复议的行为

《行政复议法》对不能申请复议的4类行政行为做出了规定：

1.不服行政机关做出的抽象行政行为的，主要是指针对不特定的人做出的具有普遍性的法规等；

2.不服行政机关做出的行政处分或者其他人事处理决定的；

3.不服行政机关对民事纠纷做出的调解或者其他处理决定的；

4.国防、外交等国家行为。

三、行政复议的程序

（一）申请

认为具体行政行为侵犯自己合法权利的公民、法人、其他组织可以自知道该具体行政行为之日起60日内提出行政复议申请（法律规定的申请期限超过60日的除外）。复议申请原则上由申请人本人提出；申请人为公民死亡的，其近亲属可以提出；申请人为无民事行为能力或限制民事行为能力的，其法定代理人可代为提出；作为申请人的组织终止的，承受其权利的组织可以提出；同申请复议的具体行政行为有利害关系的公民、法人或其他组织，可以作为第三人参加复议。

（二）受理

行政复议机关收到复议申请后应在5日内进行审查，除不符合法律规定不予受理并书面告知申请人，以及不属于本行政机关管辖告知申请人并转送有权机关外，行政复议机关法制工作机构收到申请书之日即为受理。法律、法规规定应当先向行政复议机关申请行政复议、对行政复议决定不服再向人民法院提起行政诉讼的，行政复议机关决定不予受理或者受理后超过行政复议期限不做答复的，申请人可以自复议期满之日起15日内依法向人民法院提起行政诉讼。

【法律小知识12-4】

公民、法人或者其他组织向人民法院提起行政诉讼，人民法院已经依法受理的，不得申请行政复议。

（三）审查

行政复议原则上采取书面审查的办法。在行政复议过程中，被申请人不得自行搜集证据。

（四）决定

行政复议决定的种类包括维持、责令限期履行、撤销、变更、确认具体行政行为违法、责令重新做出具体行政行为。复议决定应自受理之日起60日内做出（法律规定少于60日的除外）；情况复杂的，经行政复议机关负责人批准，可以延长30日。

（五）送达

行政复议决定书做出后，应依照《民事诉讼法》的规定送交行政复议当事人。

违反程序做出复议决定的，直接负责的主管人员和其他直接责任人员应承担相应的行政处分。

【相关链接12-1】

行政诉讼和行政复议的区别：

1.受理的机关不同。行政诉讼由人民法院受理；行政复议由行政机关受理。

2.解决争议的性质不同。人民法院处理行政诉讼案件属于司法行为，适用《行政诉讼法》；行政机关处理行政争议属于行政行为的范围，适用《行政复议法》。

3.适用的程序不同。行政诉讼适用行政诉讼程序；行政复议适用行政复议程序。行政诉讼程序复杂且成本较高，但公正性更强；行政复议程序简便、迅速、廉价，但公正性有限。行政诉讼实行二审终审制度；行政复议实行一裁终局制度。

4.审查强度不同。根据《行政诉讼法》的规定，原则上人民法院只能对行政主体行为的合法性进行审查；根据《行政复议法》的规定，行政复议机关可以对行政主体行为的合法性和适当性进行审查。

5.受理和审查范围不同。《行政诉讼法》和《行政复议法》对于受理范围均做了比较详细的规定。从列举事项来看，《行政复议法》的受案范围要广于《行政诉讼法》。此外，《行政复议法》还规定，对国务院的规定、县级以上地方各级人民政府及其工作部门的规定、乡镇人民政府的规定等规范性文件可以一并向行政复议机关提出审查申请。

行政诉讼与行政复议是两种不同性质的监督，各有所长，不能互相取代。现代国家一般同时创设这两种制度。在具体的制度设计上，或将行政复议作为行政诉讼的前置阶段，或由当事人选择救济途径，或在当事人选择行政复议救济途径之后，仍允许其提起行政诉讼。

本章小结

我国解决经济纠纷的方式主要有3种：仲裁、诉讼和行政复议。与诉讼相比，仲裁具有自愿性、灵活性、经济性的特点，是一种较受当事人欢迎的纠纷解决方式。行政复议是行政机关内部的监督和纠错机制，在性质上属于行政程序，其与司法程序相比，具有简易、高效等特点。在实践中，应根据经济纠纷的性质、种类选择合适的解决方式，迅速解决已经发生的经济纠纷，更好地维护当事人的合法权益。

复习与思考

一、即测即评

第十二章单项选择题　　第十二章多项选择题　　第十二章判断题

二、案例分析题

1.甲公司与乙公司签订了一份空调买卖合同，双方约定，甲公司供给乙公司某型号空调1 000台，每台单价2 400元，乙公司支付定金45万元，4月5日由甲公司送货上门，余款交货后3日内付清。双方在合同中未订立仲裁条款。乙公司如约支付了定金，4月5日甲公司送货上门，乙公司未按合同约定支付余款，双方发生争议。甲公司以乙公司未按合同约定付清货款为由，向A市仲裁委员会提起仲裁申请，请求支付余款195万元。案件被受理后，A市仲裁委员会于5日内将申请副本发送给乙公司，乙公司于15日内提交了答辩书。仲裁机构按期开庭，做出裁决。

乙公司对裁决不服，在收到裁决书之日起15日内向人民法院起诉。请问：(1) 仲裁机关对本案是否有管辖权？(2) 乙公司对裁决不服，能否起诉？为什么？

2. 锦绣购物中心与走四方鞋厂签订了一份皮鞋购销合同。合同约定，走四方鞋厂于2020年12月底向锦绣购物中心供应头层牛皮男鞋1 000双，单价每双380元，货到付款；合同若发生争议，提交甲市仲裁委员会仲裁。卖方如约履行合同，买方验货后因皮鞋的皮质向卖方提出质疑，双方发生争议。锦绣购物中心向甲市A区人民法院提起诉讼。请问：(1) 走四方鞋厂应如何应对锦绣购物中心的起诉？(2) 甲市A区人民法院应该如何处理此案？

主要参考文献

[1] 李昌麒. 经济法学 [M]. 5版. 北京：中国政法大学出版社，2020.

[2] 刘文华. 经济法 [M]. 6版. 北京：中国人民大学出版社，2019.

[3] 贵立义，林清高. 经济法概论 [M]. 9版. 大连：东北财经大学出版社，2020.

[4] 赵威. 经济法 [M]. 6版. 北京：中国人民大学出版社，2017.

[5] 漆多俊，冯果. 经济法学 [M]. 3版. 武汉：武汉大学出版社，2018.

[6] 曲振涛. 经济法教程 [M]. 4版. 北京：高等教育出版社，2018.

[7] 范建，王建文. 公司法 [M]. 5版. 北京：法律出版社，2018.

[8] 韩雪琴. 经济法概论 [M]. 4版. 大连：东北财经大学出版社，2017.